KB195061

꺼지지 않는 불길

MICHAEL REEVES

THE UNQUENCHABLE FLAME

시대의 개혁자들, 종교개혁의 심장을 발견하다

꺼지지 않는 불길

마이클 립스키 지음 · 박규태 옮김

북읽는 사람

꺼지지 않는 불길

2015년 9월 11일 초판 1쇄 발행
2023년 10월 27일 초판 6쇄 발행

지은이 마이클 리브스
옮긴이 박규태
펴낸이 박종현

(주) 복 있는 사람
주소 서울특별시 마포구 연남동 246-21(성미산로23길 26-6)
전화 02-723-7183, 7734(영업·마케팅) 팩스 02-723-7184
이메일 hismessage@naver.com
등록 1998년 1월 19일 제1-2280호

ISBN 979-11-7083-045-0 03230

이 도서의 국립중앙도서관 출판예정도서목록(CIP)은 서지정보유통지원시스템
홈페이지(http://seoji.nl.go.kr)와 국가자료공동목록시스템(http://www.nl.go.kr/kolisnet)에서
이용하실 수 있습니다. (CIP 제어번호: 2015023587)

The Unquenchable Flame
by Michael Reeves

프롤로그: 여기 내가 섰나이다 009

1 중세의 종교상황: 종교개혁의 배경 014

• 교황, 사제 그리고 연옥 016 • 역동적 시대 아니면 병든 시대? 027
• 종말의 징조들 030 • 종교개혁의 샛별 037 • 책들, 위험한 책들 042

2 하나님의 화산: 마르틴 루터 050

• "주화가 돈궤에 쩔렁 떨어질 때, 영혼은 연옥에서 뛰어오른다" 060
• 로마의 아들에서 이단으로 063 • 열린 문을 통해 낙원으로 들어가다 065
• "햇빛이 밤을 몰아내다" 070 • 납치당하다 078 • 어떻게 교회를 개혁할 것인가 082
• 카타리나 폰 보라 085 • 이 종교개혁은 무엇인가 087 • 종교개혁을 후세에 넘겨주다 092

3 군인, 소시지 그리고 혁명: 울리히 츠빙글리와 급진 개혁자들 100

• 기이한 신세계 102 • 온유한 군인 106 • 회복된 취리히 114
• 하나님을 위해 칼을 들다 117 • 과격해지다 119 • 쌍둥이 회오리바람: 뮌처와 뮌스터 123
• 소시지 게이트 129 • 무엇을 믿어야 하는가: 성경? 성령? 이성? 137

4 어둠 뒤에 빛이 오다: 장 칼뱅 140

• 르네상스 142 • 불길에 휩싸인 프랑스 146
• "그들은 이리저리 떠돌고 핍박을 받으며 부당한 대우를 받았다" 149
• 소망을 발견하다 154 • 싸움터로 되돌아가다 157
• 조류가 바뀌다 168 • "이날까지 아무도 그의 무덤이 있는 곳을 모른다" 175

5 타오르는 열정: 브리튼 섬의 종교개혁 182

• 왕조: 멜로드라마 188 • 잉글랜드의 요시야 왕 202 • 피의 메리: 역겨운 칵테일 207
• "이는 여호와께서 행하신 것이요 우리 눈에 기이한 바로다" 213 • 국경 북쪽 221 • 정치와 신학 227

6 종교개혁을 개혁하라: 청교도 230

• 청교도는 어떤 이들이었는가 231 • 올바르지만 밥맛 떨어지는 사람들? 232
• '로마가톨릭'을 제거하다 238 • 기독교 세계에서 가장 똑똑한 바보 246
• 한계점으로 내몰리다 250 • "새롭고 위대한 어떤 시대" 258 • 환락 군주 263

7 종교개혁은 끝났는가 270

• "우리 사이의 가장 중요하고 예민한 논쟁 주제" 271 • 400년 후 280
• "오, 창백한 에라스뮈스여! 그대가 정복했노라, 그대의 숨이 세상을 백발로 만들었도다" 286
• 성경은 가졌지만 복음은 갖지 못했다 289 • 백 투 더 퓨처 291

주 294 추천 도서 295 찾아보기 299

1304	'인문주의의 아버지' 페트라르카가 태어나다.
1305-1378	교황청이 아비뇽으로 옮겨 가다.
1324?	존 위클리프가 태어나다.
1372	얀 후스가 태어나다.
1378	교황청 '대분열'이 시작되다.
1384	존 위클리프가 죽다.
1414-1418	대분열을 끝내려고 콘스탄츠 공의회를 열다.
1415	콘스탄츠 공의회의 명령으로 얀 후스를 처형하다.
1440	로렌조 발라가 「콘스탄티누스의 기진」이 위조임을 증명하다.
1450?	요하네스 구텐베르크가 인쇄기를 발명하다.
1453	로마제국의 마지막 보루인 콘스탄티노폴리스가 오스만 튀르크에게 함락되다.
1466?	로테르담의 에라스뮈스가 태어나다.
1483	마르틴 루터가 태어나다.
1484	울리히 츠빙글리가 태어나다.
1492	콜럼버스가 아메리카에 이르다.
1505	루터가 수도사가 되다.
1509	장 칼뱅이 프랑스 누아용에서 태어나다.
1516	에라스뮈스가 그리스어 신약 성경을 펴내다.
1517	루터가 95개조 테제를 비텐베르크 성 교회 문에 붙이다.
1519?	루터가 '탑 체험'을 하다. 츠빙글리가 취리히에서 설교를 시작하다.
1520	루터가 그의 세 종교개혁 논문을 펴내고 교황의 파문 칙서를 불태우다.
1521	보름스 의회. 루터가 바르트부르크 성에서 보호를 받다.
	바르트부르크 성에서 신약 성경을 독일어로 번역하다.
	헨리 8세가 루터에 맞서 「일곱 성사(성례)를 옹호함」을 펴내고 "신앙의 수호자"라는 칭호를 얻다.
1522	루터가 신약 성경을 독일어로 번역하는 일을 마치다.
1523	취리히가 츠빙글리의 신학을 공식적으로 지지하다.
1524-1525	독일 농민 전쟁이 벌어지다.
1525	취리히에서 처음으로 어른에게 세례를 베풀다.
1526	윌리엄 틴들이 신약 성경 영역본을 완성하다.
1528	패트릭 해밀턴이 이단으로 몰려 세인트앤드루스에서 화형당하다.
1529	루터와 츠빙글리가 마르부르크 회동에서 성찬을 놓고 의견 일치에 이르지 못하다.
1531	츠빙글리가 카펠 전투에서 전사하다.
	토머스 빌니가 이단으로 몰려 노리치에서 화형당하다.
1534	헨리 8세가 「수장령」을 공포하다.
	루터가 독일어로 완역한 성경을 처음으로 출간하다.
1534-1535	뮌스터 왕국(급진파의 도시)
1536	칼뱅이 제네바에 도착하다. 『기독교강요』 초판이 출간되다.
	에라스뮈스가 죽다.
	윌리엄 틴들이 처형당하다.
	잉글랜드에서 수도원 철폐를 시작하다.

1538   칼뱅이 제네바에서 쫓겨나 부처와 함께 스트라스부르에 정착하다.
        잉글랜드에서 성경을 영어로 읽을 것을 법으로 정하다.

1541   개신교 신학자와 가톨릭 신학자가 이견을 해결하고자 레겐스부르크에 모이다.
        칼뱅이 제네바로 돌아가다.

1542   로마가 이단에 맞선다며 종교법원을 설치하다.

1545-1563 트리엔트 공의회가 열리다.

1546   루터가 죽다.

1547   헨리 8세가 죽다.
        개신교 신자인 그의 아들 에드워드 6세가 뒤를 잇다.

1553-1558 '피의 메리'가 잉글랜드에서 로마가톨릭교를 되살리다.

1558   엘리자베스 1세가 메리의 뒤를 잇다.
        성공회라는 온건한 개신교 교회를 세우다.

1559   칼뱅이 『기독교강요』 최종판을 내놓다.
        존 녹스가 스코틀랜드로 돌아오다.

1560   스코틀랜드 '종교개혁' 의회가 스코틀랜드는 칼뱅파 국가임을 공식 천명하다.

1564   칼뱅이 죽다.

1572   성 바르톨로뮤 축일 대학살로 개신교 신자 수천 명이 죽다.

1576   엘리자베스 1세가 그라인더 대주교에게 청교도의 '예언'을 진압하라고 지시하다.

1588   에스파냐 무적함대가 잉글랜드를 침공하려다 실패하다.
        거친 비판을 담은 '마프렐러트' 소책자가 등장하다.

1593   청교도를 억압하는 법령이 내려지다.

1603   엘리자베스 1세의 뒤를 이어 스코틀랜드의 제임스 6세가 잉글랜드의 왕 제임스 1세가 되다.

1604   햄튼 코트 회의가 열리다.

1605   화약 음모 사건이 벌어지다.

1618   제임스 1세가 「스포츠와 오락에 관한 규정」을 공포하다.

1618-1619 도르트 총회가 열리다.

1620   메이플라워호가 플리머스를 떠나 매사추세츠에 도착하다.

1625   찰스 1세가 아버지 뒤를 이어 잉글랜드 왕이 되다.

1633   윌리엄 로드가 캔터베리 대주교가 되다.
        제임스 1세의 「스포츠와 오락에 관한 규정」을 다시 공포하다.

1637   윌리엄 프린, 헨리 버튼, 존 배스트위크가 성실청에서 유죄 선고를 받다.

1639   찰스 1세가 첫 부대를 스코틀랜드에 보내다.

1642   찰스 1세와 의회 사이에 내전이 일어나다.

1643-1649 웨스트민스터 총회가 웨스트민스터 신앙고백, 두 요리문답, 공예배 지침을 만들다.

1649   찰스 1세를 처형하다. 잉글랜드를 공화국으로 선포하다.

1658   잉글랜드 호국경 올리버 크롬웰이 죽다.

1660   찰스 2세를 잉글랜드 왕으로 선포하다.

1662   잉글랜드 성직자 5분의 1이 「성공회 기도서」를 따르길 거부하다 쫓겨나다.
        성공회를 따르길 거부하는 자들을 핍박하기 시작하다.

종교개혁 주요 장소

※ 일러두기

1. 인명이나 지명은 그 사람이나 지역이 속한 언어 표기를 따랐으나, 우리가 보통 널리 쓰는 표기는 그대로 사용했다 (이를테면 스위스 쥐네브는 '제네바'로 적었다).

2. 교황 명칭은 한국가톨릭교회가 사용하는 표기법을 따르고 라틴어 명칭을 적어 놓았다.

프롤로그: 여기 내가 섰나이다

유개有蓋 마차가 성문을 지날 때 나팔 소리가 울려 퍼졌다. 수많은 사람들이 길거리에 늘어서서 그들의 영웅을 쳐다보았고, 창문과 지붕에는 사람 수보다 훨씬 더 많은 이 영웅의 초상이 나부꼈다. 1521년 4월 16일 수요일 저녁, 마르틴 루터가 보름스 시에 들어서고 있었다.

얼핏 보면 개선 행진 같았다. 그러나 루터는 이 개선 행진이 어디로 이어질지 알았다. 사실 그는 목숨이 걸린 재판을 받으러 가고 있었다. 그도 예수처럼 죽음을 예감했다. 온통 죄뿐인 죄인이라도 그리스도를 믿기만 하면 하나님 앞에서 완전히 인정받을 수 있다는 그의 가르침에 교회는 맹렬한 분노를 쏟아냈다. 그가 쓴 책들은 이미 불더미 속에 던져졌다. 대다수 사람은 며칠 후에 루터도 그 책들과 같은 신세가 될 거라고 예상했다. 하지만 루터는 자신의 가르침을 변호하기로 결심했다. 그는 말했다. "그리스도가 살아 계시니, 지옥문이 다 열릴지라도 우리는 보름스에 간다."

다음 날, 황제가 보낸 사자가 루터를 법정에 데려가려고 그가 묵은 곳에 왔다. 군중이 구름떼같이 모여드는 바람에 사자는 루터를 주교관 뒤쪽 통로로 빼돌려야 했다. 그리했는데도 이들은 들키고 말았다. 많은 사람들이 이들을 보려고 지붕 꼭대기로 기어 올라갔다. 오후 네 시, 루터는 홀에 들어섰다. 남루한 수도사복을 입은 이 작센 출

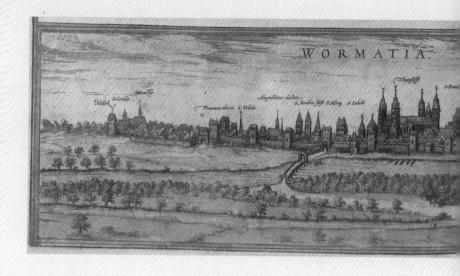

신 광부의 아들은 처음으로 신성로마제국 황제요, 에스파냐, 오스
트리아, 부르군디, 이탈리아 남·북부, 네덜란드를 다스리는 주인이
며, '하나님이 이 땅에 보내신 태수'인 카를 5세를 대면했다. 교회의
열렬한 옹호자인 황제는 이 수도사를 보자마자 이렇게 중얼거렸다.
"이 친구가 나를 이단으로 만들긴 글렀군."

    루터는 명을 받을 때까지 말하지 말라는 명령을 받았다. 그런 다
음 황제의 대변인이 루터 앞 테이블에 쌓아 놓은 루터의 저서들을 가
리키며, 그 책들이 루터의 이름으로 출간한 것들임을 인정하는지, 인
정한다면 그 책들을 철회할 것인지 알아보고자 루터를 소환했다고
말했다. 루터는 사람들이 귀를 기울이고 들어야 들릴 정도의 가느다

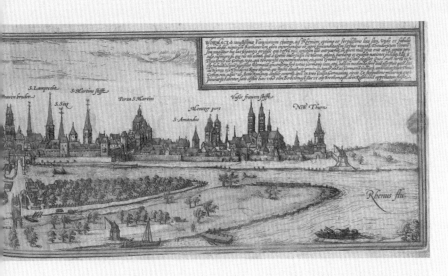

16세기의 보름스 루터는 결연한 의지를 가지고 보름스로 들어갔다. "그리스도가 살아 계시니, 지옥문이 다 열릴지라도 우리는 보름스에 간다."

란 목소리로 그 책들이 자신의 것임을 인정했다. 그러나 뒤이어 모든 이가 충격을 받을 일이 벌어졌다. 루터가 그 책들을 취소해야 할지 결정할 시간을 더 달라고 요청한 것이다. 그는 뒤로 물러설 것처럼 보였다. 사실 루터는 자신이 가르친 구체적인 사항들을 다루리라고 예상했다. 그가 쓴 모든 것을 부인하라는 요구를 받으리라는 것은 전혀 예상하지 못했다. 더 생각할 시간이 필요했다. 루터는 억지로 하루 더 생각할 말미를 얻었다. 그들은 이 말미를 내어주며 루터에게 만일 참회하지 않을 경우 최악의 경우를 각오해야 할 거라고 경고했다.

다음 날, 루터는 저녁 여섯 시가 지나 다시 황제가 있는 곳으로 들어갔다. 홀이 닫히고 어둠이 짙어지면서 횃불이 켜지자, 홀이 숨막히게 뜨거워졌다. 그 바람에 루터는 땀을 줄줄 흘렸다. 루터를 바라보던 이들은 모두 그가 극악한 이단 행위를 용서해 달라고 간청하면서 손이 발이 되도록 빌 것이라고 예상했다. 그 순간 루터가 입을 열었다. 하지만 그가 한 말은 분명 사람들이 예상하던 말이 아니었다. 이때 그는 크고 우렁찬 음성으로 말했다. 그는 거짓 가르침을 향한 공격을 취소할 수 없다고 선언했다. 취소를 한다는 것은 기독교를 파괴해 버린 이들이 더욱더 날뛰도록 내버려두는 일이었기 때문이다. "어림없는 소리! 내가 그리한다면 악과 폭정의 꼭두각시가 될 것이외다!" 황제는 이 말에 진노하여 "닥쳐라!"라고 소리쳤다. 하지만 루터는 말을 이어 갔다. 그는 자신에게 잘못이 있다면 성경으로 반박해 보라고 요구했다. 그렇게 한다면 그가 가장 먼저 그의 책을 불사르겠다고 약속했다.

　루터는 마지막으로 그의 잘못을 취소할 뜻이 없는지 질문을 받자, 이런 말로 답변을 마무리했다.

　나는 내가 인용한 성경에 매여 있으며, 내 양심은 하나님 말씀에 사로잡혀 있습니다. 나는 어떤 것도 취소할 수 없고 취소할 뜻도 없습니다. 양심에 어긋나는 길로 가는 것은 안전하지도 않고 올바르지도 않기 때문입니다. 나는 달리 행할 수 없습니다. 내가 여기 섰나이다. 하나님, 나를 도우소서. 아멘.

　이 말은 한낱 허풍이 아니었다. 루터는 자신에게 자유를 주고 구원을 준 것이 바로 하나님 말씀이라고 믿었다. 그에게는 다른 안전한 피난처가 없었다. 하지만 이 때문에 루터는 황제의 대변인이 그에게 혼자만 진리를 안다고 믿으며 오만하게 군다고 맹렬한 비난을 퍼부을 때 마음을 다부지게 먹고 서 있어야 했다. 실제로 그는 그 순간 마치 온 세상에 맞서 서 있는 것 같았다.

이어 두 병사가 루터를 홀에서 데리고 나갔다. 사람들 사이에서 "저 놈을 불태워 죽여라!"라는 고함소리가 울려 퍼졌다. 큰 무리가 루터가 사는 곳까지 따라왔다. 루터는 그곳에 이르자 손을 들어 미소를 지은 뒤 이렇게 외쳤다. "나는 해냈습니다! 나는 해냈습니다!" 이어 그는 몸을 돌려 친구에게 자신에게 천 개의 머리가 있을지라도 자신이 전한 복음을 포기하느니 그 목이 모두 베임당하는 쪽을 택하겠다고 말했다.

황제는 루터가 나간 홀에서 온 기독교 세계에 맞선 수도사 하나가 분명 잘못을 저질렀다고 선언했다. 그는 "내가 다스리는 나라와 영주와 내 벗들과 내 몸과 피, 내 목숨과 영혼을 걸고 이 주장에 맞서 싸우겠다"고 결심했다. 전선이 그어지고 적과 아군이 나뉘었다. 종교개혁이 시작되었다. 그날 저녁, 루터는 그저 역사의 한 페이지를 쓰는 차원을 넘어 더 큰 의미가 있는 일을 해냈다. 그는 모든 세대에 도전장을 던졌다.

1

중세의 종교상황: 종교개혁의 배경

15세기가 저물고 16세기가 동텄을 때, 옛 세계는 새 세계의 손에 죽임을 당한 것 같았다. 로마 제국의 마지막 잔재인 막강한 비잔티움 제국이 무너졌다. 콜럼버스는 아메리카에서 신세계를 발견했고, 코페르니쿠스는 지동설로 우주를 뒤엎었다. 루터는 말 그대로 기독교의 틀을 다시 만들어 냈다. 한때는 아주 단단하고 확실해 보였던 오랜 기초들이 이 변화의 폭풍에 휩쓸려 모두 부서지고, 아주 다른 세상이 펼쳐질 새 시대에 길을 내주었다.

오늘날 그때를 돌아보면, 그 시대 모습이 어떠했으리라고 거의 짐작하기조차 불가능하리라는 느낌이 든다. '중세'라는 말만 들어도 송가를 부르며 수도원에 파묻힌 수도사들과 미신에 찌들고 난을 일으키던 농민들의 어둡고 우울한 이미지가 떠오른다. 모든 것이 아주 이상했다. 특히 현대의 눈으로 보면 더 그렇다. 우리는 철저히 민주주의 옹호자요 평등주의자이지만, 중세 시대 사람들은 모든 것을 수직적인 위계 구조로 보았다. 우리 삶의 중심은 자아를 살찌우고, 풍성히 만들고, 떠받드는 것이지만, 중세 사람들은 모든 경우에 자아를 죽이고 낮추려 했다(혹은 적어도 그리 하려는 사람들을 떠받들었다). 이런 차이점들을 열거하라면 계속하여 열거할 수 있다. 그러나 이것이 종교개혁의 배경이 되었고, 사람들이 신학에 아주 열심을 내도록 만든 정황이 되었다. 종교개혁은 혁명이었다. 혁명이란 무언가를 지지하는 싸움일 때도 있지만, 이 경우는 무언가에 맞서, 곧 중세 로마가톨릭교라는 옛 세계에 맞서 싸운 싸움이었다. 그렇다면 종교개혁이 일어나기 전 두 세기 동안 그리스도인이 살아가던 모습은 어떠했을까?

교황, 사제 그리고 연옥

새삼 놀랄 일도 아니지만, 중세 로마가톨릭교의 모든 길은 로마로 이어졌다. 사람들은 예수가 "너는 베드로라. 내가 이 반석 위에 내 교회를 세우리라" 하고 말씀하셨던 그 베드로 사도가 로마에서 순교하고 묻혔다고 생각했으며, 그 때문에 교회가 말 그대로 사도 베드로 위에 세워졌다고 생각했다. 일찍이 로마 제국은 로마를 그의 어머니로, 황제를 아버지로 여겼는데 이제는 교회라는 기독교 제국 역시 로마를 어머니로 여기고 베드로의 후계자를 아버지, 곧 '파파' 또는 '교황'으로 여겼다. 조금 거북한 예외는 있었다. 11세기 이후로 로마 교회에서 갈라져 나간 동방정교회였다. 그러나 어느 집에나 말썽꾸러기는 있기 마련이다. 그 외에는 모든 그리스도인이 로마와 교황을 그 누구도 대신하지 못할 그들의 부모로 여겼다. 아버지인 교황이 없으면 교회도 있을 수 없었다. 어머니인 교회가 없으면 구원도 있을 수 없었다.

사람들은 교황을 이 땅에 있는 그리스도의 '대리인'이라 생각했다. 말 그대로 교황은 하나님이 베푸시는 모든 은혜가 흘러나오는 통로였다. 그는 주교를 서임할 힘을 갖고 있었고, 주교는 다시 사제를 서품할 수 있었다. 이들 성직자는 모두 은혜의 수도꼭지를 틀 수 있는

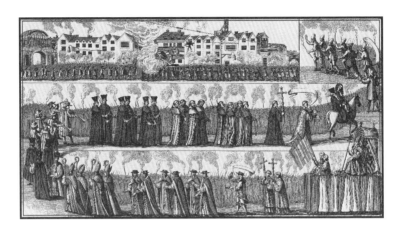

교황의 행차 행렬 중세 로마가톨릭교의 모든 길은 로마로 이어졌다. 교회는 로마를 어머니로 여기고 베드로의 후계자를 아버지, 곧 '파파' 또는 '교황'으로 여겼다.

권위를 갖고 있었다. 이 수도꼭지는 일곱 가지 성사^{성례} 곧 영세^{세례}, 견진, 미사, 고해, 혼인, 서품, 병자 성사였다. 사람들은 때로 이 일곱 가지를 그리스도의 몸을 이루는 일곱 동맥이라 부르면서, 이 동맥을 통해 하나님의 은혜라는 생명의 피가 힘차게 순환한다고 말했다. 이 모든 것은 차라리 기계 같다고 말하는 것이 정확했다. 배움도 없고 글도 못 읽는 무지한 대중은 '뚜렷한 신앙'EXPLICIT FAITH을 가질 능력이 없다고 여겼기 때문이다. 때문에 당시 사람들은 뚜렷한 신앙이 바람직하다고 여기면서도, 다른 사람을 따라 교회에 와서 성례를 받는 '눈먼 신앙'IMPLICIT FAITH도 완전히 인정할 수 있는 신앙으로 여겼다. 그들이 수도꼭지 아래에 있다면 은혜를 받았다.

　사람들은 (보통 유아 때에) 세례를 받음으로써 처음으로 교회에 들어가 하나님의 은혜를 맛보았다. 그러나 실제로 이 모든 체계의 중심은 미사였다. 미사가 중심임은 여러분 지역에 있는 교회(성당) 안으로 들어가 보면 금세 분명히 깨달을 것이다. 모든 구조물이 미사를 집전하는 제단으로 이어졌다. 그곳을 제단으로 부르는 데는 그럴 만한 이유가 있었다. 미사 때는 그리스도의 몸을 늘 새롭게 하나님께 제물로 바쳤기 때문이다. 이렇게 날마다 '피 흘림이 없는' 제사를 드려 그리스도가 십자가에서 '피 흘려' 올리신 제사를 되풀이함으로써 죄를 향한 하나님의 진노를 누그러뜨렸다. 날마다 하나님께 그리스도를 대속 제물로 바쳤다. 이를 통해 날마다 죄를 처리했다.

그러나 사실 제단 위에는 그리스도의 몸이 없었고 사제는 그저 빵과 포도주만 다룰 뿐이었다. 그렇다면 이는 분명 뭔가가 빠진 제사가 아닌가? 이것이 화체설 교리의 특징이었다. 아리스토텔레스는 각 사물이 고유한 '본질'SUBSTANCE, 내부의 실체과 '우연'ACCIDENTS, 겉모습을 갖고 있다고 보았다. 이를테면 의자의 '본질'은 나무일 수 있으나, 의자의 '우연'은 갈색과 더러움이다. 의자를 새로 칠하면 의자의 '우연'이 바뀔 것이다. 화체설은 이와 반대로 생각했다. 미사 때 빵과 포도주의 '본질'은 진짜 그리스도의 몸과 피로 바뀌나, 빵과 포도주가 본디 가졌던 '우연'은 변함없이 그대로 유지된다. 이 모든 것이 조금 억지처럼 보였을지도 모른다. 하지만 의심하는 자들을 충분히 설득할 만한 이야기들, 성작CHALICE, 성배에 진짜 피가 있고 성반聖盤에 진짜 살이 담겨 있는 환상을 보았다는 이야기들이 퍼져 있었다.

사제가 그리스도가 하셨던 말씀인 "이것이 내 몸이다"를 라틴어 "호크 에스트 코르푸스 메움"*HOC EST CORPUS MEUM*으로 말하는 순간 빵과 포도주가 그리스도의 살과 피로 바뀌는 일이 일어났다. 사제가 이를 말하면, 이어 교회종이 울리고 사제는 빵을 들어 올리곤 했다. 사람들은 보통 1년에 한 번 그 빵을 받아먹곤 했다(성작의 포도주는 아예 마시지도 못했다. 손만 크고 덤벙거리는 농사꾼들이 그리스도의 피를 바닥에 흘리기라도 하면 어쩌나 하는 우려가 문제였다). 그러나 사제가 들어 올린 빵을 보기만 해도 은혜가 임했다. 그러니 신앙이 더 돈독한 신자들이 이 교회 저 교회를 열심히 쫓아다니며 더 많은 미사를 올림으로 더 많은 은혜를 받으려 한 것도 얼마든지 이해할 수 있는 일이었다.

미사는 라틴어로 봉헌했다. 물론 사람들은 한 마디도 알아듣지 못했다. 문제는 성직자 중에도 역시 라틴어를 모르는 이가 허다했다는 것이다. 이 성직자들은 새로운 언어를 완전히 습득하느니 차라리 봉헌하는 미사를 통째로 외워 버리는 게 더 빠르다는 것을 깨달았다. 이러니 교구 신자들이 "호크 에스트 코르푸스 메움" 대신 "호쿠스 포쿠스"*HOCUS POCUS*라는 말을 듣는다 해도 그게 누구 잘못인지 아는 이가 없었다. 심지어 사제들은 그들이 미사 때 해야 할 말을 잊어버리기로 유명했다. 사제들이 하는 말을 도통 이해하지 못하다 보니, 교구의 보통 신자들이 정통 로마가톨릭과 마법 및 미신을 구분하기는 힘들었다. 신자들은 성별聖別한 빵을 신비한 능력을 가진 하나님의 부적, 곧 가지고 다니면 사고를 피할 수 있고 아픈 동물에게는 치료약이 되거나 심으면 풍작을 가져다 줄 수 있는 것으로 여겼다. 교회는 오랜 세월 동안 이방 종교와 다를 게 없는 민초들의 기독교에 관대했다. 그러나 이런 악용에 맞서 행동을 취하기로 결정한 일은 교회가 미사를 얼마나 높이 떠받들었는지 증언해 준다. 1215년, 4차 라테란 공의회는 변화된 빵과 포도주는 "모든 교회의 안전한 장소에 따로 보관하고 열쇠로 잠가, 도리도 모르는 인간이 감히 이 빵과 포도주에 손을 대는 끔찍한 일이나 불경한 일을 하지 못하게 하라"는 명령을 내렸다.

중세 로마가톨릭교의 모든 체계와 정서를 지탱한 것은 아우구스티누스AUGUSTINE, 354-430까지 거슬러 올라가는 구원 이해, 더 정확히 말하면 아우구스티누스가 주창한 사랑의 신학이었다(이 사랑의 신학이 장차 엄청난 두려움을 불러일으키게 되었으니, 그야말로 기막힌 아이러니다). 아우구스티누스는 우리가 하나님을 사랑하고자 존재한다고 가르쳤다. 하지만 우리가 타고난 본성으로 하나님을 사랑하기는 불가능하기에 하나님께 우리를 도와 달라고 기도해야 한다. 하나님은 우리를 '의롭다 하심'JUSTIFYING, 칭의으로 우리를 도와주신다. 아우구스티누스는 이 '의롭다 하심'을 하나님이 당신 사랑을 우리 마음속에 부으시는 행위라고 말했다롬 5:5. 이것이 하나님이 성례를 통해 전해 주시는 은혜의 효과다. 하나님은 우리를 더욱더 사랑스러운 존재로, 더욱더 의로운 존재로 만드심으로써 우리를 '의롭다 하신다.' 이 모델에 따르면, 하나님의 은혜는 더 나은 사람, 곧 더 정의롭고 의로우며 사랑을 베푸는 사람이 되는 데 필요한 연료였다. 아우구스티누스는 결국 이런 사람이 구원을 받는다고 보았다. 이것이 바로 아우구스티누스가 말한 '은혜로 얻는 구원'의 의미였다.

애초에 아우구스티누스가 하나님이 당신의 은혜를 부어주심으로 우리가 사랑을 베푸는 사람이 되고 구원을 누리게 된다고 말할 때만 해도 사람들 귀에는 이 말이 감미롭게 들렸을지 모른다. 하지만 세월이 흘러가자 이런 생각이 더 어두운 색깔로 바뀌게 되었다. 아무도 그 말을 아우구스티누스처럼 생각하려 하지 않았다. 아우구스티누스의 의도와 정반대의 일이 벌어졌다. 사람들은 여전히 하나님의 은혜가 어떻게 역사하는지를 이야기할 때는 귀가 솔깃하고 낙관적인 말로 이야기했다. "하나님은 최선을 다하는 자에게 은혜를 베푸시길 마다하시지 않는다"는 말은 중세 신학자들이 유쾌하게 외치던 구호였다. 하지만 그 다음이 문제였다. 여러분은 자신이 실제로 최선을 다했다는 것을 어떻게 확신할 수 있는가? 여러분이 구원을 받을 만한 의로운 사람이 되었다는 것을 어떻게 알아낼 수 있는가?

1215년, 4차 라테란 공의회는 '의롭다 하심'을 받고자 하는 모든 이들에게 유익한 도움이 되기를 바라는 것들을 내놓았다. 우선 이 공의회는 모든 그리스도인에게 (지옥에서 영원히 받을 벌의 고통을 생각하면서) 그들이 저지른 죄를 사제에게 꾸준히 고해할 것을 요구했다. 그때에 죄와 악한 생각을 깨닫는 양심을 검증받을 수 있었고, 이를 통해 악이 뿌리 뽑히면서 그리스도인은 더 의로워질 수 있었다. 하지만 이 요구대로 행해도 이 요구를 진지하게 받아들인 이들에게 확신을 심어주는 효과가 없었다. 사제는 긴 공식 목록을 사용하여 이런 질문을 하곤 했다. "그대의 기도와 자선과 신앙 활동이 하나님을 기쁘시게 하기보다 그대의 죄를 감추고 다른 사람들에게 감동을 주는 데 더 기여했는가?" "그대는 친척이나 친구나 다른 피조물을 하나님보다 더 사랑했는가?" "그대는 나쁜 날씨와 질병과 가난, 자식이나 친구의 죽음 때문에 하나님께 불평하지 않았는가?" 이런 질문을 계속 받다가 끝에 이를 즈음이면 결국 질문을 받은 사람은 의롭고 사랑스럽기는커녕 시커먼 욕망 덩어리임이 아주 훤하게 드러날 뿐이었다.

이런 결과는 심히 혼란스러웠다. 우리는 이런 모습을 15세기에 노포크NORFOLK에 살았던 여자 마저리 켐프MARGERY KEMPE, 1373-1438(영문학 역사상 첫 자서전을 쓴 인물로 알려져 있는 중세 신비주의 신앙인.─옮긴이)가 쓴 자서전에서 볼 수 있다. 켐프는 고해를 하다가 자신 같은 죄인이 틀림없이 받게 될 영벌永罰을 보고 공포에 사로잡혔던 사연을 서술해 놓았다. 마귀가 자신을 에워싸고 앞발로 할퀴며 스스로 물어뜯고 할퀴게 만들어 버리는 환상을 보기 시작했던 것이다. 이런 이야기를 들으면 현대인은 무턱대고 정서불안의 일종으로 치부하려 든다. 하지만 마저리 자신은 그녀의 마음이 녹아내린 이유가 말 그대로 그 시대의 신학을 진지하게 받아들였기 때문임을 아주 분명하게 알았다. 마저리는 이 고해를 통해 자신이 구원을 받을 만큼 의롭지 않다는 것을 알았다.

물론 교회의 공식 가르침은 아주 분명했다. 교회는 죽을 때 곧바로 완전한 구원을 받을 만큼 의로운 사람은 아무도 없다고 가르쳤다. 그러나 이런 가르침에 크게 놀랄 이유가 없었다. 연옥이 늘 있었기 때문이다. 그리스도인이 살인처럼 죽임을 당할 죄를 저질러 놓고도

연옥에서 받는 고문 중 하나 대다수 사람들은 자신이나 사랑하는 이들이 연옥을 빨리 통과하길 바랐다. 미사의 은덕은 세상을 떠난 뒤 연옥에서 고통당하는 영혼에게 직접 적용될 수 있었다.

회개하지 않은 채 죽은 게 아니라면(그런 경우는 지옥으로 직행이었다), 그에게는 죽은 뒤 하늘에 들어가기 전에 연옥에서 자신이 저지른 모든 죄를 천천히 씻어내 완전히 깨끗해질 기회가 있었다. 15세기가 끝날 즈음, 제노바GENOVA의 카테리나CATERINA FIESCHI ADORNO, 1447–1510(이탈리아의 성인이자 신비주의 신앙인으로, 제노바에서 역병이 돌았을 때 재산을 다 털어 병자들을 돌보고 치료했다고 한다.—옮긴이)는 연옥을 강렬한 필치로 묘사한 『연옥론』TRATTATO DEL PURGATORIO을 썼다. 카테리나는 연옥에 있는 영혼들이 깨끗이 씻김을 받아 하나님이 흡족히 여기실 만큼 정결해지길 바란 나머지 갖가지 징벌을 달게 받아들인다고 설명했다. 하지만 카테리나의 영혼보다 더 세상에 물든 영혼들은 연옥에서 수천 년 혹은 수백만 년 동안 벌을 받으리라 예상하여 그리 즐거워하지 않는 경향이 있었다. 대다수 사람은 이런 앞일을 느긋이 받아들이기보다, 그들 자신이나 사랑하는 사람들이 지름길을 통해 연옥을 빨리 통과하길 바랐다. 미사도 기도처럼 연옥에 있는 영혼들을 위하여 올릴 수 있었으며, 이런 미사의 은덕은 세상을 떠난 뒤 연옥에서 고통당하는 영혼들에게 직접 적용될 수 있었다. 연옥 사업 전체가 발전한 것도 바로 그런 이유 때문이었다. 부자들은 소예배당CHANTRIES(사제가 있는 예배당으로 그들의 후원자나 이 후원자에게 은덕을 입은 사람들의 영혼을 위하여 기도하고 미사를 올릴 목적으로 봉헌한 곳)을 세웠다. 덜 부유한 사람들은 같은 목적을 이루고자 금전을 갹출하여 공제조합을 만들었다.

그렇다고 모든 이가 아무 의문도 제기하지 않고 규칙을 따르려 한 것은 아니었다. 한 예를 들어보자. 1235년에 링컨 주교가 되었던 로버트 그로스테스트ROBERT GROSSETESTE, 1168-1253는 성직자가 가장 먼저 할 일은 미사를 집전하는 게 아니라 성경을 설교하는 것이라고 믿었다. 특이하게 그로스테스트 자신부터 사람들이 그가 하는 말을 이해할 수 있도록 라틴어가 아니라 영어로 설교했다. 그는 교황과 여러 차례 충돌했으며(이를테면 교황이 영어를 할 줄 모르는 사제를 그의 교구에 임명했을 때 교황과 충돌했다), 끝내는 교황을 그의 죄 때문에 영원히 벌을 받을 적그리스도라 부르기까지 했다. 이런 말을 하고도 무사할 이는 거의 없었다. 하지만 그로스테스트는 그 자신부터 거룩한 사람인데다 인문학자, 과학자, 언어학자로서 워낙 유명한 이었기에 교황도 그 입을 다물게 하기는 불가능하다고 느꼈다.

중세 로마가톨릭교에서 또 하나 무시할 수 없는 측면이 성인 숭배였다. 유럽에는 여러 성인의 묘지가 가득했으며, 이 묘지들은 비단 영적 이유뿐만 아니라 경제적 이유 때문에도 중요했다. 이런 묘지는 그곳의 수호성인이 남긴 신성한 유물이 많이 있어서 순례자들이 끊임없이 밀려들 수밖에 없었고, 이곳에 오는 이는 순례자에서 선술집 주인까지 모든 이가 목표를 이루었다. 다른 요인보다도, 그리스도가 중세를 거치는 동안 사람들 마음속에서 점점 더 벅차고 알기 힘든 인물이 되었던 것이 성인 숭배를 촉진하는 요인이 되었던 것 같다. 더욱이 당시 사람들은 부활하여 승천하신 그리스도를 마지막 날의 심판자요 지극히 두렵고 거룩하신 분으로 여겼다. 그러니 어느 누가 감히 그분에게 다가갈 수 있겠는가? 그런 분도 분명 그 모친의 말씀에는 귀를 기울일 것이다. 그리하여 그리스도가 하늘로 들어가시자, 결국 마리아가 사람들이 그리스도께 다가갈 수 있게 해주는 중개자가 되었다. 그러나 마리아에게 이런 영광이 주어지자, 이제는 마리아 자신이 범접할 수 없고 별처럼 타오르는 하늘의 여왕이 되었다. 사람들은 이전과 같은 논리를 사용하여 마리아의 모친인 안나(혹은 한나)에게 마리아와 그들을 중개해 달라고 호소하기 시작했다. 이리하여 점점 안나 숭배가 이루어지면서 많은 이들이 이 숭배 대열에 열렬히 헌신하게 되었다. 그 숭배자 중에는 루터가※라는 독일의 한 이름 없는 집안도 들어있었다. 하지만 안나로 그치지 않았다. 사람들은 하늘에 많은 성인을 채워 넣었고, 이 성인들은 모두 죄인과 심판자를 중개하기에 아주 적합한 이들이 되었다. 이 땅에는 그 성인들이 남긴 유물, 곧 그들의 은혜와 은덕을 얼마간이라도 사람들에게 베풀어 줄 수 있는 것들이 가득 차 있는 것 같았다. 물론 이런 유물 가운데 일부는 진짜인지 의심스러운 것들이었다. 사람들 사이에서는 '진짜 십자가에서 나온 조각들'이 기독교 세계에 아주 많이 퍼져 있는 것으로

보아 진짜 십자가는 한 사람이 도저히 들어 올릴 수 없을 정도로 거대했을 것이라는 우스갯소리가 늘 떠돌았다. 그 농담에는 그리스도는 전능하시므로 십자가를 지실 수 있었다는 후렴이 뒤따랐다.

교회는 공식적으로 마리아와 성인은 예배의 대상이 아니라 공경의 대상이라고 가르쳤다. 그러나 배움이 없는 사람들에겐 공경과 예배를 구분하는 근거가 아주 모호하기만 했다. 성인들의 무리를 만신전^{PANTHEON}의 신들처럼 여기고 성인들의 유물을 마력을 지닌 부적으로 여길 때가 비일비재했다. 그러면 낫 놓고 기역자도 모르는 사람들이 이렇게 복잡한 신학 체계를 어찌 배울 수 있었으며 우상을 숭배하는 죄를 어찌 피할 수 있었을까? 판에 박힌 답이지만, 심지어 지극히 가난한 교회에서도 성인들과 동정녀 마리아를 묘사한 그림과 형상을 담은 스테인드글라스와 조상^{彫像}과 프레스코화가 그런 사람들을 에워싸고 있었다. 이런 것들은 '가난한 자들의 성경'이요 '문맹자의 책'이었다. 사람들은 글이 없어도 그림에서 배웠다. 하지만 이런 논리는 좀 터무니없다는 말을 듣기 십상이다. 동정녀 마리아상이 공경과 예배가 어떻게 구분되는지 가르쳐 줄 수는 없기 때문이다. 교회 의식이 사람들이 알아듣지도 못하는 언어인 라틴어로 이루어졌다는 사실은 교회가 실상 가르침을 우선시하지 않았다는 현실을 넌지시 일러 준다. 일부 신학자는 거룩한 언어인 라틴어가 아주 능력 있는 말이기에 이 말을 알아듣지 못하는 이들에게도 감화를 줄 수 있었다는 말로 둘러대려 했다. 그러나 이런 말은 차라리 안 하는 것만 못하다. 오히려 사실은 하나님 은혜를 받으려고 굳이 그런 말까지 알아들을 필요는 없다는 것이 당시 사람들 생각이었다고 말하는 게 낫다. 자라지 않은 '눈 먼 신앙'만 있어도 충분했다. 실은 애당초 가르침이란 것이 없었으니 '눈 먼 신앙'이 존재하는 것이 당연했다.

역동적 시대 아니면 병든 시대?

여러분이 지독히도 운이 없어서 종교개혁을 연구하는 역사가들이 가득한 방에 있게 되었다고 가정해 보자. 이때 이 방에 뭔가 활력을 불러일으키려면 무엇을 해야 할까? 그때는 큰 소리로 이런 질문을 던지면 된다. "종교개혁 전야의 기독교는 활력이 넘쳤나요, 아니면 썩을 대로 썩었나요?" 이 질문을 던지면 틀림없이 유쾌한 말씨름이 벌어질 것이다. 몇 년 전만 해도 이런 질문을 하면 입도 뻥긋하는 이가 없었을 것이다. 그때만 해도 종교개혁 이전에는 유럽 사람들이 변화를 갈망하는 신음소리를 토해 내며 썩어빠진 로마 교회가 자신들에게 지운 멍에를 증오했다는 데 모든 이가 흔쾌히 동의하는 것 같았다. 그러나 이제는 그런 견해가 통하지 않는다.

역사 연구, 특별히 1980년대 이후의 역사 연구는 종교개혁 이전 시대에 종교가 과거 어느 때보다 더 인기가 있었음을 아주 확실하게 보여주었다. 확실히 그 시대 사람들도 나름대로 불만이 있었지만, 대다수 사람은 분명히 즐겁게 종교에 헌신했다. 죽은 자들을 위한 미사도 과거보다 더 많아졌고 교회도 더 많이 지었으며, 성인의 조상도 더 많이 세웠고 순례자도 더 많아졌다. 책을 읽을 수 있는 사람들 사이에서는 경건과 영성을 다룬 책들—오늘날도 그렇지만 내용상 이 두 가지가 뒤섞인 책들—이 유달리 인기를 끌었다.

그렇지만 사람들이 이렇게 종교에 열심을 보였다는 것은 그들이 개혁에 열심을 냈다는 뜻이기도 하다. 14세기 내내 여러 수도회가 그들 자신을 개혁했고, 심지어 교황들조차도 일부분이나마 개혁을 시도했다. 교회라는 나무에 죽은 가지도 몇 개 있고 썩은 사과도 몇 개 달려 있다는 데에는 모두 이견이 없었다. 시인 단테가 『신곡』 _DIVINA COMMEDIA_ 에서 교황 니콜라오 3세[Nicolaus III, 재위 1277-1280]와 보니파시오 8세[Bonifatius VIII, 재위 1294-1303]를 지옥의 여덟 번째 원에 두었을 때도 모든 이가 공감하며 웃을 수 있었다. (단테는 보니파시오 8세에게 사사로운 원한이 많았다고 한다. 성직을 팔아 잇속을 챙기는 자가 떨어져 발바닥에 불세례를 받는 지옥의 여덟 번째 원에 보니파시오 8세를 둔 것은 실제 이 교황이 성직매매를 했다기보다 원한 때문이라는 견해도 있다.—옮긴이) 물론 그 전에도 미사 전에 폭음을 했던 썩어빠진 교황들과 사제들이 있었다. 그러나 사람들이 웃을 수 있었다는 사실은 오히려 교회가 그만큼 든든하고 흔들림이 없는 모습이었음을 증명해 준다. 교회는 그런 웃음도 너끈히 포용할 수 있는 것처럼 보였다. 사람들이 죽은 가지를 잘라 버리고 싶어 했다는 것은 그들이 그만큼 그 나무를 사랑했음을 보여주는 증거일 뿐이었다. 이렇게 개혁을 바랐지만, 이런 바람도 애당초 나무 몸통에 생명을 위협하는 썩은 부분이 있을지도 모른다는 생각까진 나아가지 못했다. 요컨대 더 나은 교황을 원하는 것과 교황을 아예 원하지 않는 것은 사뭇 다른 말이다. 더 나은 사제와 미사를 원한다는 말은 일반 신자와 구별되는 사제직과 미사를 아예 원하지 않는다는 말과 아주 다른 말이다. 이는 단테도 보여주었다. 그는 『신곡』 지옥 편에서 악한 교황에게도 벌을 내렸지만, 교황을 반대한 이들에게도 하나님이 보응하시는 것으로 묘사했다. 좋은 교황이든 나쁜 교황이든 교황은 결국 그리스도의 대리인이었기 때문이다. 이것이 종교개혁 전야를 살아가던 대다수 그리스도인의 모습이었다. 그들은 그들이 믿는 종교에 헌신했고, 그 종교를 더 나은 모습으로 만드는 데 헌신했지만, 그 종교를 뒤엎지는 않았다. 당시 사회는 급격한 변화를 추구하지 않았고, 그저 사람들이 악습이라 여기는 것들을 청소하는 것으로 만족했다.

그렇다면 당시는 역동적 시대였는가, 썩은 시대였는가? 이런 식으로 대립 구도를 설정하는 것은 잘못이다. 종교개혁 전야의 기독교는 분명 대중에게 인기가 있었고 활력도 있었지만, 그렇다고 그 기독교가 건강하다거나 성경에 부합했다는 뜻은 아니다. 사실 모든 사람이 종교개혁이 몰고 온 것과 같은 종류의 변화를 갈망했다면, 종교개혁은 그저 자연스러운 사회 운동이나 도덕 정화에 지나지 않았을 것이다. 종교개혁자들은 늘 이를 부인했다. 종교개혁은 대중이 일으킨 도덕 개혁이 아니었다. 기독교의 핵심 자체에 던진 도전이었다. 개혁자들은 하나님 말씀이 세상 속으로 뚫고 들어와 세상을 바꿔 놓는다고 주장했다. 그것은 아무도 예상 못한 사건이었고, 그야말로 인간 본성을 거스르는 일이었다. 인간이 한 일이 아니라 하나님이 던지신 폭탄이었다.

종말의 징조들

종교개혁은 누구도 기다리지 않았던 사건일지도 모른다. 대다수 사람은 소규모 개혁으로 만족했다. 그러나 중세의 청명한 하늘에 먹구름이 만들어지기 시작했다. 처음에는 구름 크기가 어른 손만 했다. 그러나 그 구름이 장차 하늘이 중세 로마가톨릭교에 내릴 일들을 일러 주는 징조였음을 아는 이는 아무도 없었다.

첫 번째 구름은 다름 아닌 로마 위에서 만들어졌다. 1305년 보르도 대주교가 교황으로 뽑혔다. 하지만 그는 교황 클레멘스 5세가 되었으니 로마로 이주해야 하는데도 여러 이유를 내세워 로마 이주에 전혀 관심을 보이지 않았다. 대신 그는 프랑스 남부에 있는 아비뇽을 그가 머물 교황의 새 본거지로 삼았다. 프랑스 왕 필립 4세는 기뻐했다. 프랑스 출신 교황이 프랑스 땅에 터를 잡았으니, 만사가 식은 죽 먹기가 될 판이었다. 다음에 뽑힌 교황 역시 프랑스인이요 그 역시 아비뇽에 머물기로 결정했지만, 놀라는 이가 하나도 없었다. 이런 일이 다음 몇몇 교황까지 계속되었다. (1370년부터 1378년까지 교황으로 있던 그레고리오 11세까지 프랑스인이 계속 교황이 되었다.—옮긴이) 프랑스 밖 사람들은 이 일에 그리 큰 신경을 쓰지 않고 무덤덤했다. 그들은 이 사태를 '교회의 바벨론 유수'라 불렀다. 사람들은 교황을 어머니 교회인 로마 교회의 주교라 여겼다. 그렇다면 아비뇽에 있던 이 사람들은 정말 로마 주교였을까? 결국 기독교 세계는 교황제에 대한 확신을 잃기 시작했다.

이런 꼴로 70년이 흐르자 로마 사람들은 진저리가 났다. 따지고 보면 교황청은 그들이 사는 도시에 위엄(그리고 수입)을 안겨 준 가장 큰 원천이었다. 결국 1378년에 추기경단이 로마에 모여 다음 교황을 뽑게 되자, 이번에는 아예 폭도가 추기경들을 에워싸고 이탈리아 사람을, 그것도 기왕이면 로마 사람을 교황으로 뽑으라고 요구하기에 이르렀다. 겁에 질린 추기경들은 그들도 역시 사람인지라 폭도의 요구에 굴복하고 말았다. 하지만 그들은 이내 자신들의 결정을 후회하기 시작했다. 새 교황이 오만방자하고 싸움이나 일삼는 사람이라는 것을 알았기 때문이다. 많은 사람의 입에서 이 교황 선출은 감금된 채 협박을 받아 이루어진 만큼 유효하지 않다는 의견이 터져 나오기 시작했다. 그리하여 그들은 다시 프랑스인을 새 교황으로 뽑았다. 하지만 불행하게도 처음 뽑혔던 교황은 여전히 왕성한 건강을 자랑하면서 퇴위를 거부했다. 즉 이제는 교황이 둘이라는 뜻이었다. 두 교황이 서로를 파문한 것은 당연한 일이었다. 결국 아버지가 둘이 되다 보니, 이제는 어머니인 교회도 두 개가 존재하는 일이 벌어지고 말았다.

온 유럽이 누구에게 충성하느냐를 놓고 둘로 나뉘었다. 물론 프랑스는 프랑스인 교황을 지지했고, 잉글랜드는 본능을 따라 그 반대편을 지지했으며, (당시 잉글랜드와 프랑스는 그 유명한 백년전쟁을 벌이고 있었다.—옮긴이) 다른 나라들도 이쪽저쪽으로 나뉘었다. 이런 상황을 계속 끌고 갈 수는 없었다. 결국 이 문제를 끝내고자 공의회를 소집했다. 그렇게 해서 나온 해결책이 두 교황을 모두 물러나게 하고 새 교황을 한 사람 선출하는 것이었다. 하지만 교황 자리에 있는 두 사람이 그리 쉽게 자리를 내어주지 않으리라는 것은 물어보나마나였다. 그러다 결국 교황이 셋이 되고 말았다. 이른바 이 '대분열'은 결국 더 큰 공의회인, 1414년부터 1418년까지 열렸던 콘스탄츠 공의회를 거친 뒤에야 간신히 끝났다. 이 공의회는 두 교황에게 퇴위하겠다는 동의를 겨우 얻어냈고, 퇴위를 거부하던 아비뇽의 세 번째 교황은 자리를 박탈한다고 선언했다. 공의회에 모인 사람들은 이 셋을 대신하여 새 교황을 뽑았다(이탈리아 사람 마르티노 5세). 여전히 아비뇽 교황을 지지하는 사람이 소수 남아 있었지만, 다른 모든 이는 이 새 교황을 받아들였다. 분열이 끝났다. 그러나 이 분열은 권위에 위기를 불러왔다. 교회의 최고 권위는 어디에 있는가? 아비뇽에 있는가, 로마에 있는가? 공의회가 어느 교황이 진짜 교황인지 결정했기 때문에 공의회가 교황보다 더 큰 권위를 갖는가? 권위의 위기는 대분열이 끝난 뒤에도 오랫동안 지속되었다. 콘스탄츠 공의회는 교황보다 공의회가 더 큰 권위를 가진다고 선언했지만, 교황들도 이에 맞서 온 힘을 다해 싸웠기 때문이다. 상충하는 갖가지 의견이 중구난방으로 튀어나왔다. 이런 상황에서 평범한 그리스도인이 어떻게 하나님 뜻을 알 수 있을까?

교황이 로마가 아니라 다른 곳에 있던 동안, 로마도 썩기 시작했다. 로마의 부패는 단지 수치 정도로 끝날 문제가 아니었다. 로마가 모든 기독교 세계가 주목하는 영광스러운 어머니라면, 그곳이 폐허가 될 리는 없었기 때문이다. 사실 로마가 그 지위를 회복하려면 이전보다 더 영광스러운 곳이 되어야 했다. 온 유럽이 교회의 영광에 압도당해야 했다. 한 세기 후, 르네상스 교황들은 그들이 운행하는 궤도 속으로 걸출한 별들을 끌어들였다. 프라 안젤리코FRA ANGELICO, 1395?-1455, 고촐리BENOZZO GOZZOLI, 1421?-1497, 핀투리키오PINTURICCHIO, 1454-1513가 모두 이때 등용되었다. 라파엘로RAFFAELLO SANZIO DA URBINO, 1483-1520는 바티칸에 있는 교황 사저를 장식할 책임을 맡았다. 미켈란젤로MICHELANGELO DI LODOVICO BUONARROTI SIMONI, 1475-1564는 시스티나 대성당을 꾸밀 책임을 맡았으며, 브라만테DONATO BRAMANTE, 1444-1514는 성 베드로 대성당을 중건할 책임을 맡았다. 이는 장엄한 사업이긴 했으나, 다른 한편으로는 엄청난 돈이 들어가는 일이었다. 교황들은 어디서든 틈만 보이면 돈을 거둬들이려고 혈안이었다. 사람들은 그들의 영혼보다 그들이 가진 돈에 더 큰 관심을 보이는 교황들을 두고 불만을 털어놓기 시작했다.

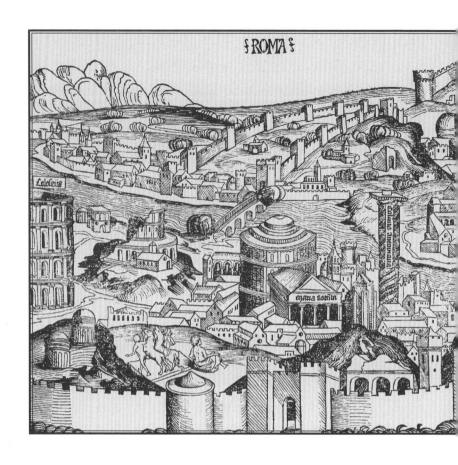

이런 예술 역시 사람들 눈에는 기독교 예술이라기보다 기독교와 거리가 먼 예술로 보였다. 특히 성 베드로 대성당 중건은 교황이 최악의 상황이라고 생각했던 것보다 더 많은 비용이 들어갔으며, 이는 결국 마르틴 루터의 분노를 불러일으킨다.

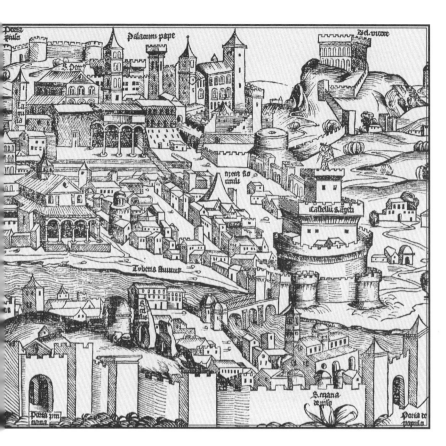

1493년의 로마 로마가 이전 시기의 지위를 회복하려면 이전보다 더 영광스러운 곳이 되어야 했다. 르네상스 교황들은 예술가들을 불러 대사업을 펼쳤으나, 사람들은 틈만 나면 돈을 거둬들이려는 이들을 두고 불만을 털어놓기 시작했다.

    아울러 로마에는 휘황찬란한 모습과 더불어 저속한 풍조가 일어나기 시작했다. 덕분에 로마는 그 시대의 라스베이거스가 되었다. 보르지아 집안THE BORGIAS(에스파냐어로 읽으면 '보르히아'로, 이탈리아 르네상스 시대에 권세를 부리던 집안. 원래 에스파냐 발렌시아 출신인데, 교황을 둘이나 배출하면서 15-16세기에 세도를 부렸다.―옮긴이)이 권세를 휘두르던 시절이 특히 더 그랬다. 1492년, 로드리고 보르지아^{RODRIGO BORGIA}는 손쉽고 효과 좋은 방법을 사용하여 자신이 교황 알렉산데르 6세^{ALEXANDER VI, 재위 1492-1503}로 선출되는 데 필요한 표를 사들였다. 추기경들의 낯짝을 부끄럽게 만드는 통치에 딱 어울리는 출발이었다. 그는 여러 정부^{情婦}에게서 많은 아이들을 얻었다. 흥청망청 파티를 열었으며, 독반지를 끼고 다니던 딸 루크레지아에게서도 아이를 하나 얻었다는 소문도 돌았다. 무엇보다 유명한 일은 그가 바티칸에서 방탕한 난교 파티를 밥 먹듯이 열고 자기 추기경들에게 독약을 먹이곤 했다는 것이다. 이는 거룩한 아버지라는 직임에 좋은 선례가 될 수 없었다. 그의 후계자인 율리오 2세^{JULIUS II, 재위 1503-1513}(이탈리아 사보나 출신의 방탕한 교황. 알렉산데르 6세와 율리오 2세 사이에는 불과 한 달도 교황 자리에 있지 못했던 비오 3세가 있었다.―옮긴이) 역시 본래 의미 외에 또 다른 의미의 '파파'^{PAPA}였다. ('파파'에는 교황이라는 의미가 들어 있지만, 여기서 저자는 여러 사생아를 둔 아버지였다는 의미로도 이 말을 사용했다.―옮긴이) 율리오의 후계자인 레오 10세^{LEO X, 재위 1513-1521}는 인지능력이 없는 자였다(일곱 살에 교황이 되었고, 그러다보니 아무도 그에게 질문할 생각을 하지 않았다). 물론 교황제는 그 전에도 엉망진창이던 시절이 있었다. 하지만 교회의 권위가 위기에 빠지면서 이제는 교회가 존경을 받을 수 없는 비참한 시절이 되어 버렸다.

종교개혁의 샛별

한편 중세 잉글랜드 북부 요크셔의 청명한 하늘 위에도 또 다른 구름이 모여들기 시작했다. 그 구름을 만들어 낸 원인은 존 위클리프 JOHN WYCLIFFE, 1320년대 중엽-1384의 출생이었으니, 그때가 1320년대 어느 때쯤이었다. 그는 사제 서품을 받고 옥스퍼드로 갔다. 위클리프는 그의 신학적 견해 때문에 옥스퍼드 대학교에서 가장 논란이 많은 인물이 되었지만, 왕가와 연줄이 있던 덕분에 영향력도 갖게 되었다. 위클리프가 살았던 시기는 교황이 아비뇽에 머물던 시기와 거의 일치한다. 이 때문에 위클리프는 종교의 권위가 끊임없이 의심받는 분위기 속에서 성장했다. 그러나 1378년에 두 교황이 즉위하는 일이 벌어지자, 위클리프는 사람들 앞에서 교황이 아니라 성경이 영적 권위의 최고 근원임을 천명하기 시작했다. 교황 제도는 사람이 만든 것에 불과하나 성경은 모든 종교적 믿음과 관습의 타당성을 권위 있게 결정해 준다는 것이 위클리프의 주장이었다. 위클리프는 이를 근거 삼아 철학적 색채가 아주 짙은 화체설 교리를 거부했다.

몇 해 지나지 않아 이런 이야기는 옥스퍼드(그리고 온 나라)를 들끓게 했다. 결국 위클리프는 레스터셔의 후미진 교구인 루터워스 LUTTERWORTH로 내려가야 했으며, 여기서 그의 생애 마지막 몇 년을 교구 사제로 보내다 삶을 마쳤다. 하지만 이때도 그는 게으름을 피우지 않았다. 대중에게 그의 견해를 설명하는 소책자를 썼고 설교자들을 세웠으며, 라틴어 성경인 불가타 BIBLIA SACRA VULGATA를 영어로 번역하

위클리프의 뼈를 불사르는 모습 라틴어 성경을 영어로 옮긴 위클리프는, 성경은 모든 종교적 믿음과 관습의 타당성을 권위 있게 결정해 준다고 믿었다.

는 일을 진행했다. 위클리프는 콘스탄츠 공의회가 그를 이단으로 정죄하기 전인 1384년에 세상을 떠났는데, 그에게는 다행스러운 일이었다. 공의회가 그를 이단으로 정죄한 뒤, 그 시신을 파내 불태우고 뿌리는 일이 벌어진 것이다. 그러나 그가 남긴 유산은 어마어마했다. 잉글랜드에서 그를 따르던 이들은 영어로 옮긴 성경을 입수하자 당시에는 불법이었던 비밀 그룹 성경 읽기에 빠져들었다. 이들이 '롤러드파'LOLLARDS라는 이름으로 알려진 것도 십중팔구 그 때문이었을 것이다. 아마도 '중얼거리는 자'라는 의미일 이 말은 비밀리에 성경을 읽었던 그들의 습관을 일러 준다. 한 세기 후에 종교개혁이 잉글랜드에 이르렀을 때, 이들은 종교개혁을 열렬히 받아들이는 관객이 된다.

위클리프의 유산 중 어쩌면 롤러드파보다 더 중요할지도 모르는 것이 있다. 바로 옥스퍼드를 찾아왔다가 그의 가르침을 받아 가지고 자신들의 고향인 보헤미아(오늘날 체코 공화국)로 돌아간 학생들이다. 보헤미아에서는 많은 이들이 위클리프의 사상을 따뜻이 받아들였는데, 그런 이들 가운데 프라하 대학교 총장이었던 얀 후스^{JAN HUS,} ¹³⁶⁹⁻¹⁴¹⁵도 있었다. 후스는 위클리프처럼 예리한 지성을 가진 인물은 아니었다. 그러나 그는 적어도 위클리프를 따르는 행동대장 역할을 함으로써 의미 있는 인물로 자리매김하게 된다. 보헤미아에서 위클리프의 가르침을 이단으로 낙인찍으려는 시도들이 일어나자, 후스는 위클리프를 변호했고 점점 더 거리낌 없이 교회를 비판하게 되었다. 그러다 그는 결국 사람들 앞에서 교황에게 면죄부를 발행할 권한이 없다고 선언하면서 연옥의 존재에도 의문을 표명했다.

중세 로마가톨릭교에서는 죄인이 죄를 고해하러 사제에게 가면, 사제는 여러 가지 보속 행위를 하라고 요구하곤 했다. 어떤 죄든 현세에서 보속하지 않은 죄는 연옥에서 죗값을 치러야 했다. 그나마 좋은 소식은 아주 훌륭하게 살았던 성인들이 있다는 것이었다. 이 성인들은 모두 연옥을 우회하여 하늘로 직행할 수 있을 만큼 충분한 공덕을 쌓은 자들일뿐더러, 하늘로 들어가는 데 필요한 것보다 더 많은 공덕을 가진 이들이었다. 이렇게 남은 공덕은 오직 교황만이 열수 있는 열쇠를 가진 교회 금고에 고스란히 보관되었다. 따라서 교황은 그가 합당하다 여긴 영혼이면 어느 영혼에게나 이 공덕(면죄부)을 선물로 줄 수 있었으며, 이 선물은 영혼이 연옥을 빨리 지나가게 하거나 심지어 '완전' 면죄부 또는 '절대' 면죄부를 사용하면 개구리처럼 뛰어 연옥을 완전히 건너게 해줄 수도 있었다. 애초에 이 완전 면죄부는 1차 십자군에 참여한 이들에게 주었지만, 이내 돈을 내놓는 것도 면죄부를 얻기에 합당한 보속 행위로 인정받았다. 결국 사람들 마음속에서는 돈만 조금 내면 영혼의 복을 확보할 수 있다는 생각이 점점 더 분명해졌다.

후스는 파문을 당하고, 콘스탄츠 공의회는 그에게 공의회에 나와 자신의 견해를 변호하라고 불러들였다. 당연히 그는 마음 놓고 사자 굴에 걸어 들어갔다가 이단으로 몰려 화형당할까 봐 주저했지만, 안전하게 활동할 수 있다는 보장을 받자 공의회에 갔다. 하지만 안전 보장은 완전히 거짓말이었고 그는 즉시 옥에 갇혔다. 투옥된 지 6개월 만에 재판이 열렸을 때, 그는 자기 견해를 취소하길 거부했다. 결국 후스는 1415년에 이단이라는 죄목으로 사형선고를 받았다.

후스의 죽음은 보헤미아에서 그를 지지하는 자들이 무장봉기를 일으키게 하는 도화선이 되었고, 그는 보헤미아에서 국민 영웅 같은 존재가 되었다. 1420년부터 가톨릭을 따르는 유럽 국가들이 이단으로 간주한 후스파에 맞서 잇달아 십자군의 깃발을 들었지만, 놀랍게도 후스파가 승리를 거두었다. 덕분에 후스파는 가톨릭 유럽의 중심부에 독립한 후스파 교회를 세울 수 있었다. 교황의 통제를 받지 않게 된 후스파 설교자들은 하나님 말씀을 자유롭게 선포할 수 있었고, 후스파 신자들은 성찬 때에 가톨릭 미사와 달리 빵과 포도주를 모두

얀 후스 그는 세상을 떠나며 이런 말을 했다. "너희가 지금은 이 거위를 구워 먹을지 모르나 앞으로 백년 후에는 너희가 조용히 시킬 수 없는 노래를 부르는 백조가 나타나리라." 그리고 거의 백 년 후, 마르틴 루터가 나타나 세상에 '이신칭의'를 선포했다.

받았다. 이처럼 후스는 세상을 떠난 지 얼마 되지 않아 로마의 옆구리에 박힌 엄청난 가시가 되었다. 후스는 이런 말을 했다고 한다. "너희가 지금은 이 거위를 구워 먹을지 모르나('후스'는 체코어로 '거위'를 뜻한다) 앞으로 백 년 후에는 너희가 조용히 시킬 수 없는 노래를 부르는 백조가 나타나리라." 거의 정확히 백 년 후, 마르틴 루터는 오직 믿음으로 의롭다 하심을 받는다는 교리JUSTIFICATION BY FAITH ALONE, 이신칭의를 세상에 선포했다. 후스를 크게 칭송했던 루터는 자신이 바로 그 약속된 백조라고 열렬히 믿었다. 루터가 죽은 뒤, 루터교회는 백조를 풍향계로 사용하게 되었고, 사람들은 종종 루터를 백조로 묘사하였다. 프라하에 있는 커다란 후스 동상 주춧돌에는 이런 말이 적혀 있다. "진리는 위대하며, 진리가 승리한다." 확실히 후스와 그의 메시지에는 미래가 있었다.

책들, 위험한 책들

아비뇽 하늘 위에는 또 다른 커다란 구름이 만들어졌다. 어쩌면 당연한 일일지도 모르나, 이 구름은 그 어느 구름보다 순결해 보였고, 거기 있는 교황들과 아무 상관이 없었다. 이 구름이 만들어진 이유는 거기서 자란 페트라르카Francesco Petrarca, 1304-1374라는 청년 때문이었다. 페트라르카는 자라서 시인이자 그의 시대에 가장 걸출한 고전 문학 연구자가 되었다. 페트라르카는 1330년대에 이르러 역사가 두 시대로 이루어져 있다는 믿음을 갖게 되었다. 한 시대는 문명과 문화가 꽃피었던 영광스러운 고전 시대요, 다른 하나는 그가 "암흑시대"라 이름 붙인 무지와 야만의 시대였다. 그는 이 암흑시대가 5세기에 로마 제국의 멸망과 함께 시작하여 그가 사는 시대까지 이어지고 있다고 보았다. 그러나 페트라르카는 고전 문명이 되살아날 세 번째 미래 시대도 함께 꿈꾸었다. 아마도 이 미래 시대는 페트라르카가 쓴 책들을 사 본 사람들이 가져온 시대였을지도 모른다.

'인문주의자'로 알려지기 시작한 페르라르카 추종자들은 고전 문화가 되살아나리라는('르네상스'가 바로 이 재생을 의미한다) 희망에 들떠 그들이 사는 바로 그 시대에 '암흑' 시대 혹은 '중간에 낀' 시대를 끝장낼 수 있다고 믿었다. "아드 폰테스!"Ad fontes, "원천으로!"는 그들이 고전 문헌과 문화라는 아름다운 무기로 그들 시대의 무지를 포위하며 외친 함성이었다. 이는 교황이 있는 로마에겐 불행이었다. 로마는 바로 그 중세의 암흑 속에서 자라났기 때문에 새 학문이라는 빛이

페트라르카 페트라르카의 추종자들은 고전 문헌과 문화로, 곧 원천으로 돌아가자는 뜻의 "아드 폰테스!"를 외쳤다.

로마에게 살가울 리가 없었기 때문이다.

　로마가 권세의 주요 근거로 내세운 것은 4세기에 로마 황제 콘스탄티누스가 교황에게 보낸 서신이라는 「콘스탄티누스의 기진寄進」 *Donatio Constantini* 이었다. 이 서신은 콘스탄티누스가 도읍을 로마에서 콘스탄티노폴리스(현재 터키 이스탄불)로 옮기면서 로마 제국 서반부를 다스릴 통치권을 교황에게 바친다는 내용을 담고 있었다. 중세 교황들은 이 서신을 근거로 삼아 자신들이 유럽을 다스릴 정치적 권위를 갖고 있다고 주장했다. 교황이 왕보다 위에 있다는 것이었다. 하지만 인문주의 학자인 로렌조 발라 *Lorenzo Valla, 1407-1457* 는 이 문서를 검토하다가, 인문주의자로서 탁월했던 그의 라틴어 실력 덕분에 이 서신이 사실은 4세기 라틴어와 용어가 아니라 8세기 라틴어와 용어를 사용하여 기록한 것임을 밝혀냈다. 이 서신은 위조 문서였다. 로렌조 발라는 1440년에 자신이 밝혀낸 결과를 책으로 펴냈다. 이는 교황이 내세우던 가장 중요한 주장 하나를 무너뜨렸을 뿐 아니라, 교황이 내세우는 다른 모든 주장에도 의문을 제기했다. 「콘스탄티누스의 기진」이 위조일진대, 하물며 전통을 따라 믿어 온 다른 것들도 위조일 수 있지 않겠는가?

하지만 발라의 가장 위대한 유산은 그의 『신약 성경 주석』*COLLATIO NOVI TESTAMENTI*이다. 신약 성경 주석 모음인 이 책은 그가 살아 있는 동안에는 출간되지 않았다. 발라는 이 주석에서 자신의 그리스어 지식을 활용하여 당시 교회가 공인 성경 역본으로 사용하던 라틴어판 불가타에 오류들이 있다고 제시했다. 그의 생애에는 이 주석이 출간되지 않았기 때문에, 발라는 그의 생각이 만들어 낸 결과를 목격하지 못했다. 하지만 그 다음 세대의 가장 위대한 인문주의 학자인 로테르담의 에라스뮈스*DESIDERIUS ERASMUS ROTERODAMUS, 1466-1536*는 발라가 쓴 『신약 성경 주석』을 찾아내 이를 출간하고, 이 주석을 활용하여 장차 중세 로마가톨릭교에 대항할 때 가장 큰 무기로 사용할 책을 만들어 낸다.

1516년, 에라스뮈스는 원천으로 돌아가 그리스어판 신약 성경을 출간했다. 이때 그는 그리스어 본문 옆에 라틴어 공인 역본(불가타) 본문이 아니라 자신이 직접 라틴어로 번역한 본문을 함께 제시했다. 에라스뮈스는 이런 일을 하면서, 이렇게 성경을 더 꼼꼼히 살펴본 결과가 교회의 도덕을 건강하게 개혁하는 결과를 만들어 내길 소망했다. 그러면서도 자신이 하는 일이 로마에 어떤 해를 끼치리라곤

소(小) 한스 홀바인이 그린 에라스뮈스 초상 에라스뮈스를 위시한 인문주의자들은 진리에 다가가는 또 다른 접근로를 제시함으로써 교회의 권위에 도전하게 되었다.

전혀 생각하지 않았다. 심지어 에라스뮈스는 자신이 펴낸 성경을 교황에게 헌정하기까지 했다. 교황 레오 10세도 그에게 고마워하며 감사 서신을 보내고 이 성경을 추천했다. 조금 섣부르지만, 무슨 일이 일어날 것처럼 보였다. 에라스뮈스의 신약 성경이 공인본인 불가타와 다르다는 것은 여러 가지 신학적 의미를 함축한 일이었을 수 있기 때문이다. 예를 들어 마태복음 4:17을 보면, 불가타는 예수가 "고해하라"고 말씀하셨다고 번역해 놓았으나, 에라스뮈스는 이를 "참회하라"로 번역했으며, 나중에는 "네 마음을 바꾸라"로 번역했다. 만일 에라스뮈스가 옳다면, 예수는 로마가 가르치는 것처럼 겉으로 드러나는 고해 성사를 하라고 부추기신 게 아니라, 죄인이 내면의 마음을 바꾸고 죄에서 돌이켜야 한다는 말씀을 하신 셈이었다. 만일 로마가

이 구절에서 성경을 바로 읽지 못했다면, 다른 곳에서도 역시 잘못을 저지를 수 있었다. 정말 그렇다면 로마의 영적 권위는 대체 어떤 권위인지 문제가 될 수밖에 없었다. 에라스뮈스의 신약 성경은 시한폭탄이었다.

인문주의자들은 그들의 학문으로 그 시대 상황에 도전장을 던지는 동시에, 다시금 페트라르카의 뒤를 따라 그 시대 신학자들에게도 맹렬한 비판을 퍼붓곤 했다. 인문주의자들이 볼 때, 그 시대 신학자들은 도통 말이 되지 않고 아무 쓸모도 없는 문제들, 예를 들면 "바늘귀 위에서는 얼마나 많은 천사들이 춤을 출 수 있을까?"나 "하나님은 사람 대신 오이가 되실 수도 있었을까?" 같은 문제에만 관심을 가진 것 같았다. 인문주의자들은 이런 '해괴한' 생각을 대변하던 신학자 둔스 스코투스DUNS SCOTUS, 1266-1308 (스코틀랜드의 신학자요 철학자, 프란체스코회 수도사.—옮긴이)를 바보의 본보기로 여겼고, 그를 따르는 이는 그 누구든 둔스와 같은 이로 여겨 '둔스-빠'DUNS-MAN나 '던스'DUNCE, 머저리라고 조롱했다.

신학자만이 인문주의자의 풍자 대상이 된 것은 아니었다. 율리오 2세가 1513년에 죽고 그 다음 해, 『하늘에서 쫓겨난 율리오』JULIUS EXCLUSUS DE CAELIS라 불리는 짧은 글이 사람들 사이에서 떠돌기 시작했다. 에라스뮈스는 자신이 그 책을 썼음을 부인했다. 만일 그가 자신이 그 책을 썼다고 시인했다면 아주 어리석은 일이 되었을 것이다. 하지만 그가 직접 손으로 쓴 필사본이 존재한다는 사실은 모든 사람이 의심했던 일, 곧 "혹시 이 책을 에라스뮈스가 쓰지 않았을까?"라는 의심

초기 목판 인쇄기 유럽에서는 15세기에 비로소 구텐베르크에 의해 금속활자 인쇄술이 개발되었다. 덕분에 지식이 아주 빠른 속도로 전 유럽에 전파되었다.

이 사실임을 일러 준다. 이 책을 보면, 율리오가 여느 때처럼 그의 갑옷을 완전히 차려 입고 그의 트레이드마크요 자신의 수많은 대적들에게 복수하겠다고 다짐하며 길렀던 수염을 과시하며 하늘 문에 이른다. 그는 자신이 제지당할 수도 있다는 것을 알았기에 (역시 여느 때처럼) 필요하면 하늘 문도 돌파할 수 있는 엄청난 호위병을 데려갔다. 그러나 하늘 문을 지키던 수문장 베드로는 율리오를 어리석고 헛된 일을 도모하는 바보 꼴로 만들어 버린다. 뒤이어 이 짧은 글은 제목에서 사람들이 어느 정도 예상할 수 있었던 결론에 이른다. 결국 중요한 것은, 이 인문주의자들이 교회와 교회를 옹호하는 신학자들을 제물 삼아 웃을 수 있었다는 게 아니라, 그들이 던진 풍자가 분명하게 밝혀 준 것이었다. 즉, 인문주의는 진리에 다가가는 또 다른 접근로를 제시함으로써 교회의 권위에 도전하게 되었다. 이 학자들이 교황보다 진리를 더 잘 알 수 있지 않을까? 로마와 그들이 거느린 신학자들의 잘못일 수도 있지 않을까?

이 인문주의자들의 학식이 몇몇 상아탑 속에만 갇혀 있었다면, 이들이 불러일으킨 모든 논란은 그리 큰 문제가 되지 않았을지도 모른다. 하지만 기술이 인문주의자들의 동지가 되어 주었다. 1450년경, 요하네스 구텐베르크JOHANNES GUTENBERG, 1398-1468는 처음으로 인쇄기를 만들어 냈으며, 1480년대에는 유럽 곳곳에 인쇄소가 우후죽순처럼 생겨났다. 이제는 이전보다 엄청나게 많이, 그리고 훨씬 더 빠르게 책을 만들어 낼 수 있었다. 지식이 아주 빨리 퍼질 수 있게 되었다. 처음으로 인쇄된 책이 구텐베르크의 라틴어 성경이었다는 점은 의미심장하다. 바야흐로 말씀의 시대가 되었다.

2

하나님의 화산: 마르틴 루터

1483년 11월 10일 자정 직전, 독일 중부의 자그마한 광산촌인 아이스레벤^{EISLEBEN}에 살던 한스 루더^{HANS LUDER}와 마르가레테 루더^{MARGARETE LUDER} 내외가 아들을 낳았다. 다음 날 이 아들은 마땅히 받아야 할 세례를 받았고, 그날의 성인 이름을 따라 '마르틴'이라는 이름을 받았다. 이 집안은 농사꾼 집안이었으나, 한스는 구리 광산업을 하여 성공을 거두었다. 그럼에도 한스는 그들의 지위를 끌어올리려고 뼈 빠지게 일했다. 세월이 흐르면서 어린 마르틴의 두뇌가 대다수 사람보다 훨씬 더 명석하다는 것이 점점 더 분명하게 드러났다. 그러자 한스는 아들의 이런 두뇌를 이용하는 데 열을 올렸다. 법률 분야에서 일하는 것이 아들에게 제격이겠다 싶었던 한스는 아들 마르틴을 에르푸르트 대학교에 입학시켰다. 거기서 마르틴은 사회에서 성공하길 바라는 아버지의 열망에 순종했는데, 이때부터 더 세련되게 들리는 이름인 '루터'^{LUTHER}로 알려지기 시작했다.

다만 한스에게는 한 가지 작은 근심이 있었다. 그는 자기 아들이 종교에 상당히 진지한 관심을 보일까 봐 염려했다. 마르틴의 영웅은 안할트의 빌헬름 공^{WILHELM VON ANHALT, 1457-1504}(안할트-쾨텐을 다스렸던 아돌프 1세의 아들로서 후에 수도사가 되었다.—옮긴이)이었다. 이 귀인은 프란체스코회 수도사가 되어 신앙에 아주 깊이 빠진 나머지 자신을 때리고 금식하다 죽었다. 한스는 이 사람을 앞길이 유망한 자기 아들의 역할 모델로 생각하지 않았다. 그러던 가운데 최악의 상황이 벌어지고 말았다. 21살이 된 마르틴은 부모를 찾아왔다가 학교로 돌아가던 길에 갑자기 7월의 폭풍을 만났다. 아주 가까운 곳에 벼락이 떨어지면서 그는 땅에 쓰러져 버렸다. 사제에게 마지막 고해를 할 기회도 없었고 마지막 성례도 치르지 못했는데, 죽음 뒤에 자신을 기다리는 일은 생각만 해도 벌벌 떨렸다. 땅에 엎어진 그는 숨을 토해 내더니 자신도 모르는 사이에 한 가지 서원을 내뱉고 말았다. "성 안나여, 저를 도와주소서! 제가 수도사가 되겠나이다!" 아무리 자기 의지로 한 게 아니라지만, 그 서원도 분명 서원이었다. 마치 하늘에서 내리친 번개가 그더러 수도사가 되라고 강요한 셈이었다. 그의 아버지는 펄펄 뛰었다. 아들을 가르치느라 엄청나게 쏟아 부은 돈이 몽땅 날아갈 판이었다. 그는 이 일이 하늘에서 내리친 번개가 아니라 마귀의 소행이라고 보았다.

그러나 결국 마르틴은 수도원에 들어갔다. 그는 머리카락을 머리 둘레에만 조금 남기고 다 깎았다. 그리고 속세의 옷을 벗고 거룩한 수도사복을 입었다. 이 새 옷을 받아 입은 것은 크나큰 상징을 담은 행위였다. 사람이 수도사가 되어 순전함을 되찾으면 세례로 죄가 말끔히 씻겨나간 아기처럼 될 수 있다는 말이 있었기 때문이다. 그것이 바로 루터가 원하던 것이었다. "우리 풋내기 수도사들이……우리의 거룩한 수도 생활을 놓고 이렇게 즐거운 이야기를 나눌 때면 기쁨에 들떠 있었다."

수도원에 들어가는 것은 계율의 세계로 들어간다는 것이었다.

신부 시절의 마르틴 루터 루터가 가장 말랐을 때다. 사람들은 종종 그의 눈을 두고 이런저런 말을 했는데, 한 관찰자는 이런 말을 했다. "그의 눈은 예리했고 거의 신비하다 할 정도로 반짝거렸다."

언제 어떻게 절해야 하는지 정한 계율, 어떻게 걸어야 하는지 일러 주는 계율, 어떻게 말해야 하고 어디를 언제 봐야 하는지 일러 주는 계율, 식기를 어떻게 집어야 하는지 일러 주는 계율이 있었다. 수도 사들은 몇 시간마다 자신이 기거하는 작은 방을 떠나 예배당에 가서 예배를 드려야 했다. 한밤중에 올리는 아침기도^{MATIN}로 시작하여 아침 6시에 또 한 번, 9시에 또 한 번, 12시에 또 한 번 올리는 식으로 예배를 올렸다. 그런가 하면, 수도사들은 삶을 다 바쳐 하늘로 이어진 가파른 사다리를 올라갔다. 그들은 거친 속옷을 입으며 추운 겨울에도 언 몸으로 지내는 것이 특히 하나님께 기쁨을 드리는 일이라고 생각했다. 루터는 종종 한 번에 사흘씩 빵이나 물도 전혀 입에 대지 않았다(루터는 종교개혁을 시작한 뒤에야 비로소 체중이 늘기 시작했다).

　루터는 이 모든 일을 해냈다. 그러나 하는 일이 많아질수록 그의 고달픔도 더해 갔다. 예를 들어 예배당에서 올리는 모든 기도를 생각해 보자. 이 기도들은 모두 마음에서 우러나온 것이어야 했다. 모든 수도사는 그들이 올린 모든 불성실한 주기도OUR FATHER'S 때문에 자신들이 심판을 받으리라는 것을 알았다. 하지만 수도사들이 이 모든 기도를 진정 진심으로 올렸을까? 또 수도사가 기도 시간에 늦는 일은 없었을까? 어느 순간, 모든 수도사는 질병이나 달리 해야 할 의무가 있으면 기도하러 예배당에 가지 않아도 된다는 것을 깨달았다. 어떤 수도사들은 다른 수도사에게 돈을 주고 그들이 빼먹은 기도를 대신 올리게 하는 일을 즐겨 했다. 그러나 루터는 그러지 않았다. 그는 주말까지 바쳐 가며 자신이 빠뜨린 것을 다 채워 넣었다.

그러나 또 다른 문제들이 잔뜩 있었다. 한눈팔기, 웃음, 형편없는 노래도 모두 문제였다. 용서를 받아야 할 죄들이 수도 없이 많았다. 그러나 루터는 자신의 구원을 좌우하는 곳에서는 쉽게 지름길로 가려 하지 않았다. 고해해야 할 일이 생기면, 고해 사제에게 모든 것을 다 털어놓았다. 한 번에 여섯 시간이 걸려도 자신이 최근에 지은 죄까지 낱낱이 다 고해했다. 그 과정에서 예배(성무일도)를 빠뜨리면 더 많은 기도 시간을 자신이 '해야 할' 일에 추가하곤 했다. 그러나 루터가 한 이 모든 일이 결코 특이한 것은 아니었다. 수도사들은 그들의 기억을 샅샅이 뒤져서라도 고해하지 않은 죄를 찾아내라는 재촉에 시달렸다. 그들은 그리 해야 했다.

고해가 끝나면, 고해자는 고해 사제에게 용서를 받곤 했다. 그러나 불행히도 이런 용서는 고해자가 진정 마음에서 우러나온 회개를 했느냐(그리고 보속이 필요하면 보속 행위를 했느냐)에 달려 있었다. 루터는 이를 진지하게 받아들였다. 이는 자신의 고해 동기를 분석하면서 내면을 더 깊이 들여다보라는 의미였다. 진심으로 참회했는가, 아니면 그저 자신이 행한 일 때문에 하나님께 벌을 받는 것만 피하기를 원했는가? 속보이는 참회는 하나님이 받으실 수 없는 것이었다.

루터가 그의 세계관을 집약하여 드러낸 해는 1507년이었다. 그해에 그는 사제로서 처음으로 미사를 집전해야 했다. 미사를 집전하러 제단에 서 있던 그에게 별안간 두려움이 엄습했다. 이제 그는 난생 처음으로 온 땅의 심판자이신 분께 직접 말씀을 드려야 했다. 이전에 그는 감히 그럴 엄두를 내지 못하고, 대신 늘 성인들이나 마리아에게 기도했었다. 죄인인 그가 어찌 감히 심판자에게 말씀을 드릴 수 있었겠는가?

그는 이 모든 일을 하면서 목숨을 걸고 구원 문제를 풀 해답을 찾았다. 그가 알고 있던 모든 것에 해답이 가려져 있는 것만 같았다. 당시에는 수도사의 사사로운 성경 연구를 허용하지 않았다. 그러나 루터는 도서관에서 한적한 장소를 찾아냈다. 거기서 그는 자투리 시간을 성경과 함께 보내면서 해답을 찾아 성경을 샅샅이 파헤쳤으며, 그 과정에서 아주 탁월한 성경 지식을 쌓았다.

그러다가 1510년, 그에게 평생에 둘도 없는 기회가 찾아왔다. 그는 수도원 일 때문에 로마로 가게 되었다. 로마행은 자신이 영적 파산 상태에 있음을 점점 더 깨달아 가던 이 수도사에게는 로또 당첨이나 마찬가지였다. 로마에서는 순례자들이 사도들과 성인들에게 다른 어느 곳보다 더 가까이 다가갔다. 사도들과 성인들의 유물이 가득했기에(각 유물은 다양한 영적 혜택을 베풀어주었다) 영혼에게 진정한 금광이었다. 이 거룩한 도시가 처음 시야에 들어오자, 루터는 땅에 엎드리고 말았다. 그러고는 로마에 도착하자마자 거룩한 곳을 샅샅이 훑고 다니면서, 가는 곳마다 공덕을 쌓아 갔다. 이렇게 행복한 시간을 보내던 그에게 단 한 가지 아쉬운 일은 그의 부모가 여전히 살아 있다는 것이었다. 그들이 생존해 있지 않았으면, 루터는 자신이 쌓아 올린 모든 공덕을 통해 그들을 연옥에서 풀어 줄 수 있었을 것이다. 아울러 그는 라테라노 성 요한 대성당에서 미사를 집전하지 못했다(여기서 미사를 집전하면 집전한 사람의 어머니가 즉시 구원을 얻는다는 말이 있었다).

　루터는 로마에서 더할 나위 없이 행복한 시간을 보냈다. 그러나 사람들이 북적대는 기독교 세계의 심장부인 그곳에서 지극히 자그마한 의심의 씨앗이 루터의 마음속에 뿌려졌다. 로마는 열기에 들뜬 영혼의 시장바닥이 되어 있었다. 모든 사람들이 돈을 치르고 그들과 그들이 아는 고인들을 위한 미사를 올리게 하다 보니, 미사 때 사제가 말하는 속도가 두 배로 빨라지곤 했으며, 결국 사람들은 사제가 미사 때 하는 말을 이해할 수 없게 되어 버렸다. 심지어 한 교회에서는 두 사제가 동시에 같은 제단에서 미사를 집전하는 일도 벌어졌다. 진지한 수도사라면 고민할 수밖에 없는 일이었다. 그 뒤 루터는 성 계단 성당SCALA SANCTA(이 성당 계단은 무릎을 꿇고 기어서 올라간다고 한다.—옮긴이)의 계단을 오르기로 결심했다. 이 계단은 예수께서 빌라도 앞에 출두할 때 오르셨던 계단으로, 나중에 로마로 가져왔다는 말이 전해졌다. 루터는 한 계단 한 계단 올라갈 때마다 계단에 입을 맞추고 주기도를 되풀이하면 자신이 택한 영혼을 연옥에서 구해 낼 수 있으리라고 확신했다. 그러나 계단 꼭대기에 다다른 루터는 이런 질문을 할 수밖에 없었다. "그 말이 사실인지 누가 어떻게 알지?" 그는 이런 의문을 풀고자 고향으로 돌아가는 길에 아우크스부르크의 여인, 곧 오직 미사만으로 먹고 산다는 소문이 돌았던 한 노파를 찾아갔지만, 의문은 풀리지 않았다. 여자는 그리스도인의 일에는 아무 관심이 없는 것처럼 보였다. 이런 사실은 뭔가 기이한 일이 벌어지고 있다는 사실을 시사했다. 그러나 이 가운데 어느 것을 봐도 혁명이 가까이 다가와 있음을 일러 주는 힌트는 없었다. 문제는 간단했다. 교회는 단지 정화가 필요했다.

루터는 로마에서 돌아오자마자, 자그마한 흙집들이 늘어선 동네인 비텐베르크의 아우구스티누스 수도원으로 옮겨 갔다. 루터의 윗사람은 루터의 재능으로 보아 그가 훌륭한 신학 교사가 되리라고 생각했다. 아울러 루터가 아우구스티누스 수도원으로 옮겨 가면 성경과 시간을 보낼 기회를 갖게 될 것이며, 그리하면 루터의 영혼이 안고 있는 근심도 뿌리 뽑을 수 있으리라고 생각했다. 조만간 로마는 이처럼 루터에게 성경을 자유로이 보게 할 기회를 준 것을 땅을 치고 후회하게 되지만, 지금 당장 보면 루터는 신생 브랜드인 비텐베르크 대학교에서 성경을 가르치는 이가 되었을 뿐이었다.

비텐베르크는 작은 고을이었을지 모르나, 정치적 힘이 막강한 작센 선제후국의 수도였으며, 선제후選帝侯, ELECTOR인 '현자' 프리드리히

FRIEDRICH DER WEISE, 1463-1525가 찬란한 유물들을 수집해 놓은 복 받은 곳이
었다. 비텐베르크는 순례할 만한 곳이었다. 비텐베르크 성 교회에는
측랑側廊이 아홉 개 있었는데, 이 측랑들은 만 9천 개가 넘는 유물을
당당히 전시하고 있었다. 그곳에 가면 그리스도가 누우셨다는 구유
에서 가져온 짚, 그리스도의 수염 가닥, 십자가에서 가져왔다는 못,
마지막 만찬 때 먹다 남은 빵조각, 모세가 보았다는 불타는 덤불의
잔가지, 마리아의 머리카락 몇 가닥, 마리아가 입었던 옷의 몇 조각
은 물론이요, 교회가 기리는 성인들의 몸에서 나왔다는 수많은 치아
와 뼈를 볼 수 있었다. 유물 하나에 경배하는 것은 100일분의 면죄부
만한 값어치가 있었으며(측랑 하나를 다 참배하면 100일분의 면죄부를 추
가로 더 주었다), 이는 곧 신심이 돈독한 방문자일 경우 190만 일이 넘
는 날만큼 연옥에서 빨리 벗어날 수 있음을 의미했다.

　　루터 이야기에서 중요한 것이 신성로마제국이라는 기이한 나

1540년의 비텐베르크 루터는 1508년에 비텐베르크로 갔다. 이후에 이곳은 유럽에서 가장 뜨거운 도시 가운데 하나가 되었다.

라다. 신성로마제국은 본디 옛 로마제국이 멸망한 뒤 400여 년이 지나 그 제국을 이 땅에 되살려 보려는 엉성한 시도가 만들어 낸 나라다(다만 이제는 이 나라가 그리스도인의 나라이기 때문에 신성로마제국이라는 이름이 붙었다). 하지만 신성로마제국의 영토는 첫 로마제국보다 작았다. 신성로마제국의 기본 판도는 오늘날의 독일, 오스트리아, 스위스, 네덜란드, 체코 공화국과 이탈리아 북부의 몇몇 지역을 아울렀다. 사실 신성로마제국은 제국이 아니었다. 루터 시대에 신성로마제국 황제는 잡탕처럼 뒤섞인 나라들을 다스렸지만, 사실 이 가운데 많은 나라는 그저 명목상 황제에게 충성을 맹세한 각 지역 제후와 대공이 다스렸다(이 제후들과 대공들은 정기 제국 회의 내지 '의회' 때 황제와 만나 제국의 일을 논하곤 했다). 이 제후들 가운데 가장 중요한 일곱 제후를 '선제후'라 했는데, 이들이 새 황제를 선출했기 때문이다. 이 선제후들은 독립하여 행동할 마음을 먹을 수 있을 정도로 강력한 힘이

요한 테첼 그는 "주화가 돈궤에 쩔렁 떨어질 때, 영혼은 연옥에서 뛰어오른다"고 외치며 면죄부를 판매했고, 엄청난 성공을 거뒀다.

있었다. 루터가 살았던 작센 선제후국의 선제후도 분명 그런 사람이었으며, 그 힘은 루터가 살아남는 데 아주 중요한 역할을 했다.

"주화가 돈궤에 쩔렁 떨어질 때, 영혼은 연옥에서 뛰어오른다"

이곳저곳을 돌아다니며 면죄부 장사를 하던 독일의 도메니코 수도회 사제 요한 테첼JOHANN TETZEL, 1465-1519은 이렇게 말했다. 그는 루터의 분노를 불러일으켰다. 이보다 대중들에게 더 인기가 있었던 또 다른 선전 노래는 이러했다. "드럼통 위에 돈을 놓으면, 진주 문이 활짝 열리고 엄마가 들어가신다." 현란한 설교와 4인조 여행 연주단을 앞세운 그의 선전은 누가 들어도 귀에 쏙쏙 박혔다. 그는 자기 청중에게 이렇게 물었다. "여러분은 죽은 부모님의 울부짖는 목소리가 들리지 않습니까? '우리는 혹독한 벌을 받아 심히 고통을 겪고 있습니다. 여러분이 조금만 자선을 베풀면 우리를 여기서 구해낼 수 있습니다. 내게 자비를 베푸소서'라고 말하는 이들의 목소리가 들리지 않습니까?" 이러고 보니, 면죄부는 그 가격이면 싼 물건이었다. 테첼은 심지어 사람들에게 죄를 고백하라는 요구도 하지 않았다. 돈만 내면 됐다. 그는 "돈만 내면 면죄부가 그대를 연옥에서 해방시켜 줄 것이오!"라고 말하는가 하면, 심지어 하나님의 어머니를 겁탈하는 죄를 범했어도 돈만 내면 된다고 말했다. 당연히 테첼은 엄청난 성공을 거두었다. 사람들이 연옥에서 벗어나는 동안, 교황은 거둬들인 돈으로 바티칸이라는 왕관에 박힌 보석인 성 베드로 대성당을 중건했다.

하지만 이 모든 일의 뒤편에서는 독일이 이탈리아의 건축 공사 돈줄 노릇을 한다는 불만이 들끓었다. 그러나 루터처럼 이 모든 일에 문제가 있다고 생각한 사람은 아무도 없었다. 이 경건한 수도사가 볼 때, 이런 식으로 면죄부를 제공하는 것은 어느 누구도 진정으로 자신이 지은 죄를 참회할 필요가 없다는 의미였으며, 이는 말도 안 되는 일이었다. 1517년 만성절(11월 1일), 비텐베르크에서는 성인들의 공덕을 기릴 참이었다. 만성절 전날 밤, 루터는 교회 문에 면죄부 문제를 논박한 95개조 테제 목록을 못 박아 붙였다. 날이 밝으면 모든 사람이 이를 보는 것은 당연지사였다.

사람들은 종종 루터가 이 테제를 아주 화난 모습으로 쿵쾅대며 못을 박았고, 그가 쓴 테제도 로마에 큰 반기를 든 것이었으며, 이 때문에 이 사건이 종교개혁의 장엄한 출발점이 되었다고 상상한다. 하

면죄부 시장 연옥의 고통에 비하면 면죄부는 싼 물건이었다. 사람들은 너나 할 것 없이 돈으로 죄의 문제를 해결하려 했고, 이는 루터의 분노를 일으켰다.

지만 루터는 이 테제를 일반 백성은 알기 어려운 학술어인 라틴어로 썼을 뿐 아니라, 교회 문에 공고문을 붙이는 일은 아주 흔한 일이었다. 때문에 이 테제는 극적이면서 대중의 지지를 등에 업은 저항이 아니라, 학자들에게 토론을 벌여 보자고 하는 제안서였다. 95개조 테제를 종교개혁 선언문으로 삼을 요량이었다면, 이 테제는 무척이나 성의 없는 노력이었다. 이 테제는 실제로 이신칭의, 성경의 권위, 여타 종교개혁의 핵심 사상은 전혀 언급하지 않았다. 이는 루터가 아직 종교개혁자로서 통찰력을 갖추지 않았기 때문이었다. 때문에 95개조 테제는 유물이나 면죄부 자체에는 이의를 제기하지 않고, 다만 이것들을 잘못 사용하는 데에만 이의를 제기했다(루터가 비텐베르크에 있는 유물보다 더 위대하다는 유물들을 조롱하며 묘사한 것은 이때부터 한참 지난 뒤였다. 이렇게 위대한 유물 중에는 '불타는 덤불에서 가져왔다는 세 불꽃', '천사장 가브리엘의 한쪽 날개 절반', '성령의 두 깃털과 알 하나'가 들어 있었다). 95개조 테제는 아직 중세 로마가톨릭교 사상의 세계 안에서 활동하던 한 수도사가 면죄부 오용을 공격한 것이었다. 이 테제는 연옥이 있다고 인정했으며, 교황을 옹호하고 면죄부가 그 오용 때문에 오명을 뒤집어쓰지 않게 하려고 애썼다. 95개조 테제만 놓고 보면, 루터는 여전히 훌륭한 가톨릭 신자였다.

로마의 아들에서 이단으로

첫 반응은 예상대로 면죄부 장수인 요한 테첼에게서 나왔다. 그는 즉시 이단 루터를 불태워 죽여야 한다고 미친 듯이 요구하면서, 루터에게 주는 대답을 출간했다. 이 대답에서 테첼은 면죄부가 단순히 사랑을 베푸는 행위보다 우월하다고 주장했다. 자기를 사랑하는 것이 이웃을 사랑하는 것보다 위에 있다는 게 그 근거였다. 오래지 않아 루터를 반박하는 소리가 일어났다. 다음 해인 1518년, 교황 레오 10세는 자신이 수여할 수 있는 영예 중 최고 영예인 황금 장미를 선제후인 현자 프리드리히에게 수여하기로 결정했다(이는 분명히 프리드리히가 이에 감사하여 당연히 루터를 재판에 넘기길 원하리라는 것을 이해하고 한 결정이었다).

하지만 얼마 안 가 테첼보다 더 무서운 강적이 나타났다. 바로 요한 엑크JOHANN MAIER VON ECK, 1486-1543(독일의 스콜라 철학자, 종교개혁 당시 로마가톨릭교를 옹호한 인물.—옮긴이)였다. 1519년, 라이프치히에서 엑크는 루터와 능숙하게 토론을 벌였다. 그는 루터가 확실히 유죄 선고를 받게 하려고 교활하게 토론 주제를 확장하여, 이 토론의 진짜 이슈는 "누구(무엇)에게 권위가 있는가"라는 문제라고 주장했다. 말하자면 "최종 권위가 성경에 있느냐, 아니면 교황에게 있느냐"라는 것이었다. 물론 이것은 덫이었다. 엑크는 루터가 스스로 유죄임을 드러내도록 계획을 짰다. 애초에 교황이 루터를 상대할 자로 임명했던 이 신학자는 이미 그 점을 분명히 했다. 그는 심지어 성경조차도 그 힘과 권위가 교황에게서 나온다고 주장했던 것이다. 감히 루터는 이런 자와 맞서 싸울 것인가?

공교롭게도 루터는 엑크가 매복하고 있는 곳으로 곧장 걸어갔다. 그는 자신이 교황이 없어도 성경을 이해할 수 있으며, 심지어 교황의 뜻과 어긋나는 쪽으로도 성경을 이해할 수 있다고 말했다. 엑크는 벌컥 화를 내며, 루터를 "저주받고 역병이나 옮기는" 이단인 존 위클리프와 얀 후스의 제자라고 불렀다. 루터는 두려워하며 이런 말을 인정하지 않았다. 그는 이단과 한패임을 부인했다. 하지만 루터는 토론을 잠깐 쉬는 동안 후스가 가르쳤던 것을 다시 살펴보고 엑크의 말이 옳았음을 깨닫기 시작했다. 엑크 말대로 루터는 로마보다는 후스에 더 가까웠다. 루터는 다시 토론장에 돌아와 자신의 말이 실제로 후스가 가르쳤던 내용과 많이 일치한다고 인정했다. 그것이야말로 엑크가 필요로 하던 말이었다. 그는 즉시 로마로 가서 교황이 확실한 행동을 취하게끔 진언했다.

그러나 더 중요한 것은 엑크가 루터로 하여금 교황제에 점점 더 큰 의문을 품게 만들었다는 점이다. 토론이 있고 여러 달이 흐른 뒤, 루터는 로마가 교황의 권위를 성경보다 위에 두는 한 하나님 말씀으로 로마를 개혁하기는 불가능하리라는 것을 더욱더 분명히 깨달았다. 교황의 말이 하나님 말씀을 늘 이기곤 했다. 이는 적그리스도의 통치를 인정하는 인印을 치는 일이며, 그런 교회는 더 이상 하나님의 교회가 아니라 사탄의 회당일 뿐이었다.

열린 문을 통해 낙원으로 들어가다

이런 일을 거치면서 루터 자신의 기독교 이해도 바뀌어 갔다. 사람들은 여태껏 종교개혁에 관한 루터의 통찰이 그에게 번갯불처럼 떠올랐다고 생각하곤 했다. 그의 삶을 다룬 더 오랜 기록들은 이런 일이 일찍이 1513년에 일어났다고 이야기한다. 따라서 루터가 1517년에 내놓은 95개조 테제도 종교개혁이 이미 시작되었다는 선언으로 생각한다. 하지만 루터 자신은 95개조 테제를 붙인 **뒤** 거의 2년이 지나서야 비로소 자신이 종교개혁을 시작해야 한다는 생각을 하게 되었음을 분명히 밝혔다.

루터가 95개조 테제를 붙인 이유는 면죄부를 판매하는 방법이 참회를 값싼 것으로 만들어 버린다고 믿었기 때문이었다. 그때 루터가 하던 생각의 중심에는 참회가 자리해 있었다. 이는 오로지 인간의 죄가 얼마나 철저한지 깊이 자각하면서 생겨난 결과였다. 루터는 "하나님은 최선을 다하는 이들에게 은혜를 베풀기를 마다하지 않으신다"는 중세의 가르침이 지극히 순진한 이야기임을 깨닫기 시작했다. 그런 말은 인간이 도덕적으로 중립이요 심지어 선하다는 말이었으며, 이는 곧 우리의 '최선'을 하나님이 받아 주실 수 있다는 뜻이었다. 그러나 루터는 우리 마음에 문제가 있다고 보았다. 자기 사랑이 우리 욕망의 핵심을 만들어 낸다. 결국 우리의 '최선'이라는 것은 기껏해야 자기 사랑일 뿐이다.

당시 루터는 이런 자기 사랑이라는 문제를 해결할 유일한 길은 자기 정죄라고 생각했다. 하나님은 의로우신 분이기에 자기 사랑이라는 죄를 미워하시고 벌하신다. 우리가 구원받기 원한다면, 우리에게 주어진 심판을 받아들여야 한다. 죄인이 할 일은 스스로 의롭고 사랑을 베푸는 사람인 체 행세하여 하나님을 거짓말쟁이로 만드는 게 아니라, 하나님의 기소_{起訴}를 '아멘'으로 받아들이는 것이다. 여러분이 지옥에나 합당한 사람임을 시인할 때에 비로소 여러분은 하늘에 들어갈 준비를 할 수 있다. 이것이 구원이었다. 이 구원은 하나님의 구원 약속을 믿어서 얻는 게 아니라, 그분의 정죄를 받아들여서 얻는 것이었다. 이는 겸손으로 얻는 구원이었다.

자기 증오와 자기 기소가 자기 사랑이라는 문제를 풀 유일한 길이라는 이 우울한 생각의 밑바닥에는 하나님을 무시무시한 분으로 보는 생각이 깔려 있었다. 루터는 다만 하나님이 오로지 심판주이시며 사랑은 없으신 분이요, 하나님의 의는 오로지 죄인들을 벌하시는 의이며, 하나님의 '복음'은 단지 심판을 행하시겠다는 약속이라고 알고 있었다. 그는 이런 하나님 앞에서 움츠러들 수밖에 없었다.

루터는 비텐베르크 시 교회에 들어갈 때마다 이런 무시무시한 하나님을 만났다. 그는 교회 주위의 묘지 입구 위 석조 부조에서 만돌라 MANDORLA, 아몬드 모양을 한 후광가 새겨진 그리스도가 세상을 심판하는 분으로서 무지개 위에 앉아 계신 모습을 보았다. 아주 화가 나신 그리스도는 이마의 정맥이 무섭게 부풀어 오른 채 툭 튀어나와 있었다.[1]

끊임없이 사방을 훑는 탐조등과 같았던 루터의 지성을 생각할 때, 그의 신학의 이런 어두운 측면은 결코 오래 지속될 수 없었다. 이런 도식은 아무 쓸모가 없었다. 성경에서 아우구스티누스에 이르기까지 모든 권위는 하나님을 사랑하는 것이 중요하다고 가르쳤다. 그러나 이런 도식은 하나님을 사랑할 여지를 허락하지 않았다. 어느 누가 이렇게 무시무시한 하나님을 사랑할 수 있겠는가?

루터는 얼마 동안은 그 답을 찾지 못했다. 그러다 1519년에 고해와 참회라는 문제를 다시 살펴보게 되었다. 이때 별안간 죄인이 죄를 고해하면 사제가 하나님이 용서해 주시리라는 약속을 선언한다는 생각이 번개처럼 그의 뇌리를 스쳐갔다. 이는 루터가 문제를 완전히 새롭게 바라보는 계기가 되었다. 이제 문제는 "죄인이 하나님의 약속을 신뢰할 것인가?"였다. 이 일로 말미암아 모든 것이 바뀌었다.

이제 루터는 용서가 죄인이 자기가 진실로 회개했는지를 얼마나 확신하느냐에 달려 있지 않다는 것을 알았다. 용서는 단지 하나님의 약속을 받아들임으로 인해 다가온다. 따라서 죄인의 소망은 죄인 자신 안에 있지 않고 그의 바깥에, 곧 하나님이 주신 약속의 말씀 속에 있었다.

루터는 이런 생각을 하며 수도원 탑에 있는 그의 골방에 들어가 연구했다. 그때 그는 하나님의 의를 다룬 무서운 말씀인 로마서 1:17로 다시 돌아갔다.

나는 수도사로서 흠 없이 살았다. 하지만 나는 내가 하나님 앞에서 지극히 어지러운 양심을 가진 죄인임을 느꼈다. 내가 내 자신에게 만족하면 하나님 마음이 풀리신다는 것을 믿을 수 없었다. 나는 죄인들을 벌하시는 의로우신 하나님을 사랑하지 않았다. 그래, 나는 그분을 증오했다. 또 하나님을 모독하진 않았지만, 그래도 은밀히, 분명 큰 소리로 중얼거리며, 하나님께 화를 내고 이렇게 말했다. "하나님은 원죄로 인해 영원히 잃어버리신 비참한 죄인들이 십계명 율법에 따른 온갖 재앙으로 말미암아 산산조각이 나는데도, 이런 죄인들이 하나님을 소유하지 못한 채 복음으로 인해, 정녕 그의 의와 진노로 우리를 위협하는 복음으로 인해 고통이 더해 가는데도 충분하지 않으신 것 같군요!" 이처럼 나는 맹렬하고 고달픈 양심으로 분노를 토해 냈다. 그럼에도 나는 그곳에서 바울을 끈덕지게 두들기며, 바울이 알기 원했던 것을 아주 열렬히 알고 싶어 했다. 마침내 나는 하나님의 은혜를 힘입어, 밤낮 묵상을 거듭하다. 이 말씀 곧 "그 안에서 하나님의 의가 나타나나니, 기록되었으되 '의인은 믿음으로 말미암아 살리라'"는 말씀의 문맥에 주목하게 되었다. 거기서 나는 하나님의 의가 의인이 하나님의 선물, 곧 믿음으로 말미암아 살게 하는 의라는 것을 이해하기 시작했다. 이것은 이런 의미다. 하나님의 의는 복음으로, 곧 자비로우신 하나님이 믿음으로 우리를 의롭다 하시는 수동적 의로움으로 말미암아 나타났으니, "의인은 믿음으로 말미암아 살리라"라고 기록된 것과 같다. 여기서 나는 완전히 다시 태어나 열린 문을 통해 낙원으로 들어갔다고 느꼈다.

루터는 이 '탑 체험'에서 완전히 다른 하나님, 우리와 완전히 다른 방법으로 관계를 맺으시는 하나님을 발견했다. 하나님의 의, 하나님의 영광, 하나님의 지혜, 이 모든 것이 하나님과 우리를 갈라놓는 게 아니었다. 하나님은 이것들을 소유하시면서도 우리와 공유하신다. 여기서 루터는 처음으로 자비롭고 너그러우신 하나님을 알려 주는 정말 좋은 소식을 보았다. 이 하나님은 죄인들에게 당신 자신의 의를 선물로 주시는 분이다. 그렇다면 그리스도인의 삶은 아무 가치도 없는 인간의 의를 이루려고 발버둥치는 죄인의 몸부림일 수가 없다. 도리어 그 삶은 하나님만이 소유하신 그분의 완전한 의를 받아들이는 것이었다. 이제 하나님은 우리의 선함을 원하시는 하나님이 아니라 우리의 믿음을 요구하시는 하나님이 되었다. 하나님이 주신 선물을 받아들이는 커다란 확신과 순전한 믿음이 온갖 몸부림과 불안을 대신할 수 있게 되었다.

이 좋은 소식은 루터의 마음을 바꿔 놓았다. 그리고 루터는 이 메시지를 선포하여 다른 이들을 바꿔 놓는다. 이런 발견이 루터에게 기쁨과 아주 뚜렷한 확신만을 안겨 준 것은 아니라는 게 얼마 안 가 분명히 드러나게 된다. 이 발견은 루터에게 이 모든 내용을 선포할 초인적인 폭발력도 안겨 주었다.

"햇빛이 밤을 몰아내다"

다음 해인 1520년, 루터는 몸을 혹사한다 할 정도로 왕성한 집필 작업에 들어갔다. 실제로 그는 인쇄기 세 대가 인쇄할 수 있는 속도보다 더 빠르게 글을 썼는데, 결국은 인쇄 속도를 생각하여 집필 속도를 늦춰야 했다. 그는 비단 학자뿐 아니라 보통 사람들도 그의 복음을 이해할 수 있게, 학술어인 라틴어가 아니라 민중의 언어인 독일어로 글을 썼다. 루터의 출중한 집필 속도, 쉬운 문체, 폭발하는 듯한 메시지는 사람들이 새롭게 발견한 인쇄기의 경이로운 면모와 결합하여 그를 몇 주 안에 독일에서 가장 많은 독자를 가진 저자로 만들어 주었다.

루터의 첫 주요 저서, 『독일 민족의 그리스도인 귀족에게 고함』 *An den christlichen Adel deutscher Nation*은 로마가 그 둘레에 세운 방어벽에 맞서 개혁을 알린 루터의 나팔 소리였다. 루터는 이런 방어벽이 셋 있다고 말했다. 로마의 첫 번째 방어벽은 교황이 이 땅에서 최고 권위를 가진다는 주장, 두 번째 방어벽은 오직 교황만이 성경을 해석할 수 있다는 주장, 세 번째 방어벽은 오직 교황만이 공의회를 소집할 수 있고 교회를 개혁할 수 있다는 주장이었다. 이런 방어벽을 세운 로마는 난공불락이요 개혁이 불가능한 곳이었다. 루터는 성직자와 평신도 사이에 아무 구분이 없다는 주장으로 공격을 퍼부었다. 이는 곧 교황의 주장에는 아무 근거가 없으며, 모든 그리스도인이 성경을 해석하고 교회 개혁을 위해 공의회를 소집할 수 있다는 뜻이었다. 이런 주장이 모든 것을 바꿔 놓을 줄이야! 그리스도인들이 교황 없이 스스로 성경을 해석할 권리가 있음을 믿게 되면서, 새로운 토론마당이 활짝 열렸다. 루터의 주장은 장차 종교개혁에 커다란 숙제 하나를 제시하게 된다. 이를테면 "교황에게 성경 해석을 의지하지 않는다면, 종교개혁을 지지하는 자들이 성경 해석을 놓고 의견 일치를 이루지 못할 경우에는 어떻게 해야 하는가?"가 그런 숙제였다.

한 달 후, 『교회의 바벨론 유수』Von der babylonischen Gefangenschaft der Kirche가 등장했다. 이 작품도 첫 작품을 따라 하나님의 은혜가 오로지 사제가 집전하는 성례를 통해 흘러나온다는 로마의 주장에 공격을 퍼부었다. 순전히 믿음을 가지고 하나님의 의라는 선물을 받는다는 루터의 주장이 옳다면, 로마의 주장은 말이 되지 않는 소리였다. 실제로 루터는 우리가 믿어야 할 대상이 교황이 아니라 성경이라면, 로마가 주장하는 일곱 가지 성례가 아니라 두 가지 성례(세례와 성찬)만이 있을 따름이라고 주장했다.

세 번째 작품이요 어쩌면 그해에 나온 루터의 주요 저서 가운데 가장 중요한 작품은 『그리스도인의 자유』Von der Freiheit eines

루터의 서명 루터는 복음의 열정적인 메시지를 쉬운 문체에 담아 빠르게 써내려갔다. 당시 발전된 인쇄술과 더불어 루터는 독일에서 가장 많은 독자를 가진 저자가 되었다.

*CHRISTENMENSCHEN*였다. 이제까지 공격을 퍼부었던 루터는 이 책에서 그의 복음을 적극 설명하면서, 책을 교황에게 헌정했다. 비록 로마와 교황들을 줄곧 공격하긴 했지만, 교황이라는 사람 자체는 구원하고 싶었기 때문이었다. 이 책의 핵심에는 창녀와 혼인한 왕 이야기가 있다. 이는 루터가 구사한 알레고리로, 왕이신 예수와 사악한 죄인이 혼인한 것으로 묘사했다. 이들이 혼인하면서 창녀는 왕비라는 지위를 얻게 된다. 창녀 자신이 왕비다운 행위를 하여 왕에 버금가는 권리를 얻게 된 것이 아니었다. 이 여자는 철두철미하게 사악하기 이를 데 없는 매춘부였다. 하지만 왕이 혼인 서약을 하는 순간, 여자의 지위가 바뀌었다. 그 결과 여자는, 그 중심은 창녀나 지위는 왕비가 되었다. 루터는 죄인도 이와 똑같다고 보았다. 복음 안에 있는 그리스도의 약속을 받아들임으로, 그 중심은 죄인이나 의인의 지위를 갖는다고 본 것이다. 이 혼인으로 말미암아 '기쁜 변화'가 일어난다. 왕

비가 된 창녀는 자신이 가진 모든 것(자신의 죄)을 왕에게 주고, 왕은 자신이 가진 모든 것(자신의 의, 복, 생명과 영광)을 왕비가 된 창녀에게 준다. 이리하여 이 왕비는 '자신이 지은 죄를 죽음과 지옥 앞에서' 자신 있게 펼쳐 보이면서 "내가 죄를 지었어도 내가 믿는 나의 그리스도는 죄를 짓지 아니하셨으니, 그의 것이 모두 내 것이요 내 것이 모두 그의 것이다"라고 말할 수 있다. 루터는 '이신칭의'를 이렇게 이해했다. 루터는 이렇게 확실한 보장이 있기에 이 창녀도 실제로 그 중심이 왕비로 바뀌기 시작한다고 주장했다.

물론 로마는 이 모든 주장을 기꺼이 받아들이려 하지 않았다. 루터가 복음을 명백히 설명한 내용조차도 역겨워한 이들이 많았다.

예를 들어, 쾰른의 심문관 요한 엑크는 루터가 쓴 왕과 창녀 알레고리가 그리스도를 포주로 만들었다고 느꼈다.

마치 그리스도가 힘써 구분하고 고르시는 분이 아니라 그저 가장 추악한 신부를 취하시며 순결하고 영예로운 연인에게는 아무 관심이 없으신 것처럼 말하다니! 그리스도가 당신 신부에게 요구하시는 것은 그저 믿음과 신뢰뿐이지 신부의 의와 다른 미덕에는 아무 관심이 없으신 것처럼 말하다니!

하지만 단순히 극도의 불쾌감을 표명하는 차원을 넘어 그보다 더한 일이 일어났다. 1520년, 교황은 루터를 상대로 60일 안에 그 주장을 취소하라고 명령하면서 이 명령을 따르지 않을 때는 파문을 당

하고 추방(어느 누구도 추방당한 사람을 보호하거나 도와주어서는 안 되고 발견 즉시 교황에게 넘겨야 했다)을 당하리라는 교서(교황이 직접 자기 인장을 찍어 그 문서가 진짜임을 확인해 준 명령문)를 내렸다. 이는 루터에게 그의 생각이 옳다는 확신을 심어 주었다. 어느 누구도 성경을 근거로 루터를 논박하려는 이가 없었다. 루터는 이를 로마가 하나님 말씀에는 전혀 관심이 없고 오로지 로마의 우위를 위협하는 이들만 침묵시키는 데 관심이 있음을 일러 주는 증거라고 생각했다. 자신을 하나님 말씀 위에 놓고 스스로 하나님 말씀을 대적하는 로마는 고작해야 사탄의 도구일 뿐이었다. 루터는 「적그리스도의 저주받을 교서」라는 제목이 붙은 소논문으로 통렬한 대답을 내놓았다. 이어 교황이 말

보름스 의회 앞에 선 루터 목숨이 걸린 이 현장에서 루터는 다음과 같이 말했다. "나는 내가 인용한 성경에 매여 있으며, 내 양심은 하나님 말씀에 사로잡혀 있습니다. 내가 여기 섰나이다. 하나님, 나를 도우소서. 아멘."

미로 주었던 60일이 다 차자, 루터는 비텐베르크 사람들을 한 성문 밖 오물 구덩이 옆으로 불러 모았다. 루터는 자신이 받은 교황 교서를 불 속에 집어던지며, "네가 하나님의 진리를 깨뜨렸으므로, 오늘 주께서 너를 깨뜨리시니라. 너도 불 속으로 사라지거라"라고 말했다. 루터는 이 교서와 더불어 많은 신학 저작과 교회법을 다룬 책들을 불태웠는데, 이는 로마 교회의 모든 교회 체계를 파괴한다는 것을 상징했다.

이 일이 있고 난 뒤에도 아무 일이 일어나지 않았다. 루터는 이제 형식상 파문당하고 추방당한 처지였지만, 로마의 권위는 이미 조롱거리가 되어 있었다. 신성로마제국 황제는 이런 상황을 참을 수가 없었다. 루터는 보름스에서 열리는 다음 제국의회 때 황제 앞에 출두하라는 소환장을 받았다. 루터는 그 순간부터 황제와 교황의 진노를 루터는 『그리스도인의 자유』에서, 자신이 복음을 새롭게 이해했기 때문에 이제는 이전과 완전히 다르게 정의한 죄와 믿음 개념을 갖고 논리를 전개하리라는 것을 보여주었다. 그는 자신이 이전에 죄라고 이해했던 것들(살인, 간음 따위)을 이제는 진짜 문제(불신앙)를 보여주는 단순한 증상으로 이해했다.

이것, 곧 세상이 그리스도를 믿지 않는 것이 바로 세상의 죄다. 그렇다고 율법을 거스르는 죄가 이것만 있다는 말이 아니라, 이것이 진짜 큰 죄라는 말이다. 세상이 설령 다른 죄로 벌을 받지 않는 경우에도, 그리스도를 믿지 않는 죄는 온 세상을 정죄한다.

따라서 죄인은 '자신만을 돌아보는 사람'이나 '자신만을 응시하는 사람'으로 묘사할 수 있다. 죄는 믿음으로 그리스도를 바라보지 않고 자기 자신을 바라보는 것이기 때문이다. 그러나 이것은 죄인이 이전에 전심전력을 기울여 노력했던 바로 그 일, 곧 자기 자신을 의지하는 것이다.

이와 달리, 믿음은 더 이상 무턱대고 미사를 참아 내며 동의하는 것도 아니요, 무언가 '행하는' 것도 아니다. 이것은 이신칭의를 생각할 때 저지르기 쉬운 잘못이다. 오직 믿음으로 의롭다 하심을 얻는다는 말은 자칫 우리가 구원을 받으려면 이전에 했던 모든 행위와 보속 대신 이제는 오로지 믿음만이 우리가 '행해야' 할—그것도 힘써 행해야 할—유일한 일이라는 말처럼 들릴 수 있다. 그러나 이럴 경우에 우리도 예전에 루터가 자기 내면을 들여다보며 고통을 겪었던 것처럼 우리 내면을 들여다보며 우리가 믿음의 행위를 충분히 '행하는지' 의심하는 처지로 곧장 전락할 위험이 있다. 루터가 발견한 것은 '믿음으로 의롭다 하심을 얻는다'기보다 '하나님 말씀으로 의롭다 하심을 얻는다'고 묘사하는 것이 더 도움이 될지도 모르겠다. 여기서 우리를 의롭게 하는 것은 우리 믿음이 아니라 하나님 말씀이기 때문이다. 루터는 믿음을 우리가 불러일으켜야 할 내면의 어떤 자원으로 생각하지 않는다. 믿음이 그런 것이라면, 그런 정의 자체가 죄일 것이다! 루터는 "내가 충분한 믿음이 있는가?"라는 물음 자체가 믿음이 무엇인지 철저히 오해한 것이라고 본다. 그런 물음은 그리스도에 의지하기보다 자신의 믿음 자체를 주시함으로써 그 믿음에 의지하는 것이기 때문이다. 믿음은 수동적 일로서, 그저 그리스도를 인정하고, 받아들이고, 믿는 것이다. 하나님이 복음 안에서 약속하신 것들 안에서 하나님을 진지하게 받아들이는 것이다.

마주하게 되었고, 그에게 잘못이 있을 경우에는 화형당하여 영원히 지옥에 떨어질 것을 예상해야 했다. 일찍이 폭풍 속의 천둥에 놀라자 빠졌던 수도사가 이제는 "내가 여기 섰나이다!"라는 군건한 확신을 품고 그들을 모두 뚫어지게 바라볼 수 있게 된 것이야말로 그가 발견한 복음에 사람을 바꿔 놓는 능력이 있음을 보여주는 증거였다.

납치당하다

루터를 소환하여 그의 이야기를 듣고 난 뒤, 황제는 얼마 지나지 않아 루터를 '고집 센 분리주의자요 명백한 이단'으로 선언하면서 아무도 그를 숨겨 주어서도 안 되고 그가 쓴 글을 읽어서도 안 되며, 이를 어길 때는 가장 무시무시한 형벌을 각오해야 할 것이라고 선언했다. 하지만 루터는 보름스에서 유죄 선고가 떨어지기만을 마냥 기다리고 있지는 않았다. 그는 이미 비텐베르크로 가는 마차에 올라타 있었다.

그러나 나무가 우거진 좁은 골짜기에 마차가 들어섰을 때, 말을 탄 한 무리의 사람들이 루터 일행을 에워싸고 석궁을 겨누었다. 그들은 온갖 저주를 퍼붓더니, 루터를 낚아채 말에 태우고 전속력으로 달리기 시작했다. 이것이 모든 사람이 안 사태의 전말이었다. 사람들은 모두 루터가 붙잡혀 쥐도 새도 모르게 처형당했다고 알게 되었다. 예술가 알브레히트 뒤러는 이렇게 썼다. "오 하나님, 루터가 죽었다면 이제는 누가 거룩한 복음을 그처럼 분명하게 가르쳐 주겠나이까?" 사람들은 딱 그렇게 생각할 수밖에 없었다. 사실 루터를 납치한 자들은 작센의 선제후인 현자 프리드리히가 고용한 자들이었다. 프리드리히는 법의 보호를 박탈당한 자를 보호하는 것으로 보였을 때 따르는 여러 위험을 감내하지 않고도 루터를 안전하게 보호할 계획을 짜 놓았던 것이다. 루터를 납치한 자들은 루터를 후미진 무덤으로 데려가지 않고, 지그재그로 말을 달려 혹시 있을지도 모를 추적자를 따돌린 뒤, 그날 밤 늦게 작센 선제후 프리드리히의 견고한 요새인 바르트부르크WARTBURG 성에 도착했다.

이후 열 달 동안 이곳은 루터의 비밀 은신처가 되었다. 또한 루터의 가장 탁월한 업적 중 몇 가지가 탄생할 장소가 되었다. 루터는 수염을 기르고 수도사 시절의 머리 모양을 덮을 정도로 머리카락도 길렀다. 그는 이내 기사복만 입으면 루터인 줄 알아볼 수 없는 사람이 되었다. 법의 보호를 박탈당한 마르틴 루터는 사라졌다. 이제 이 인물은 '융커 외르크'JUNKER JÖRG(저자는 Sir George로 적었지만, 루터가 바르트부르크에 숨어 있을 때 쓴 가명은 '젊은 귀족'이라는 뜻을 가진 Junker Jörg였다.—옮긴이)로 알려지게 되었다. 용 잡는 사람DRAGON SLAYER에게나 딱 어울리는 이름 같았다. 루터가 흥분과 승리감을 느꼈을 수도 있지만, 사실 그는 바르트부르크 성에서 아주 힘든 시간을 보냈다. 그는 외로웠고 아팠다. 그러나 그는 이전 해에 쏟아부었던 노력마저도 능가하는 열정을 쏟아부으며 일에 빠져들었다. 회중에게 설교할 수는 없었지만, 모범이 될 설교들을 담은 책을 썼다. 또한 무엇보다 그는 11주도 안 되어 에라스뮈스가 편찬한 그리스어 신약 성경을 독일어로 번역해 냈다. 물론 출간 전에 살짝 다듬어야 했다(그림을 몇 장 덧붙였는

데, 이를테면 요한계시록이 바벨론 파멸을 묘사한 내용 옆에 로마의 전경을 덧붙였다). 하지만 놀랍게도 루터는 그때 걸작을 만들어 냈다. 루터가 쓴 언어는 아주 힘차며 다채로웠고 거리의 보통 사람이 쓰는 말 그 자체였다. 그 결과, 이 언어는 사람들이 독일어를 말하는 방식까지 바꾸어 놓았다. 루터는 근대 독일어의 아버지가 되었다. 이보다 더 중요한 것은 1522년 9월에 이 독일어 신약 성경이 출간되면서, 사람들이 "분명하고 순수한 하나님 말씀을 붙잡고 음미하며 이 말씀을 견고히 붙들기"를 바랐던 루터의 꿈이 현실로 이루어졌다는 것이다.

루터는 또 서신을 통해 비텐베르크에서 종교개혁을 되살리려고 애썼다. 목회자의 독특한 필치가 살아 숨 쉬는 권면은 서신을 읽는 이들을 충격에 빠뜨려 복음을 더 분명히 깨닫게 만들었다. "담대히 죄인이 되어 죄를 짓게." 루터는 자신의 경건을 하나님 앞에 설 수 있다는 확신의 근거로 삼으려 하던 한 젊은 친구에게 이렇게 써 보냈다.

그러나 그리스도를 더욱더 담대히 믿고 기뻐하게. 이는 그가 죄와 죽음과 세상을 이기신 분이기 때문이네. 우리가 여기(이 세상에) 있는 한, 우리는 죄를 지을 수밖에 없네. 현세의 삶은 의가 사는 곳이 아니네. 도리어 베드로가 말하듯이, 우리는 의가 사는 새 하늘과 새 땅을 구하지. 우리는 하나님의 풍성한 영광으로 말미암아 이 세상의 죄를 가져가시는 어린양을 알게 되었으니, 그것으로 충분하네. 어떤 죄도 우리를 그 어린양에서 떼어 놓지 못하네. 심지어 우리가 하루에 천 번씩 간음하고 살인을 저지른다 해도 마찬가지네. 자네는 저 위대하신 어린양이 우리 죄를 속하시려고 치르신 속전이 아주 작다고 생각하는가?

　　루터는 바르트부르크에서도 시험과 공격에 시달렸다. 이런 시험과 공격은 실제로 항상 그를 떠나지 않았다. "내 시험은 이것이니, 곧 내가 은혜로우신 하나님을 소유하지 않았다고 생각하는 것이다." 이미 온갖 신고^{辛苦}를 다 겪은 그가 이런 시험을 겪었다니, 괴이한 시험처럼 보일지도 모르겠다. 그러나 루터는 이런 시험을 마귀가 그를 공격하는 것으로 보았다. 이 시험 때문에 그는 의심을 치료하는 전문의가 될 수밖에 없었다. 그런 시험이 늘 분명하게 나타나는 것은 아니었다. 때로 루터는 시험하는 자를 비웃으며 욕설을 퍼붓곤 했다. "야, 이 놈 마귀야. 이런 욕도 모자라면 너한테 똥, 오줌을 싸 주마. 그걸로 입 닦고 맛있게 쳐먹어라." 루터는 마귀에게 변을 누거나 쓰던 잉크병을 던질 때도 있었다. 덕분에 루터 순례자들이 칭송하는 잉크 자국이 오늘날도 남아 있다(물론 이 자국은 사람들의 헌신하는 마음을 높이려고 늘 손질하며 다듬는다. 성물이 이처럼 아주 쉽게 돌아와 버렸다).
　　루터의 이런 측면을 다소 곤혹스러워하는 이들이 많다. 루터도 혼란과 불안을 겪었는가? 루터는 그리스도인의 영웅이었으나, 깨끗함이나 말쑥함과는 거리가 먼 사람이었다. 그는 촌티가 펄펄 났다. 그렇다고 루터가 마귀와 다툰 이런 싸움들을 정신병자의 발작쯤으로 치부해 버리는 것은 잘못일 것이다. 그가 마귀에게 퍼부은 공격은 보통 우울증 환자들이 겪는 의학적 증상이나 유형과 들어맞지 않는다. 더욱이 그의 반응에는 목적이 있었다. 루터는 사탄이 부추기는 의심을 배설해 버리고, 물리치고, 무시하고, 비웃을 거리로 여겼다. 의심은 하도 교묘하고 달콤하게 다가와 정면으로 맞서 싸울 수가 없었다.

그런가 하면 루터는 자신이 머무는 곳의 벽이나 가구 또는 가까이 있는 아무것에나 관련 성경 구절을 적는 방법으로 자신에게 찾아오는 의심들과 맞서 싸울 때도 있었다. 다시 말하지만, 이는 대단히 의미심장하다. 루터는 자신 안에 오로지 죄와 의심만 있음을 알았다. 그의 소망은 오로지 그의 바깥에, 곧 하나님 말씀에 있었다. 그가 어떻게 느끼고 행하든 하나님 앞에서 자신의 안전을 보장해 주는 것은 아무런 영향을 받지 않았다. 때문에 그는 의심에 부닥칠 때면, 자신 안에서 어떤 위로도 찾으려 하지 않았다(자신 안에서 위로를 찾는 것은 치료이기보다 오히려 믿음이 없는 것이고 죄이며 모든 불안의 근원이었다!). 대신 루터는 그의 바깥에 있는, 이 변함없는 말씀을 그의 눈앞에 붙잡아 두었다.

어떻게 교회를 개혁할 것인가

그러는 사이, 비텐베르크로 돌아와 보호를 받고 있던 사람들은 마치 종교개혁이 실제로는 사제와 성인의 형상을 공격하고, 금식하는 날에도 가능한 한 많이 먹으며, 만사를 예전과 다르게 행하여 옛 방식을 무시하는 일이 전부인 것처럼 보이게끔 행동하고 있었다. 그러나 루터는 이런 행동을 얼빠진 짓이라고 생각했다. 그런 일은 외면에 치우쳐 어떤 행위를 강제한다는 점에서 로마가 하는 행동만큼이나 악한 행동이었다. 루터가 교회에서 본 문제는 물리적 형상이 아니었다. 루터는 무엇보다 마음에서 우상을 제거해야 한다고 보았다.

루터는 은신처에서 나와 비텐베르크로 돌아갔다. 그는 강제로 개혁하는 대신, 성경을 쉽고 분명하게 설교하여 사람들을 설득하려고 노력했다. 루터는 하나님 말씀이 먼저 사람들에게 확신을 심어 주어야 하며, 그러면 낡고 썩은 구조가 무너질 것이라고 믿었다. 루터가 황제 앞에서 천명했던 것도 바로 이것, 곧 성경이 사람의 생각과 행동을 움직이고 다스려야 한다는 것이었다. 결국 루터는 자신이 종교개혁을 확산시킬 어떤 위대한 프로그램을 고안해 내야 한다고 믿지 않았다. 그는 다만 하나님 말씀만을 전하길 원했고, 그 말씀이 모든 일을 하길 원했다.

그러나 단지 그 일을 하는 것만도 그야말로 엄청난 과업이었다. 당시 상황만 봐도, 모든 교회 예배의 구조가 그 내용이 드러나고 있던 성경과 충돌했다. 때문에 루터는 전례LITURGY를 다시 서술하여 성경을 가르치는 교사로 만들었다. 무엇보다 그가 가져온 변화는 회중 찬송을 도입한 일이었다(이전만 해도 사람들은 그저 사제를 바라볼 뿐이었다). 루터는 사람들이 부르는 곡의 내용을 확실히 심어 주려고 회중이 부를 수 있는 찬송을 작곡했다(그는 귀를 중시하는 사람이었으며, 말씀은 물론 음악도 사랑했다). 가장 유명한 곡은 십중팔구 종교개혁의 군가라 할 「내 주는 강한 성이요」일 것이다. 이 곡 가사 덕분에 수백만의 사람들이 루터의 사상을 익히 알게 되었다.

암흑의 제왕이 무서워도, 우리는 그 앞에서 떨지 않네.

그가 노했어도 우리는 견딜 수 있나니,

그의 운명이 확실하기 때문이라.

한 마디 작은 말씀이 그를 쓰러뜨리리라.

그러나 이 모든 일보다 더 중요한 것은 루터가 교회의 달려갈 길을 다시 닦았다는 점이다. 그는 다른 고을에도 설교자들을 보냈고, 스웨덴부터 트란실바니아에 이르기까지 종교개혁에 관심을 가진 왕과 제후를 격려하고 조언했으며, 요리문답(신앙의 기본을 잘 기억할 수 있게 설명해 놓은 것)을 집필했다. 루터는 요리문답을 아주 진지하게 생각했다. 그는 모든 사람이 이것을 암송해야 한다고 믿었다. 요리문답을 배우려 하지 않는 이들은 성찬에 참여하지 못하게 해야 하고, 부모들은 이를 배우려 하지 않는 자녀에게는 먹을 것과 마실 것을 주지 말아야 한다고 믿었다. 결국에는 이를 배우려 하지 않는 사람들은 교회에서 쫓아내야 한다고 믿었다. 그는 믿음을 강요하는 게 불가능하다는 것을 알았지만, 사람들이 적어도 진리만큼은 알아야 한다고 주장했다. 이 요리문답은 여러 가지 면에서 기여를 하는 것으로 보였다. 루터는 몇 해만 지나면 열다섯 살의 비텐베르크 주민도 '이전의 모든 대학이나 박사들보다' 하나님 말씀을 더 많이 알게 될 것이라고 생각했다.

오래지 않아 대다수 수도사가 루터가 머물던 비텐베르크의 수도원을 떠났다. 남아 있는 자들 역시 더 이상 수없이 많은 예배 의식을 치르며 살아가지 않았다. 이제 그들은 남은 시간을 맥주잔을 기울이고 새로운 신학을 이야기하며 보냈다. 얼마 지나지 않아 루터만 달랑 남게 되었고, 결국 작센 선제후는 이 수도원을 통째로 루터에게 넘겨 사실상 루터 자신의 집으로 만들어 주었다.

사실, 수도사들과 수녀들이 루터가 발견한 것을 듣고 가톨릭교를 떠나면서 모든 곳의 수도원과 수녀원이 텅텅 비어 가는 것처럼 보였다. 1523년, 독일 내 다른 영방(이 영방에서는 통치자가 도망간 수녀들을 잡아 처형했다)에 있던 한 무리의 수녀들이 루터에게 서신을 보내 자신들은 어떻게 해야 하는지 물어 왔다. 루터는 탈출하라고 조언하면서, 탈출할 길까지 마련해 주었다. 상징을 좋아했던 루터는 부활절 아침에 청어를 파는 상인을 그 수녀들이 있는 수도원에 보냈다. 그가 보낸 유개 마차에는 청어통이 가득했다. 이리하여 아홉 수녀는 모두 그곳을 몰래 빠져나와 비텐베르크에서 새 삶을 시작했다.

한때 수녀였던 이 여성들에겐 당연히 아무런 사회보장 장치가 없었다. 루터는 이들 모두에게 남편을 찾아 주는 것이 자신의 의무라고 느꼈다. 그는 여덟 사람에겐 겨우 배필을 찾아 주었으나, 아홉 번째인 카타리나 폰 보라Katharina von Bora가 문제였다. 잠시 고민하던 루터가 마지막으로 생각한 방안은 자신이 카타리나와 혼인하는 것이었다. 그는 자신이 머지않아 이단으로 몰려 화형당하리라고 생각했다. 게다가 그는 거듭되는 자살 충동과 맞서 싸워야 했다. 루터는 이런 상황에서 아내를 맞아들이는 것은 온당하지 않다고 느꼈다. 하지만 교황과 황제 앞에서도 요지부동이었던 그도 두 해 동안 끊임없이 이어지는 친구들의 혼인 요구와 이 활달한 아홉 번째 수녀 앞에서 무너지고 말았다. 1525년, 루터는 열다섯 살 연하인 카타리나와 혼인했다.

마르틴과 카타리나는 정원을 걸을 때도, 함께 낚시를 하거나 친구들과 어울려 식사를 할 때도 즐거운 시간을 보냈다. 루터가 여행 중일 때 두 사람이 서로에게 보낸 서신들을 보면 우스갯소리가 가득하고 사랑이 넘친다. 카타리나는 누구에게도 굽히지 않는 이 종교개혁자 앞에서도 수그리지 않을 만큼 의기양양했다. "나는 집안일에 관해서는 카타리나의 말을 따릅니다. 다른 경우는 성령이 인도하시는 대로 따릅니다." 이 때문에 루터는 카타리나가 성경을 더 읽게 하려고 그녀에게 뇌물을 써야만 했다.

루터 내외가 오래된 수도원에서 함께 일군 집안은 쾌활하고 시끌벅적했다. 여러 해가 흐르는 사이, 이 집안은 세 아들과 두 딸, 애완견과 셀 수 없이 많은 방문객, 친척과 학생들로 가득 찼다. 루터는 연구나 기도를 멈추고 쉴 때 쓰려고 정원에 볼링장을 하나 만들었다(그는 하루에 적어도 세 시간씩 기도하곤 했으며, 성경 구절들을 깊이 연구하고 하나님이 하신 약속들을 퉁명스럽게 제시하면서 하나님께 이 약속들을 지키시라고 요구하곤 했다). 카타리나는 규모가 상당한 사설 양조장을 운영하면서, 거기서 만든 맥주 가운데 일부를 팔아 집안 살림을 돕고, 나머지는 식사 때 벌어지는 모든 신학 토론을 부드럽게 만들어 주는 마실 거리나 저녁거리로 사용했다. 이 와중에 카타리나는 이런 자리가 있을 때마다 말술을 들이키는 마르틴에게 가끔씩 잔소리를 퍼부어 댔으며, 학생들이 밥 먹는 시간에도 음식을 먹기보다 노트 필기를 하면서 시간을 보낼 때는 귀찮은 심정을 토로하기도 했다. 하지만 비극이 두 번이나 루터 부부를 덮쳤다. 두 딸이 모두 어려서 죽었고, (엘리자베트는 태어난 지 여덟 달 만에 세상을 떠났고 막달레네는 열세 살에 숨을 거두었다.—옮긴이) 둘 중 하나인 막달레네는 루터 품에서 숨을 거두었다. 루터 자신도 눈물을 주체하지 못했지만, 그래도 복음이 주는 소망으로 남은 가족을 위로하려고 최선을 다했다. 그는 딸의 관을 앞에 두고 "이 아이는 마지막 날 다시 부활할 것입니다"라고 선포했다. 그는 한때 자신이 뻔뻔스러운 죄로 여겼을 확신을 품고 그렇게 말했다.

이 종교개혁은 무엇인가

마르틴은 카타리나와 부부의 연을 맺을 때와 거의 같은 시기에, 어쩌면 종교개혁에서 가장 중요한 의미가 있을지도 모르는 대화를 나누고 있었다. 그의 대화 상대는 그리스어 신약 성경을 펴낸 학자 에라스뮈스였다. 한때는 둘 다 아우구스티누스 수도회의 수도사였지만, 이제는 두 사람 모두 교회를 개혁하는 일에 나섰다. 그러나 그들의 대화가 보여주었듯이, 이 개혁이 어떤 것이어야 하는지를 놓고 두 사람이 생각하는 내용은 아주 달랐다. 에라스뮈스가 원하는 것은 간단했다. 그는 다만 교회에 훌륭하고 도덕적인 욕조를 하나 제공하길 원했다. 부패를 벗겨 내고 위선을 씻어 내면 더 이상 바랄 게 없었다. 하지만 세월이 흐르면서 그는 루터가 생각하는 '개혁'이 자신이 생각하는 것과 완전히 다르다는 사실을 점점 더 힘들어하게 되었다. 에라스뮈스가 원하는 것은 교황에게 더 나은 교황이 되라고 요구하는 것이었으나, 루터가 원하는 것은 아예 교황 자체를 없애는 것이었다. 에라스뮈스가 원하는 것은 로마가톨릭의 시스템을 청소하는 것이었으나, 루터가 원하는 것은 시스템 자체를 모조리 불사르고 그것을 대신할 무언가를 세우는 것이었다.

결국 1524년, 에라스뮈스는 『자유의지론』*DE LIBERO ARBITRIO DIATRIBE SIVE COLLATIO*을 집필했다. 여기서 그는 우리가 진정 우리 공로로 하나님 앞에 설 수 없다는 루터의 말이 물론 옳기는 하지만, 이는 너무 나아간 말이라고 주장했다. 에라스뮈스는 하나님이 사랑을 베푸시는 아버지와 같은 분이시기에 우리의 서투른 노력도 받아 주시며 그런 노력을 진정 가치 있는 것처럼 보고 웃어 주신다고 말했다. 에라스뮈스는 마음이 좁은 이들이 내세우는 거친 극단론을 넘어 늘 스스로 현명한 사람 노릇하길 좋아했다. 이것이 에라스뮈스의 전형적인 특징이었다. 그는 로마와 종교개혁 사이에서 절묘한 중간자 위치에 있으려 했다. 그러나 그도 당연히 미소를 지으면서, 루터처럼 하나님의 은혜를 지지하길 원했다. 하지만 하나님은 분명 선한 행위에도 보상을 하시지 않는가? 요컨대, 에라스뮈스는 루터가 구원을 받으리라는 확신의 근거를 오로지 그리스도에게만 두고 루터 자신의 행위에는 전혀 두지 않은 점을 이해할 수 없었다.

이런 차이는 모두 루터와 에라스뮈스의 기독교 이해가 다르기에 생긴 차이였다. 에라스뮈스는 늘 성경이 말하는 것들은 얼핏 보기보다 훨씬 더 복잡하다고 말하곤 했다. 때문에 대중이 성경의 복잡한 내용들을 이해하려면 에라스뮈스 자신과 같은 위대한 지성이 필요하며, 만일 에라스뮈스 같은 이조차도 그런 내용들을 이해하지 못할 경우에는(많은 것들이 그러했지만) 그 내용들을 의미가 모호한 텍스트인 성경의 수많은 미스터리 가운데 포함시켜야 한다고 생각했다. 에라스뮈스는 성경이 아주 모호하다는 점을 고려하여 그리스도인들이 삼위일체, 구원에서 하나님이 하시는 역할, 그리고 이처럼 다루기 힘든 이슈들과 같은 교리 문제들은 확실하게 매듭을 지으려 해서는 안 된다고 생각했다. 하나님이 이런 문제들을 모호하게 남겨 놓으셨다면, 이런 문제들은 필시 중요하지 않은 문제임이 틀림없으며, 그리스도인의 삶과 관련이 있는 더 중요한 문제들은 제쳐 놓고 이런 문제에만 관심을 쏟는 것은 십중팔구 유익한 일이 아닐 것이다. 그는 일찍이 이렇게 말했다. "우리 종교의 핵심 대의는 평화와 일치지만, 이런 대의는 우리가 가능하면 이런 말들을 거의 정의하지 않아야 존속할 수 있다."

에라스뮈스는 기독교가 본질상 도덕이며, 여기에 교리적 진술이 아주 살짝 덧붙여진 것이라고 보았다.……루터의 태도는 아주 달랐다. 그는 기독교를 무엇보다 교리 문제로 보았다. 참된 종교는 무엇보다 믿음의 문제였기 때문이다. 또 믿음은 진리와 상관이 있다.……루터는 기독교를 교리의 종교로 보면서, 그렇지 않은 기독교는 아무것도 아니라고 생각했다.……루터에게는 교리와 관계없는 기독교라는 에라스뮈스의 생각, 그리고 교리 문제에 무관심한 이 인문주의자의 가벼운 태도가 기껏해야 본질상 그리스도인이 아닌 사람의 태도처럼 보였다.[2]

에라스뮈스는 당시 세상에서 가장 존경받는 학자였다. 때문에 이처럼 아주 유명한 인물(이 인물은 루터 자신의 회심에도 아주 큰 도움을 주었던 사람이었다)이 『자유의지론』을 내놓자, 루터도 실제로 이 책을 읽었다. 루터는 보통 자신을 공격하는 논박들을 읽을 때면 두 페이지 정도만 읽고 그것들을 뒷간 휴지로 사용했다. 에라스뮈스가 유력 인사처럼 보이는 것은 그가 학자로서 가진 명성 때문이었다. 그러나 이 문제는 어디까지나 신학이었고, 에라스뮈스는 신학자가 아니었다. 이 영역에서는 에라스뮈스도 코털을 건드리는 개미와 같을 뿐이었다.

루터는 『노예의지론』$^{DE\ SERVO\ ARBITRIO}$으로 응수하면서, 에라스뮈스의 설익은 주장을 혹독하게 물어뜯었다. 루터의 반격은 정말 맹렬했다. 루터는 어떻게 구원을 받는지 그 핵심을 이야기하면서 에라스뮈스처럼 차갑고 메마른 스타일로 이야기하길 거부했다. 루터는 에라스뮈스가 핵심 이슈—우리가 우리의 구원을 이루기 위하여 무언가를 할 수 있는가?—를 다루면서도 입만 살아서 그럴싸한 말만 늘어놓았다고 생각하며 우려를 표명했다. 루터는 에라스뮈스와 정반대

논지를 폈다. 그는 우리가 자유의지로 행한다 할지라도 우리의 본성은 하나님을 기쁘시게 하는 쪽을 결코 택하지 않으므로 우리의 구원은 철저히 하나님이 행하시는 일이지 우리가 이루는 것일 수 없다고 굳건히 주장했다.

두 사람이 그들의 우울함을 묘사하는 데 사용한 말은 두 사람의 차이를 분명하게 드러낸다. 루터는 이를 그의 *Anfechtung*(시험, 의심)이라고 불렀다. 이 말은 밖에서 오는 공격, 마귀의 공격을 가리킨다. 유일한 소망은 우리를 위하여 마귀와 죽음과 지옥을 이기신 그리스도가 이루시는 정복에 있었다. 에라스뮈스는 자신의 우울함을 *pusillanimitas*라고 불렀는데, 이는 영혼의 약함, 심약함을 의미한다. 많이 쓰진 않지만 여기서 흘러나온 영어 단어가 pusillanimity(무기력함, 나약함)다. 이것은 인간 속에 있는 약함을 암시한다. 인간은 자신을 절제함으로써 자기 속의 약함을 치유할 무언가를 행할 수 있다. 루터의 경우에는 도덕적인 노력이 소용없었지만, 에라스뮈스의 경우는 그렇지 않았다.[3]

에라스뮈스는 하나님의 은혜에 온전히 의지하지 않았다. 때문에 루터는 슬프지만 에라스뮈스는 하나님의 은혜와 거리가 먼 사람임이 틀림없다고 결론지었다. 에라스뮈스는 그가 편찬한 그리스어 신약 성경으로 모세처럼 많은 이들을 종살이에서 구해 냈다. 그러나 그도 모세처럼 약속된 땅에 들어가지 못했다. 루터와 에라스뮈스의 심각한 견해차는 악폐 개혁과 종교개혁이 서로 완전히 다른 두 프로젝

트임을 보여주었다. 악폐 개혁은 사람더러 더 좋은 사람이 되라고 요구하는 것이었다. 그러나 종교개혁은 사람이 스스로 좋은 사람이 되기는 불가능하니 하나님의 완전하고 충분한 은혜에 의지해야 함을 인정한 것이었다. 도덕주의자들은 종교개혁의 이런 주장을 은연중에 인정하지 않았다.

종교개혁을 후세에 넘겨주다

루터가 보름스 의회에 모습을 드러냈던 해로부터 9년이 흐른 1530년, 황제 카를 5세는 또 한 번 제국의회를 열기로 결정했다. 이번 의회 장소는 아우크스부르크였다. 이슬람 세력이 빈 근방까지 이르러 기독교 세계를 눈앞에서 위협하고 있었다. 이슬람 세력은 그 후로 150년 동안이나 위협 세력으로 남아 있었다(초승달CRESCENT이 상징하는 이슬람 세력을 빈 외곽에서 격퇴했을 때, 빈 사람들은 이를 축하하여 크루아상CROISSANT을 먹었다). 카를은 기독교 세계가 연합 세력을 이루어 이슬람 세력에 맞서길 원했다. 이는 곧 그가 제국 내부의 종교 갈등을 해결해야 한다는 뜻이었다.

물론 루터 자신은 갈 수 없었다. 그는 여전히 황제의 금령에 묶여 이단 선고를 받은 신세였다. 하지만 아우크스부르크에서는 루터의 젊은 동료 필리프 멜란히톤PHILIPP MELANCHTHON, 1497-1560이 루터파 신앙고백서를 작성하여 황제에게 제출했다. 루터는 이 신앙고백서를 반기며 기뻐했다. 황제는 달가워하지 않았다. 그런데도 제국의 아홉 제후가 이 신앙고백서에 서명했다. 이로 말미암아 루터파는 진지하게 고려해야 할 세력으로 공식 인정받았다. 지난 번 제국의회에 이어 황제와 한 수도사 사이의 불화가 불거진 뒤로 이제는 상황이 달라졌다.

이처럼 종교개혁이 빨리 성장한 데는 루터의 쉼 없는 집필이 큰 몫을 했다. 루터의 펜은 수많은 성경 주석과 설교집, 소논문과 신학 작품을 쏟아 냈다. 그러나 이 모든 것을 합친 것보다 더 중요한 일이 있었다. 루터가 1534년에 구약 성경을 독일어로 완역한 것이다. 그는 이 성경에 서문과 방주傍註와 삽화를 함께 넣어 출간했다. 서문에는 "여기서 여러분은 그리스도가 누우신 강보와 구유를 발견할 것입니다"라는 말이 들어 있었다. 루터는 늘 모든 성경이 언제나 그리스도만을 이야기한다고 강조했다. 누구든지 오직 그리스도를 믿음으로 구원을 얻을 수 있기 때문이었다. 바로 이런 이유 때문에 그는 야고보서를 싫어했다. 그는 야고보서가 그리스도를 충분히 이야기하지 않는다고 느꼈다. 어느 주일날, 마침 그날 설교할 성경 본문은 야고보서였는데, 루터는 본문을 읽은 뒤 곧바로 회중에게 "저는 이 본문을 설교하고 싶지 않습니다"라고 말한 다음 다른 본문을 설교하기도 했다.

한때 루터가 두려워했던 죽음이 슬금슬금 그에게 다가왔다. 그때와 다른 점은, 이제 루터는 그리스도를 만나길 간절히 원한다는 것이었다. 하지만 그는 고통스럽게 노쇠해 갔다. 그에게는 끊임없이 엄청난 요구가 밀려들었는데, 이것이 그의 건강을 피폐하게 만들었다. 1534년에 그는 처음으로 심장마비를 겪었고, 이후 수없이 심장마비

를 겪었다. 그는 움직일 때면 발에 있는 아픈 종기 때문에 고생했고, 신장결석 때문에 극심한 고통을 겪을 때도 종종 있었다. 일할 때면 심한 두통, 이따금씩 일어나는 현기증, 시끄러운 이명과 싸웠다.

　그래도 그는 끝까지 라인강 유역 전체에 불을 지를 수 있는 개성을 갖고 있었다. 그를 사랑하는 이들도 있었으나, 그가 좀 더 예의 바르고 고매한 사람이었으면 하고 바란 이들도 있었다. 분명 그는 찬란한 이상형은 아니었다. 하지만 어쩌면 이렇게 혈기왕성하고 무뚝뚝한 사람이 바로 온 기독교 세계에 도전을 던지고 이 세계를 뒤집어 엎는 중대하고 불가능해 보이는 과업에 필요한 인물이었을지도 모른다. 그는 온 세계를 위한 충격요법과 같은 존재였다. 어쨌든 그의 개성은 그가 밝혀낸 복음에 적합한 것처럼 보인다. 그는 제자라 하는 이들에게 도덕적 자기 발전을 이루라고 독려하지 않는다. 대신 그의 확연한 인간성은 죄인에게 하나님의 은혜가 절대적으로 필요함을 증언한다.

1546년 1월, 루터는 예순셋이 되었으며, 스스로 아주 늙었다고 생각했다. 카타리나는 두려워하는데도, 루터는 용감하게 어떤 논쟁을 끝내고자 얼어붙는 작센의 겨울을 뚫고 자신이 태어난 고장인 아이스레벤으로 떠났다. 그는 거기서 그에게 남아 있는 날이 길지 않음을 느끼고, 죽음 뒤에 있을 부활을 생각했다. 사람들은 저녁을 먹으면서 우리가 부활하면 서로 상대를 알아볼 것인가 여부를 놓고 대화를 나눴다. 루터는 틀림없이 알아볼 것이라고 확신했다.

식사를 마친 뒤, 루터는 통증과 더불어 가슴이 딱딱하게 굳어짐을 느꼈다. 침상으로 옮겨진 루터는 시편 31:5, "나의 영을 주의 손에 부탁하나이다"로 기도한 다음, 그와 함께 있던 사람들에게 우스갯소리로 이렇게 기도해 달라고 당부했다. "우리 주 하나님과 그의 복음으로 말미암아 그의 모든 것이 형통케 하옵시고, 트리엔트 공의회와 저주받은 교황은 그에게 격노케 하옵소서." 이 우스갯소리에는 의미심장한 강조점이 담겨 있었다. 루터 자신의 죽음은 중요하지 않았다. 복음은 구원을 이루시는 하나님의 능력이요, 하나님의 종이 죽거나 하나님의 원수가 날뛰어 잠재울 수 있는 것이 아니기 때문이다. 결국 루터는 마치 그가 보름스에서 받았던 심문을 마지막으로 되풀이하는 것처럼 보이는 장면에서 이런 질문을 받았다. "당신은 기꺼이 당신의 주 예수 그리스도를 믿으며 죽음을 맞이하고 당신이 그의 이름으로 가르쳤던 교리가 옳다고 고백하십니까?" 그의 대답은 분명히 "예"였다. 얼마 후, 그는 마지막 숨을 거두었다. 그 자리에는 사제도 없었고, 어떤 성례도 거행하지 않았으며, 마지막 고해도 없었다. 대신 하나님을 믿는 순전한 확신이 있었다. 이 모든 일은 그의 가르침이 세상을 바꿔 놓았음을 증언해 주었다.

루터는 그가 설교하던 강단 아래 묻혔다. 합당한 장사葬事였다. 오래 전, 루터가 납치당하여 죽을까 봐 두려워하던 때, 알브레히트 뒤러는 이렇게 외쳤다. "오 하나님, 루터가 죽었다면 이제는 누가 거룩한 복음을 그처럼 분명하게 가르쳐 주리까?" 이제 정말 그가 숨을 거둔 이상, "그들이 진정 루터를 믿을 것인가? 주 하나님과 그의 복음이 늘 순조롭게 이어져 갈 것인가?"가 문제로 떠올랐다.

사람들이 루터에게 등을 돌리게 된 이유는 무엇보다 십중팔구 그가 쓴 소책자 『유대인과 그들의 거짓말』(Von den Juden und ihren Lügen) 때문이다. 20세기에 나치는 이를 독일의 전통 미덕으로 선전하며 활용했고, 1934년 9월에 열린 나치 전당대회인 뉘른베르크 행진 때는 이를 유리 상자에 넣어 전시하기도 했다. 이러니 많은 사람이 루터를 불쾌한 반유대주의자로, 그의 모든 신학을 반유대주의에 철저히 오염된 것으로 배척하는 것도 지나친 일이 아니다. 확실히 이 책에는 차라리 그가 이 책을 쓰지 말고 세상을 떠났더라면 좋았겠다 싶을 만큼 무시무시한 내용이 들어 있다. 하지만 이 책은 그가 종교개혁을 시작한 뒤에 쓴 것이며, 그때는 이미 유대인을 대하는 그의 마음에 변화가 생긴 뒤였다(이는 그의 모든 신학에 반유대주의라는 오명을 뒤집어씌우는 것은 아주 적절치 않음을 의미한다). 그뿐 아니라, 나치가 제시한 캐리커처도 루터를 왜곡한 것이었다. 원작에는 그런 민족 차별 내용이 전혀 들어 있지 않다.

　　루터는 1523년에 그리스도인들이 유대인을 밥 먹듯이 학대한다며 이를 비판하는 『예수 그리스도는 유대인으로 태어나셨다』(Dass Jesus Christus ein geborener Jude sei)를 썼다. 루터는 이 책을 그가 돌봐 준 회심한 유대인에게 헌정했다. 루터는 나중에 사사로이 큰 희생을 치르면서까지 이 유대인에게 재정 지원을 해주었다(그뿐 아니라 이 유대인의 아들을 집에 데리고 있었다). 하지만 여러 해가 흐른 뒤, 루터는 자신이 완고한 마음이라 본 것을 믿지 않는 유대인들 속에서 찾아냈다. 이 유대인들은 그들이 가지고 있는 성경이 그들에게 그리스도를 분명히 일러 준다는 것을 인정하길 거부했다. 이윽고 일부 악의에 찬 유대교 변증가들이 기독교를 공격하는 것에 자극받은 루터는 행동에 나서 1542년에 『유대인과 그들의 거짓말』을 썼다. 그는 이 책에서, 우선 아브라함의 자손이라는 것은 늘 영적 문제이지 혈통 문제가 아니라고 주장했다. 이어서 그는 구약 성경이 예수가 약속된 그리스도이심이 틀림없음을 보여준다고 주장했다. 그런 뒤에 비로소 그는 그의 악명 높은 권면을 이어 갔다. 그는 개인의 사사로운 복수 행위를 정죄하면서도, 당시 기준으로 통용되던 신성모독 처벌

법을 유대인들에게 적용하여 그들의 종교를 범죄로 지정해야 한다고 주장했다. 당연히 유대인의 회당과 집도 신성모독을 저지르는 위험한 온상으로 여겨 파괴해야 하며, 다른 신성모독자들과 더불어 유대인들도 추방해야 한다고 주장했다.

현대 독자가 봐도, 나중에 이런 불쾌한 내용을 읽는 이들은 이를 민족을 차별하는 반유대주의 내용으로 읽기 쉬우며, 당시에는 이런 조치들이 이단에게 취하는 표준 조치였다고 이해하기도 힘들다. 루터는 국가 권력을 기독교를 지지하는 데 활용해야 한다고 주장했다. 그의 권면이 불쾌하긴 하지만, 유대인들의 영혼에 관심이 없어서 그런 것은 아니었다. 그는 이 작품을 맺으며 이렇게 썼다. "우리가 사랑하는 주 그리스도께서 그들을 자비로 회개시켜 주시고, 우리를 영생이신 그분을 아는 지식 가운데 굳건하고 흔들림 없이 지켜 주소서. 아멘."

3

군인, 소시지 그리고 혁명: 울리히 츠빙글리와 급진 개혁자들

종교개혁의 선지자는 마르틴 루터 한 사람만이 아니었다. 루터가 태어난 지 두 달도 지나지 않아 '하나님의 용병'인 울리히 츠빙글리 ULRICH ZWINGLI—혹은 홀트리히HULDRYCH 츠빙글리—가 스위스 알프스의 아름다운 동네인 빌트하우스WILDHAUS에서 태어났다.

알프스는 풍광이 수려하다. 츠빙글리도 늘 그렇게 생각했다. 그러나 15세기에 알프스를 경작하여 입에 풀칠하고 산다는 것은 쉬운 일이 아니었다. 많은 스위스 사람들은 용병이 되어 돈을 버는 것이 훨씬 쉬울 수 있음을 깨달았다. 더욱이 그들은 분명 뛰어난 용병이었다. 용감하고 단련된 스위스 창병과 빌헬름 텔처럼 석궁을 쏘는 궁수들은 용맹하기가 이를 데 없어 온 유럽이 두려워했다. 이 용병들은 율리오 2세 덕분에 이내 영광스러운 날을 맞이한다. 율리오 2세는 로마에서 미사를 집전하기보다 교황군의 우두머리로서 갑주를 입고 지내는 시간이 더 많았던 교황이었다. 그는 스위스의 근육질 병사들로 개인 경호 부대를 이루길 원했고, 이 병사들이 교황군의 중추가 되길 원했다.

그러나 22살에 조그만 촌락인 글라루스GLARUS의 교구 사제가 되었던 울리히 츠빙글리에겐 이 모든 일이 남의 일처럼 보였을지도 모른다. 그는 교회 일을 하면서 평탄한 길을 걸어가기 시작했다. 그러나 글라루스는 사실상 병영이었으며, 교황군에 가장 건장한 병사들을 상당히 공급하고 있었다. 어쨌든 열렬한 애국자였던 츠빙글리는 군목이 되어 그와 같은 고향 사람들과 함께 하기로 결심하고 거룩한 아버지THE HOLY FATHER와 어머니 교회MOTHER CHURCH를 위해 나가 싸웠다. 이 경험은 츠빙글리를 영원히 바꿔 놓는다. 1515년, 츠빙글리가 속한 군대는 밀라노 외곽 마리냐노MARIGNANO에서 프랑스 왕 프랑수아 1세FRANÇOIS I, 재위 1515-1547(프랑스 르네상스를 이끈 왕이요 국세 확장에 힘쓴 인물.—옮긴이)의 대군과 맞붙는다. 이 전투는 학살이었다. 만 명이 넘는 스위스 병사가 죽었다. 고결한 스위스 병사들의 싸움을 거룩한 명분을 위한 영예로운 일로 보았던 츠빙글리의 낭만적 견해는 전사자들이 흘린 핏속에 빠져 죽고 말았다. 그는 자신이 전쟁과 교황을 잘못 이해했음을 깨달았다. 여기서 받은 충격 때문에 츠빙글리는 자신이 다른 것도 오해했을지 모른다는 의심을 할 수밖에 없었다.

기이한 신세계

일단 글라루스에 있는 집으로 돌아온 츠빙글리는 자신이 여러 해 동안 성경 주석은 읽으면서도 정작 성경 자체는 읽지 않았음을 깨달았다. 그리하여 그는 1516년에 에라스뮈스가 편찬한 그리스어 신약 성경 사본을 구입했다. 인쇄소에서 막 나온, 따끈따끈한 성경이었다. 혁명적인 발걸음을 내딛은 그는 이 성경을 이해하려고 애썼다. 이런 일은 오늘날엔 혁명적으로 들리지는 않는다. 다만 종교개혁이 유럽에 얼마나 심대한 변화를 몰고 왔는지 보여줄 뿐이다. 당시 성경으로 직행하여 성경을 이해하려고 애쓰는 일은 위험한 반역 행위로 간주되었다. 교황의 인도함 없이 사람들이 성경으로 하여금 무언가를 말하게 할 수 있다는 것이었기 때문이다. 더욱이 사람들이 성경을 직접 보고 이해하는 행위는 교황이 하나님이 세우신 성경 해석자가 아니라는 것을 암시하는 일이기도 했다. 이는 분열로 치닫는 길이었고, 어머니인 교회의 품을 떠나는 일이었다. 하지만 츠빙글리는 규칙을 어길 때 느끼는 스릴보다 더한 것을 경험했다. 그는 신약 성경을 폈을 때 유럽의 어느 누구도 천 년 동안 누리지 못했던 즐거움을 만끽했다. 그는 하나님이 하신 말씀 자체, 진짜 하나님 말씀, 성령이 사도들에게 주셔서 기록하게 하신 바로 그 말씀을 읽을 수 있었다. 그는 아주 흥분하여 바울 서신은 거의 다 베껴 썼고 그리스어 신약 성경을 거의 전부 암송했다.

츠빙글리에게는 그 일이 마치 20년 전에 있었던 콜럼버스의 항해 같았다. 그는 성경에서 신세계를, 그가 한 번도 꿈꾸지 못했던 세계를 발견했다. 그러나 이런 일이 비록 츠빙글리가 회심할 때 일어나긴 했어도, 이는 루터 스타일의 회심은 아니었다. 실제로 츠빙글리는 성인 숭배도 문제 삼지 않았고, 1516년에 '검은 동정녀'상이 있는 아인지델른<small>EINSIEDELN</small>의 성당 사제가 되는 것도 문제라고 생각하지 않았다. 또 그는 실제로 교황제도 문제 삼지 않았으며, 자신이 교황군에 복무한 대가로 교황에게서 지급된 연금도 기꺼이 받았다. 실제로 2년 후, 로마가 루터를 심문하고자 소환한 일이 벌어진 지 한 달 후에도, 츠빙글리는 교황군 군종 사제로 임명받았다. 그는 이후에도 수년

동안 로마가톨릭 체제의 일부로 남아 있으려 했다. 하지만 그 기간 동안에도 그의 신학은 점차 발전해 갔다. 그는 교황에게 받은 연금을 책을 사는 데 썼다. 아울러 그가 하나님이 직접 불러 적게 하셨다고 생각하던 구약 성경을 읽을 목적으로 히브리어를 공부하기 시작했다.

그러는 사이 아인지델른에 찾아온 순례자 무리가 설교자 츠빙글리의 명성을 퍼뜨렸다. 그 결과, 억센 촌사람 억양을 가진 이 시골뜨기는 1518년에 취리히 대성당 설교자로 임명받았다. 그러나 사람들이 이 임명을 반기지는 않았다. 사람들은 사실 츠빙글리의 견해는 문제 삼지 않았지만, 그가 근래 창녀를 찾아간 일을 시인했다는 이유로 그를 임명하는 데 반대했다. 하지만 그는 진정으로 회개하는 것처럼 보였고, 어쨌든 츠빙글리가 뒤이어 한 행동은 대중들 사이에서 일

한스 홀바인의 「죽음의 춤」 1519년에 역병이 취리히를 강타했다. 츠빙글리는 이 사건을 계기로 영원을 깊이 들여다보게 되었고, 하나님의 자비에 의지할 수밖에 없음을 깨달았다.

어난 작은 혼란을 거의 즉시 잠재웠다. 1519년 1월 1일(이날은 그의 서른다섯 번째 생일이었다), 츠빙글리는 대성당의 높은 첨탑 아래에 있는 설교단으로 걸어가더니, 고정된 본문으로 강론하고 중세 신학자들의 사상으로 그의 설교를 채우기보다, 그 나름의 방식으로 설교하여 마태복음을 한 구절 한 구절씩 설교해 가겠다고 선언했다. 그리고 그는 마태복음 설교를 마치자, 신약 성경의 나머지 부분도 같은 식으로 계속 설교해 갔다. 이리하여 하나님 말씀이 걸러지지 않고 불순물이 섞이지 않은 채 계속하여 모든 사람에게 뻗어 나가게 되었다. 이것이 바로 츠빙글리가 하고자 했던 일이었고, 취리히는 이런 식으로 개혁되어 갔다.

츠빙글리를 크게 바꿔 놓은 사건이 하나 더 있었다. 1519년에 역병이 취리히를 강타했고, 츠빙글리도 이로 말미암아 거의 목숨을 잃을 뻔했다. 마치 루터가 14년 전에 하마터면 번갯불에 맞을 뻔했던 때처럼, 이 사건도 츠빙글리에겐 중대한 전환점이 되었다. 이 일은 츠빙글리를 죽음의 심연 언저리까지 몰고 갔고, 이 때문에 그는 영원을 깊이 들여다볼 수밖에 없었다. 다만 루터는 성 안나에게 기도했지만, 츠빙글리는 오로지 하나님의 자비에 의지할 수밖에 없음을 깨달았다. 병에서 회복된 츠빙글리는 다른 사람이 되었다. 하나님을 위하여 무언가 담대한 일을 행하려는 사명을 받은 사람이 되어 있었다. 그는 피조물을 신뢰하는 것—그것이 성인이든 성례든—은 모두 우상숭배임을 분명하게 깨달았다. 그는 사람들의 마음을 우상에게서 살아 계시고 자비로우신 하나님께로 인도하게 된다.

온유한 군인

하지만 이것이 교황의 교서를 불태우거나 로마에 반대하는 소책자를 집필한다는 것을 의미하지는 않았다. 루터는 이러한 일들을 다 했으나, 츠빙글리는 대성당 참사회원 지위를 받아들임으로써 로마가톨릭의 위계구조에 합류했다. 츠빙글리는 지나칠 정도로 신중하고 중용을 지켰으며, 이 때문에 때로 비겁한 겁쟁이가 되기도 했다. 이는 종종 개혁이 폭발하듯 일어나 극적인 장면을 펼쳐 보였던 다른 지역과 달리, 취리히의 종교개혁은 그런 모습을 잘 보여주지 못했음을 의미했다. 이것은 로마가 스위스 용병에 의존했다는 사실과도 관련이 있다. 이 때문에 교황들은 취리히에서 올라오는 보고에 점점 더 당황하면서도, 츠빙글리를 파문하여 취리히를 어지럽게 만들 수는 없다고 느꼈다. 교황은 1523년에 이르러 비로소 취리히가 로마를 위해 싸울 사람들을 더 이상 보내지 않으리라는 것을 깨닫게 되지만, 그 전까지만 해도 츠빙글리에게 다정하고 입에 발린 칭찬을 늘어놓는 편지를 보내는 것도 얼마든지 가능하다고 생각했다.

그 결과 취리히의 일부 과격파는 츠빙글리를 개혁의 사역을 위해 그들에게 부어진 성령의 흐름을 방해하는 장애물로 여기기 시작했다. 그들은 이 장애물을 제거하고 개혁에 박차를 가하길 원했다. 하지만 취리히에서 드라마 같은 일이 펼쳐지지 않았다고 이를 개혁이 없었다는 말과 섣불리 동일시해서는 안 된다. 츠빙글리는 망치를 꺼내 휘두르는 것이 비록 박진감은 넘칠지 몰라도 진짜 변화는 가져오지 않으리라는 것을 알았다. 오히려 그는 복음을 적용하여 각 사람의 마음을 바꿔 놓는 것이 개혁의 참된 비밀이라고 믿었다. 겉으로 드러나는 교회 개혁이 단순한 성형 수술을 넘어 더 큰 의미를 지닌 것이라 한다면, 이런 개혁은 사람의 내면에서 일어나는 회심에서 흘러나와야 한다. 이 때문에 츠빙글리는 변화를 외치기보다 하나님 말씀을 설교하는 데 헌신했다. 그는 먼저 사람들을 가르친 뒤, 뒤이어 이 사람들이 하나님 말씀이 요청하는 변화를 요구하길 기다렸다. 그 결과는 빨리 나타나지 않았다. 그러나 그 결과는 츠빙글리 자신이 세상을 떠난 뒤에도 이어지는, 거의 유일무이한 영속성을 보여주었다. 취리히에 변화가 이르렀을 때, 이 변화는 하나님 말씀이 이런 변화를

취리히 대성당 츠빙글리는 교회의 참된 머리이신 그리스도가 자신의 말씀을 통해 교회를 다스리신다고, 또한 그리스도의 십자가 죽음은 되풀이할 필요가 없는 완전한 제사라고 주장했다. 교황과 사제의 존재 이유에 도전을 던진 것이었다.

명령하시므로 사람들은 이에 따라야 한다는 대중의 깊은 확신에서 우러나온 것이었다.

변화가 다가왔으나, 모든 이가 그 변화를 반기지는 않았다. 츠빙글리의 신학에 반대하는 가톨릭 골수 신자들도, 자신들이 머무는 수도원에서 쫓겨날 것을 두려워한 수도사들도, 그냥 변화를 싫어하는 사람들도 있었다. 이내 거리에서는 츠빙글리를 둘러싼 흑색 소문이 들려오기 시작했다. 그가 프랑스 왕에게 충성하는 스파이라는 둥, (특히 괴이하게도) 교황의 스파이라는 둥, 그가 난봉꾼이라는 둥(츠빙글리의 옛 상처를 건드리는 소문이었다), 이단이라는 둥, 심지어 그가 적그리스도일지 모른다는 둥 여러 소문이 떠돌았다.

악의에 찬 뒷이야기는 그렇다 치고, 그를 이단이라 부른 헛소문은 종교개혁의 본질 자체에 의문을 불러일으켰다. 츠빙글리는 얼른 자신의 신학을 변호하는 조치를 취했다. 마르틴 루터가 95개조 테제를 발표하고 5년 후, 츠빙글리도 67개조 테제를 내놓았다. 루터가 면죄부와 부패한 중세 신학을 공격하는 일에만 집중한 반면, 츠빙글리는 훨씬 더 광범위한 종교개혁 사상의 윤곽을 제시했다. 여기서 그는 교회의 참된 머리이신 그리스도가 교황이 아니라 당신의 말씀을 통해 당신의 교회를 다스리신다고 주장했다. 결국 교황이 아니라 성경이 주인이다. 이것은 교황의 주장과 권력의 핵심을 정면으로 공격한 것이었다. 아울러 그는 그리스도의 십자가 죽음은 완전한 제사이므로 이를 미사에서 끊임없이 되풀이할 필요는 없다고 주장했다. 이 주장은 사제직의 존재 목적 자체에 도전을 던진 것이었다. 사제가 하는 츠빙글리는 1522년에 하나님 말씀의 능력과 효력을 나눈 『하나님 말씀의 명료성과 확실성』(Von Klarheit und Gewissheit des Wortes Gottes)을 썼다. 이는 츠빙글리가 남긴 가장 위대한 작품 가운데 하나다. 그는 이 책에서 우선 창세기 1:26을 살펴본다. 여기서 그는 삼위일체 하나님이 함께 일하사 인간을 당신의 모양으로 창조하셨음을 보았다. 츠빙글리는 이런 일이 일어났기 때문에 이 하나님의 형상으로 지음받은 인간은 늘 하나님 말씀을 은밀히 열망한다고 말한다. 우리는 하나님 말씀이 우리가 열망하는 것임을 알지 못하나, 이것이 우리의 모든 열망 뒤에 숨은 진정한 욕구다. 우리는 하나님 말씀이 가져다주는 생명과 빛을 추구한다.

바로 이 두 가지 특징이 츠빙글리가 진정으로 살펴보길 원하는 것이었다. 하나님 말씀은 생명을 주시는 능력의 말씀이요 깨우침을 주시는 말씀이다. 첫째, 츠빙글리는 하나님 말씀이 확실성을 갖고 있다고 말한다(예를 들어 하나님이 "빛이 있으라!" 하고 말씀하실 때처럼, 하나님이 말씀하실 때 그 말씀이 확실하게 다가오는 일이 일어난다). 둘째, 하나님 말씀은 명료성을 갖고 있다. 그가 말하는 명료성은 하나님 말씀이 우리가 알아들을 수 있는 말씀이라는 뜻이자, 실제로 그 말씀 자체가 깨우침을 준다는 뜻이다. 우리가 사전에 깨우침을 가져야 비로소 하나님 말씀을 이해할 수 있는 게 아니다. 우리가 우리 자신의 힘으로 그 말씀을 해명하는 게 아니기 때문이다. 그 반대로, 하나님 말씀이 빛이며 그 말씀이 타고날 때부터 우리가 가진 어둠에 빛을 비춰 준다. 이 믿음이 츠빙글리의 개혁 프로젝트에서 본질을 이루었다. 그가 성경을 모든 사람에게 설교할 수 있었던 이유는 모든 이가 성경을 이해할 수 있다고 믿었기 때문이다. 성경은 더 이상 교육받은 엘리트만의 전유물이 아니었다. 그러나 하나님 말씀 자체가 깨우침을 준다는 츠빙글리의 말은 우리가 성경을 하나님 말씀으로 인식하는 것이 누군가 우리에게 그렇다고 일러 주기 때문도 아니요 어떤 이성적 논증 때문도 아니라, 하나님이 말씀하실 때 우리가 그 말씀을 그대로 인식할 수밖에 없기 때문이라는 의미이기도 했다. 우리가 성경이 하나님 말씀임을 아는 때는 교황이 그렇다고 일러 주는 때가 아니라 우리가 성경을 읽을 때다. 츠빙글리는 우리가 이를 알지 못하면, 우리에겐 거짓이 있을 뿐이라고 말한다.

훌륭하고 독한 포도주를 생각해 보자. 건강한 사람에게는 이런 포도주 맛이 일품이다. 건강한 사람이 이런 포도주를 마시면 유쾌해지고 힘이 솟으며 피가 뜨거워진다. 그러나 질병이나 열로 아픈 사람이 있다고 생각해 보자. 그런 사람은 포도주 맛을 느끼기는커녕, 아예 마시지도 못한다. 그는 건강한 사람이 이런 포도주를 마시고 맛을 느낄 수 있다는 데 놀랄 뿐이다. 이것은 그 포도주 자체에 어떤 흠이 있기 때문이 아니라, 그 사람의 질병 때문이다. 하나님 말씀도 이와 같다. 하나님 말씀은 그 자체로 바르며 선포도 늘 완전하다. 말씀을 견디지 못하거나 이해하지 못하거나 받아들이지 못하는 사람이 있다면, 이는 그 사람이 아프기 때문이다.

이렇게 성경을 높이 보는 견해가 취리히에 변화를 가져온 원동력이 되었다. 츠빙글리는 하나님 말씀이 강력하여 막을 수 없는 강과 같다고 말했다. 하나님 말씀은 최고의 확신을 갖고 선포할 수 있다. 그 말씀이 세계를 지으시고 구원하시며 바꾸시는 하나님의 탁월한 능력이기 때문이다.

츠빙글리는 자신의 견해를 형성하는 데 루터의 도움을 받지 않았다고 늘 주장했다.

교황 지지자들은 "너도 틀림없이 루터파구나. 네 설교가 루터가 써놓은 것과 똑같은 걸 보니"라고 말한다. 이에 나는 이렇게 응수한다. "나는 바울이 써놓은 대로 설교한다. 그런데 왜 나를 바울파라 부르지 않느냐?" 나는 루터의 이름으로 불리길 원하지 않는다. 그의 가르침을 거의 읽지 않았기 때문이다. 나는 내 대장이신 그리스도의 이름 외에는 아무런 이름도 갖고 싶지 않다. 나는 그분의 군사다. 그렇긴 해도 나는 루터를 살아 있는 여느 사람만큼이나 귀하게 여긴다.

많은 이들은 츠빙글리가 혼자 힘으로 이런 '루터파'의 견해에 이르렀을 수 있다고 생각하면서도, 거의 동시에 그렇게 믿기에는 우연의 일치가 커도 너무 크다고 생각한다. 그렇다면 츠빙글리는 사실 루터를 가장 가까이 따른 자이면서도 자기 스스로 이런 견해를 발견한 것처럼 행세하여 영광을 얻으려고 했던 것일까?

십중팔구는 아닐 것이다. 츠빙글리가 주장하는 사상의 전체 흐름을 보면 루터와는 확연히 다르다. 츠빙글리는 루터와 다른 것들을 강조한다. 이를테면 츠빙글리는 루터처럼 이신칭의를 아주 명확하게 믿었지만 이 점이 츠빙글리의 사상에서는 루터만큼 두드러지지는 않았다. 더욱이 츠빙글리와 루터가 말하는 것이 똑같은 의미도 아니었다. 루터는 아담이 죄를 짓고 죄인으로 선언되었을 때에 온 인류가 말 그대로 아담이 짊어진 죄책을 '입었지만', 우리가 그리스도께 돌아왔을 때에 우리는 그의 의를 '입는다'고 믿었다. 반면 츠빙글리는 우리 각자가 실제로 죄를 지을 때에 죄책을 짊어지지만 그리스도가 우리 자신 안에서 우리를 의롭다 하신다고 믿었다. 루터는 신자들이 의인(하나님 앞에서 있는 지위를 놓고 보면 의인)이자 죄인(그 마음은 죄인)이라고 생각하지만, 츠빙글리는 이런 생각을 하지 않았다. 대신 츠빙글리는 창조주보다 피조물을 더 신뢰하는 문제, 곧 우상 숭배에 더 강조점을 두었다.

성경을 제외하고 츠빙글리에게 영향을 준 이가 있다면, 아마도 루터보다는 에라스뮈스일 것이다. 츠빙글리는 자신의 주장을 강조할 때 에라스뮈스처럼 플라톤을 바울만큼이나 즐겨 인용하곤 했는데, 이는 루터와 아주 다른 점이다. 또 츠빙글리는 에라스뮈스처럼 그리스도를 우리를 구원하신 구주라기보다 우리의 모범으로 생각하곤 했다.

둘 사이의 이런 차이점은 1529년에 결국 두 사람이 만날 때까지 여러 해 동안 점점 커져 갈등으로 번졌다. 독일 중부 헤센(Hessen)의 통치자요 개신교도인 필립이 이 두 사람을 마르부르크에 있는 그의 성으로 초청하여 개신교를 통일시켜 보려고 시도했다. 그들은 대다수 문제에서는 의견 일치를 이루었으나, 성찬에서는 의견 일치를 이루지 못했다. 루터는 그리스도의 몸과 피가 실제로 빵과 포도주에 임재하여 성찬을 하나님이 은혜로 주시는 선물로 만들어 준다고 믿었다. 그리스도를 믿음으로 받아들이는 자는 복된 자이며, 주의 만찬을 믿음 없이 받아들이는 자는 그에게 주어진 그리스도를 멸시했으니 특별한 심판을 받으리라는 것이 루터의 생각이었다. 츠빙글리는 그리스도의 몸이 문자 그대로 빵에 임재할 수는 없다고 주장하면서, 그 대신 빵이 그리스도의 몸을 상징한다고 주장했다. 그는 성찬을 우리가 그리스도의 희생 제사를 기념하게 돕고 우리가 그리스도의 몸을 이루는 지체임을 나타내는 단순한 상징이라고 보았다. 루터는 크게 놀랐다. 루터는 츠빙글리가 마치 성찬을 우리가 무언가를 행할, 곧 우리와 관련된 무언가를 기념하고 나타낼 기회로 바꿔 놓은 것처럼 생각했다. 이것은 분명 성찬이 더 이상 은혜가 아니라 행위가 된다는 것을 의미했다. 루터는 츠빙글리가 복음에 중대한 손상을 입혔다고 여기고 그를 동반자로 삼길 거부했다. 이리하여 비텐베르크의 종교개혁과 취리히의 종교개혁은 각기 제 갈 길을 가게 된다.

일이 미사 집전이었기 때문이다. 츠빙글리는 성인에게 기도하는 관습을 매섭게 따졌고, 연옥의 존재를 부인했으며, 우리 자신의 선행이 아니라 오로지 그리스도를 믿는 것만이 구원을 이루어 줄 수 있다고 주장했다. 이것이 츠빙글리가 처음으로 로마를 직접 겨냥하여 퍼부은 일제 사격이었다. 하지만 이 사격은 묵직했다.

회복된 취리히

츠빙글리와 그를 반대하는 자들이 대결할 때가 이르렀다. 공개 토론이 1523년 1월 29일에 열리게 되었고, 츠빙글리는 거기서 자신의 견해를 변호해야 했다. 그날이 이르자 시청은 발 디딜 틈도 없이 사람들이 들어찼다. 이것은 취리히의 장래가 걸린, 그야말로 열띤 신학 논쟁일 수밖에 없었기 때문이다. 츠빙글리가 토론장에 들어왔다. 그리고 그가 더 뛰어난 무장을 갖추었다는 것이 금세 분명히 드러났다. 츠빙글리는 자기 앞에 그리스어 신약 성경과 히브리어 구약 성경 그리고 라틴어 불가타를 잔뜩 펼쳐 놓고 이야기했다. 분명 그는 이 성경들을 잘 알고 있었다. 그는 긴 본문도 외워서 원문으로 인용할 수 있었다. 요컨대 그는 철옹성이었으며, 이 논쟁은 그의 완벽한 승리로 끝났다. 어느 누구도 이렇게 막강한 신학자를 이단으로 몰아세우며 그에게 대들 엄두를 내지 못했다. 더욱이 츠빙글리가 이렇게 논쟁에서 승리를 거두자 시의회는 즉시 취리히에서는 성경에 부합하는 설교만이 합법이라고 결정했다.

물론 이런 결정은 모든 것을 바꿔 놓았다. 하지만 당장 문제가 생겼다. 성경에 부합하는 설교가 이루어지게 할 방도가 막막했다. 실제로 성경에 합당하게 설교할 수 있을 만큼 성경을 잘 아는 이들이 극히 적었다. 결국 츠빙글리는 설교자들을 기를 학교를 만드는 일에 착수했다. 첫 단계는 소년들에게 글을 깨우쳐 줄 문법학교를 세우는 일이었다. 그 다음 단계는 신학대학을 세우는 일이었다. 츠빙글리도 말했지만, 여기 학생들은 '언어라는 선물을 받고'(언어 선물은 히브리어, 그리스어, 라틴어 지식이었다) 어떻게 '예언할지'(설교할지) 배웠다. 족히 한 세대가 흐르자, 성경을 연구하고 신학 강의를 들으며 학창 시절을 보낸 목사들과 선교사들이 등장했다. 이들은 성경을 아는 지식을 잘 훈련받은 자들이었다. 시간을 들여 성경을 연구한 결과, 성경 속의 많은 책을 다룬 주석들이 쏟아져 나왔고, 1531년에는 풍성한 삽화를 담은 성경 완역본이 취리히 성경으로 출간되었다. 이처럼 츠빙글리는 취리히에서 종교개혁의 폭탄실을 가득 채움으로써, 사람들이 성경의 공습에 거의 저항하지 못하게 만들어 버렸다.

수도원들이 문을 닫기 시작했다. 수도사들과 수녀들은 그냥 떠나거나 수도원을 호텔 취급했다. 이는 불가피한 일이었다. 교회도 모든 면이 바뀌었다. 유물, 성인들의 형상, 십자가에 달리신 예수상, 촛대, 제단, 사제의 제의를 모두 없앴다. 심지어 오르간마저도 치웠다. 츠빙글리가 기악의 아름다움이 사람들을 현혹하여 음악 자체를 우상처럼 섬길까 두려워하여 교회 안에서 기악을 쓰는 것을 인정하지 않았기 때문이다. 그러나 진정한 변화는 1525년 부활절에 일어났다.

미사를 거행하는 대신, 교회 중앙에 자리한 소박한 탁자 위에 나무로 만든 접시를 놓고 그 위에 평범한 롤빵을 올려놓았으며, 그 옆에는 포도주가 담긴 주전자를 놔두었다. 라틴어는 단 한 마디도 말하지 않았다. 모든 말은 사람들이 알아들을 수 있는 스위스 독일어로 말했다. 이어 사람들은 처음으로 그들이 앉아 있던 장의자에 그대로 앉아 빵과 포도주를 받았다. 이리하여 사람들은 더 이상 로마 교회의 성례를 받지 않게 되었고, 로마와 완전히 단절했다.

츠빙글리는 아주 일찍부터 로마가 사제에게 독신을 강요하는 것은 잘못이라고 확신했다. 성경은 전혀 이렇게 가르치지 않았다. 그러나 그는 자신이 정말로 혼인한다면 교황보다 성경의 권위를 앞세우는 그의 견해에 아직 동조하지 않는 이들에게 불필요한 걸림돌이 될 것이라 생각했다. 이 때문에 그는 1522년에 안나 라인하르트ANNA REINHART와 몰래 혼인했다. 그러나 그는 불과 2년 만에 사람들이 이 사실을 받아들일 수 있으리라고 느꼈다. 그리하여 이 부부는 정식으로 혼인하고 여러 자녀를 낳았다. 하지만 이 자녀들은 대부분 어려서 숨을 거두었다.

츠빙글리는 교회에서는 음악을 인정하지 않았으나, 사실 가정에서는 뛰어난 음악가의 모습을 보여주었다. 그는 여러 악기를 연주할 수 있었다. 그는 이 재주를 대부분 아이들을 즐겁게 해주고 잠재우는 데 사용했던 것 같다.

츠빙글리가 죽자, 그의 보좌관이요 후계자였던 하인리히 불링어HEINRICH BULLINGER, 1504-1575 (스위스의 종교개혁자로 「제2스위스 신앙고백서」를 작성한 인물.—옮긴이)는 안나와 그녀의 남은 두 어린 자녀를 자기 집으로 데려갔다.

하나님을 위해 칼을 들다

츠빙글리 시대에 취리히는 스위스 연방의 일부였다. 당시 스위스 연방은 공식적으로 따지면 신성로마제국의 일부였으나, 사실상 독립국가인 여러 미니 국가MINI-STATES(이 미니 국가를 '칸톤'이라 불렀다)가 모여 이룬 집합체였다. 그러나 취리히가 단행한 이 모든 개혁은 숫자가 더 많은 가톨릭 칸톤들을 점점 더 자극하기에 이른다. 칸톤들 사이의 종교가 일치하지 않는데도 이 연방이 살아남을 수 있을까? 신성로마 황제를 따르는 가톨릭 군대가 침공하여 취리히가 저지른 죗값을 스위스 연방의 칸톤 전부가 치르게 할 수도 있지 않을까? 스위스의 가톨릭 세력은 취리히 하나 때문에 스위스 전체가 피할 수 없는 재앙을 당하기보다 자신들이 먼저 취리히에 그 재앙을 안겨 주는 쪽을 택했다. 이내 골짜기 곳곳에서 전쟁을 알리는 북소리를 들을 수 있었다. 1531년 여름에는 전쟁을 알리는 징조인 혜성(핼리 혜성)이 하늘에 나타났다.

오래 걸리지 않았다. 스위스 가톨릭군은 한 가지 목적, 곧 취리히를 침공하여 뒤집어 버릴 목적을 갖고 곧장 진군했다. 취리히는 급박하게 방어군을 소집했다. 츠빙글리는 침공군의 공격이 성공하면 취리히에 켜진 복음의 촛불이 꺼져 버릴 수도 있음을 알았기에, 직접 갑주를 입고 사람들을 이끌 준비를 했다. 그는 마지막 남은 '하나님의 용병'으로서 무기로 복음을 지키려 했다. 10월 11일, 취리히의 방어군과 가톨릭 침공군은 취리히 외곽에서 싸움을 벌였다. 카펠 전투였다. 그러나 싸움다운 싸움은 없었다. 취리히군은 금세 격파당하고 츠빙글리 자신도 심하게 다쳤다. 승리한 가톨릭 군대는 츠빙글리가 움직일 수 없음을 보고 그에게 동정녀 마리아에게 기도하라고 요구했다. 츠빙글리는 거부했다. 그러자 운터발덴 출신 사령관인 푸킹어FUCKINGER가 츠빙글리를 칼로 찔러 죽이고, 부하들을 시켜 그 사지를 찢은 뒤 불태우게 했다. 그리고 마지막으로, 불탄 츠빙글리 시신의 재를 똥과 섞어 사람들이 이 재를 성물로 만들지 못하게 만들어 버렸다.

그러나 이 일을 둘러싸고 하나의 신화가 아주 빠르게 자라 갔다. 사람들 사이에서는 전투 사흘 후에 몇몇 친구들이 츠빙글리의 유해(아마도 상당히 악취가 났을 것이다)를 전장에서 발견했다는 말이 돌았는데, 이는 중요한 상징성을 지닌 사건이었다. 이때 그들은 츠빙글리의 유해를 수습하다가 재 속에서 츠빙글리의 심장이 손상되지 않은 채 나타나 있는 모습을 보았다. 대단히 아이러니한 일이지만, 그들은 이 심장을 그들끼리 나누어 성물로 보관했다. 하지만 이 이야기에는 십중팔구 그저 엉터리 미신으로 치부하고 넘겨 버리기에는 더 큰 의미가 있는 무언가가 있다. 츠빙글리는 사지가 잘리기 전에 이렇게 외쳤던 게 거의 확실하다. "너희가 몸은 죽이겠으나 영혼은 죽이지 못하리라!" 츠빙글리의 심장을 둘러싼 전설이 말하고자 하는 바는 비

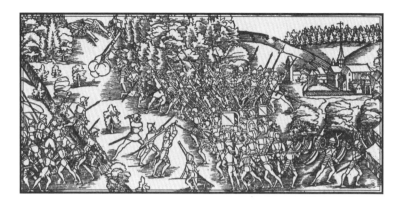

카펠 전투 츠빙글리는 카펠 전투에서 패해 목숨을 잃었다. 그는 가톨릭 군대에 맞서, '하나님의 용병'으로서 무기로 복음을 지키려 했다.

록 그의 몸은 죽임을 당하여 불태워졌을지라도 그의 심장(마음)만은 죽일 수 없었다는 것이다. 츠빙글리의 영혼(정신)은 그의 설교를 듣고 감화를 받았던 이들 속에서 계속 살아남았다. 능력 있는 손을 지닌 하인리히 불링어가 취리히의 종교개혁을 이끌어 갈 고삐를 넘겨받았다. 불링어는 이후 40년이 넘는 세월 동안 취리히의 종교개혁을 안정되고 성숙한 궤도로 이끌었다. 츠빙글리가 죽고 5년 후, 장 칼뱅이라는 프랑스인이 스위스 도시 제네바에 도착했다. 그는 올 때 츠빙글리의 심장 조각처럼 보이는 것을 가져왔다.

과격해지다

루터와 츠빙글리 모두 부닥쳤던 사실이 있었다. 바로 급진파의 존재다. 비텐베르크와 취리히에는 종교개혁이 너무 느리게 이루어지고 있거나 불충분하다고 생각하는 이들이 있었다. 사실 급진 종교개혁 이야기는 대부분 취리히에 해당하는 이야기다. 결국 다른 어느 곳보다 더 두드러진 성공을 거둔 이들이 바로 취리히 출신 급진파였기 때문이다. 바로 그들이 가장 오래 지속되는 유산을 남기게 된다. 하지만 우선 우리는 잠시 비텐베르크로 돌아가야 한다.

때는 1521년이었다. 마르틴 루터는 보름스 의회에서 돌아오다가 납치당하여 바르트부르크 성에서 보호를 받는다. 이리하여 비텐베르크의 종교개혁은 잠시 루터의 동지인 안드레아스 카를쉬타트 Andreas Rudolph Bodenstein von Karlstadt, 1486-1541가 이끌게 되었다. 그러나 이는 잘못이었다. 카를쉬타트는 성미가 급한 사람이어서, 사람들이 미처 따라올 수 없는 속도로 개혁을 밀어붙였다. 예를 들어, 그는 성탄절에 가톨릭 사제들처럼 빵을 직접 사람들 입에 넣어 주지 않고 사람들에게 빵과 포도주를 준 다음 그들 스스로 성반에서 빵을 가져다 먹으라고 명령했다. 사람들은 충격을 받고 두려워했다. 그들은 빵이 그리스도의 몸 자체라고 믿었기 때문에 자신들의 더러운 손으로 그 빵을 집어 드는 것은 하나님을 엄청나게 모독하는 일이라고 믿었다. 어떤 사람은 빵을 들고 너무 떨다가 빵을 떨어뜨리기도 했다. 카를쉬타트는 그 사람에게 빵을 집어 들라고 명령했지만, 그 사람은 그때까지도 두려움에 사로잡혀 아무것도 하지 못했다.

그러나 이렇게 빠른 속도로 개혁을 밀어붙인 이는 카를쉬타트만이 아니었다. 일단 강단에서 우상 숭배를 악이라고 선포하자, 폭도들이 알코올의 힘을 빌려 성상을 때려 부수며 난동을 부려도 이를 제지하지 못하는 경우가 자주 있었다. 성상 파괴자들의 신앙이 돈독하지 않았다는 말은 아니다. 많은 이들이 이런 형상들과 형상들이 상징하는 모든 것에 심히 반대했다. 16세기에는 이만큼 흥미진진한 오락이 그리 많지 않았다. 성상들을 때려 부수고, 유리(스테인드글라스)를 깨며, 나무로 만든 형상들을 불태우는 것은 분명 신나는 일이었다. 술이 거나하게 취하고 인생이 따분한 친구들은 종종 일부러 이런 일을 신나게 벌이곤 했다. 예를 들어, 한번은 나무로 만든 동정녀 마리아상을 마녀라며 고소했다. 사람들은 이 목상을 강에 집어던져 마녀인지 아닌지 시험했다. 목상은 나무로 만든 것이니 물에 뜨는 것이 당연했다. 그러나 사람들은 이를 이유삼아 목상을 마녀로 정죄하고 불태웠다. 모든 사람이 이 일을 즐겼다.

　게다가 츠비카우ZWICKAU 근교 출신인 세 사람이 비텐베르크에 와서 자신들은 하나님이 그들에게 직통으로 말씀하시기에 성경이 필요 없는 선지자라고 주장했다. 그들은 유아세례를 거부하고, 경건치 않은 자들을 죽여 하나님 나라를 앞당겨야 한다고 주장했다. "거듭나든지 아니면 죽어라!" 변화가 밀려들어 올 수문이 열리고, 여기서 하얀 물거품이 이는 물이 들어왔다. 비텐베르크는 혼돈 속으로 빨려 들어갔다.

　루터는 그를 옭아맨 사형 선고를 무시하고 은신처에서 나와 더 신중한 개혁을 당부했다. 그는 잇달아 한 설교에서 츠빙글리처럼, 참된 개혁은 마음을 바꾸는 데에서 오는 것이지 겉으로 드러나는 행위를 바꾸는 데에서 오는 것은 아니라고 주장했다. 그는 또 츠빙글리와 마찬가지로 마음을 바꿀 힘은 오로지 하나님 말씀에서만 찾을 수 있으며, 망치와 불과 힘에서 찾을 수 있는 것은 아니라고 주장했다.

나는 어떤 사람도 힘으로 억누르고 싶지 않습니다. 믿음이란 강요 없이 자유롭게 우러나와야 하기 때문입니다. 내 자신을 예로 들어 보겠습니다. 나는 면죄부와 모든 교황주의자에 반대했지만, 결코 힘을 쓰지 않았습니다. 나는 그저 하나님 말씀을 가르치고, 설교하고, 썼습니다. 나는 그 외에 다른 아무것도 하지 않았습니다. 내가 잠잘 때나 비텐베르크에서 내 친구인 필리프와 암스도르프Nicolaus von Amsdorf, 1483-1565와 맥주를 마시는 동안에도 하나님 말씀은 교황을 아주 크게 약화시켰습니다. 과거에 어느 제후나 황제도 교황에게 이런 손실을 안겨 준 적이 없습니다. 나는 아무것도 하지 않았습니다. 이 모든 일은 하나님의 말씀이 한 것입니다.

루터는 급진파들이 종교개혁의 핵심을 놓쳤다고 믿었다. 그는 우리가 하나님 앞에서 공로를 쌓을 무언가를 할 수 있다는 생각을 공격했다. 반면 급진파는 형상과 성례처럼 겉으로 드러난 것들을 공격했으며, 츠비카우 '선지자들'의 경우에는 그 공격 대상이 성경이었다. 루터의 메시지는 모든 구원이 오직 믿음으로 받을 수 있는 순수한 선물이라는 것이었다. 반면 급진파의 메시지는 겉으로 드러난 것들을 거부해야 한다는 것이었다.

쌍둥이 회오리바람: 뮌처와 뮌스터

비텐베르크에서는 루터가 사태를 장악할 수 있었을지 모르나, 다른 곳에서는 불길이 통제할 수 없을 정도로 커지기 시작했다. 다른 원인도 있었지만, 무엇보다 이것은 걸어 다니는 지옥이라 불리던 토마스 뮌처THOMAS MÜNTZER, 1489-1525 때문이었다. 뮌처와 비교하면, 카를슈타트는 종교개혁에 찬물이나 끼얹은 사람 정도로 보일 뿐이다. 나름대로 신비주의와 루터파, 이슬람교를 뒤섞어 독특한 주장을 내세우던 뮌처는 지옥의 불같은 설교자였다. 그는 스스로 경건치 않은 자들을 심판하려고 보냄을 받은 전사이자 선지자인 새 기드온으로 보았다. 뮌처는 자신이 이 모든 것을 아는 이유가 하나님이 당신 '내면의 말씀'을 뮌처 자신의 마음에 직접 일러 주셨기 때문이라고 믿었다. 이 하나님의 '내면의 말씀'은 루터가 그토록 지겹게 떠들어 대는 성경이라는 죽은 '외면의 말씀'보다 무한히 우월한 말씀이었다. 뮌처가 특히 루터에게 무례하게 굴었던 것도 놀라운 일이 아니다. 뮌처는 루터를 진짜 종교개혁의 원수라고 보았다. 물론 루터도 당한 만큼 갚아 줄 수 있는 사람이었다. 그는 일찍이 이렇게 말했다. "뮌처는 자기가 성령을 깃털뿐 아니라 통째로 삼켰다고 생각한다!"

뮌처는 루터의 복음이 사회에 암시하는 의미를 파헤치는 데 열렬한 관심을 보였다. 루터는 모든 신자가 영적인 평등과 자유를 누린다고 가르쳤다. 뮌처는 이런 평등과 자유가 사회 속에 뚫고 들어가 사회적 평등과 정치적 자유가 되어야 한다고 생각했다. 불평등, 정치적 억압 그리고 모든 불경건을 깨끗이 씻어 없애야 했다. 그러면 종말이 올 것이다. 뮌처는 자신의 칼날로 그 마지막 날을 앞당기길 원했다. 이 모든 가르침은 루터의 핵심 사상과 정면으로 충돌하는 것이었다. 루터는 그리스도인의 자유가 정치적 자유와 완전히 무관하다고 이해했기 때문이다. 루터가 쓴 『그리스도인의 자유』의 유명한 서언은 이렇게 시작했다. "그리스도인은 만물에게서 완전히 자유로운 주인이며, 어떤 것에도 복종하지 않는다. 그리스도인은 만물에게 완전히 매여 있는 종이며, 모든 것에 복종한다." 루터는 억압받는 농부도 영혼만큼은 부유한 제후만큼 자유로울 수 있다고 보았다.

그렇지만 뮌처 같은 사람들이 나타나면 종종 사회 불안이 함께 나타나기 마련이다. 1381년에 터져 나온 존 볼JOHN BALL, 1338-1381의 절규―"아담이 땅을 갈고 하와가 물레질할 때, 토호GENTLEMAN, 土豪(영국 역사에서 토호는 귀족과 자작농 사이의 중간 계층이었다.―옮긴이)가 어디 있었단 말이냐?"―는 잉글랜드 농민 봉기의 불을 지폈다. 역사는 반복되기 마련이다. 불을 뿜는 것 같은 뮌처의 종말 설교는 당시 타오르던 사회 불안에 기름을 끼얹었다. 이내 유럽의 많은 지역이 불길에 휩싸이게 된다. 뮌처 같은 사람은 분명 때가 무르익었다고 보았다. 세상은 온통 종말을 고대하는 분위기였고 밑도 끝도 없는 예언들이 판을 쳤다. 1524년에는 모든 행성이 물고기자리에서 일렬로 늘어서리라는 예언이 있었는데, 많은 사람들은 이런 일을 어떤 거대한 악의 출현을 미리 일러 주는 징조로 보았다. 높아지던 긴장은 결국 폭발하여 1524-1525년의 독일 농민 전쟁으로 이어졌다. 이 농민 전쟁은 1789년에 프랑스 대혁명이 일어날 때까지 유럽에서 가장 큰 민중 봉기였다. 농민 전쟁은 1525년에 절정에 이르렀다. 이 해에 뮌처는 농민군을 이끌고 프랑켄하우젠FRANKENHAUSEN 전투를 벌였다. 싸움이 시작될 무렵 무지개가 나타났다. 뮌처는 이를 하나님이 적을 심판하시리라는 징조로 해석했다. 무장이 빈약한 농민군이 공격을 시작했다. 하지만 이들은 결국 전투 전문가인 직업 군인들에게 학살당하고 말았다. 뮌처도 사로잡혀 고문을 받고 참수당했다.

뮌처로 말미암아 종교개혁에 호의를 보였던 많은 이들이 그 호의를 거두고 말았다. 많은 통치자들이 뮌처와 루터를 구분하지 못한 채 이제는 종교개혁 운동 전체에 대해 무자비하고 강경한 태도를 갖게 되었다. 종교개혁이 반란이라면, 이를 분쇄해야 한다는 것이 그들의 결심이었다. 뮌처와 루터를 구분할 수 있었던 통치자들 역시 모든 형태의 급진주의에 분노와 의심을 집중하게 되었다. 급진주의는 더 이상 관용의 대상이 되지 못했다.

그러나 뮌처는 유럽에 날아든 첫 화살일 뿐이었다. 그보다 더 지독한 인물이 등장하게 된다. 은사주의를 신봉하는 하를럼HAARLEM의 빵집 주인 얀 마테이스JAN MATTHIJS, 1500-1534(네덜란드의 재세례파 지도자로, 추종자들이 그를 선지자로 받들었다.—옮긴이)는 여전히 다른 많은 이들과 함께 종말이 가까웠다고 믿었다. 하지만 마테이스는 뮌처와 달리 종말의 세세한 내용을 알고 있었다. 마테이스는 독일 서북부에 있는 뮌스터 시가 미래에 새 예루살렘이 되리라고 예언했다. 그는 이곳이 종말에 일어날 모든 행위의 중심지가 되고, 참된 신자들이 이곳으로 모여들 것이며, 아마겟돈 심판도 여기서 시작될 것이라고 말했다. 급진파는 이내 뮌스터로 모여들었고, 1534년에는 이들이 시의회 선거를 좌지우지할 힘을 갖게 되었다.

이로 말미암아 즉시 변화가 시작되었다. 유아세례는 불법이 되었고, 어른은 반드시 세례를 받아야 했다. 이를 거부하는 자들은 시에서 쫓겨났다. 공산주의를 따라야 했으며, 실제로 모든 재산이 공동소유임을 보여주고자 집집마다 대문을 밤낮으로 활짝 열어 놓아야 했다. 뮌스터는 유럽의 골칫거리가 되었고, 이내 이 도시는 포위당했다. 그러나 이는 오히려 종말을 고대하는 도시 내부의 열기를 더 북돋아 줄 뿐이었다. 1535년 부활절 주일, 마테이스는 홀로 도시를 포위한 군대를 향해 돌진했다. 이 장면은 흡사 하나님이 도시를 포위한 군대를 혼자서 모두 격파할 수 있는 힘을 마테이스에게 주실 것 같은 인상을 주었다. 그러나 그는 군대를 격파하지 못했다. 아마도 얀 판 레이덴$^{Jan\ van\ Leiden}$이라는 사람이 마테이스더러 이렇게 하라고 부추겼던 것 같다. 그 일이 있은 뒤에 마테이스 뒤를 이은 사람이 바로 이 얀 판 레이덴이었기 때문이다(그는 벌거벗은 몸으로 뮌스터의 거리들을 달리면서 황홀경에 취한 채 예언을 외치고 입에서 거품을 토해 내어 모든 뮌스터 시민에게 마테이스의 후계자로 적합한 사람이라는 인상을 남겼다).

판 레이덴은 시의회를 해산하고 상징성을 담은 열두 장로를 새로 뽑았다. 아울러 그는 손에 황금 사과를 쥔 채(이는 그가 온 세상을 다스린다는 것을 상징했다) 자신을 이 새 예루살렘을 다스리는 다윗 왕으로 세웠다. 일부다처제를 법으로 규정하여 강제했고, 이를 따르지 않는 자는 사형이었다. 실제로 이제는 어른이 세례 받길 거부하는 경우, 부모에게 불평하거나 뒤에서 욕하거나 꾸짖는 경우는 물론 수많은 사소한 '위법행위들'도 사형으로 처벌할 수 있게 되었다. 얀 자신도 열여섯 명의 부인 중 한 사람을 그저 건방지게 굴었다는 이유만으로 시 광장에서 직접 참수하고 밟아 죽였다.

결국 이 모든 일에 질려 버린 두 시민이 1535년 6월 이 도시를 포위한 군대에 성문 하나를 열어 주었다(포위한 군대는 가톨릭과 루터파 연합군이었다. 반대가 만들어 낸 연합이었다). 연합군은 도시로 들어와 거의 모든 사람을 죽였다. 그리고 판 레이덴에게는 가장 처참한 죽음만이 있을 뿐이었다. 연합군은 그와 그의 두 심복을 벌겋게 달군 집게로 갈기갈기 찢어 새장 셋에 나눠 담았다. 이 새장들이(물론 시신의 뼈는 오래 갔다) 지금도 성 람베르트ST. LAMBERT 교회 탑에 매달려 있는 모습을 볼 수 있다.

일부 사람들―얀 판 바텐부르크JAN VAN BATENBURG, 1495-1538가 이끄는 바텐부르크 사람들―은 얀 판 레이덴이 시종일관 철저하지 못했던 것이 문제였다고 생각했다. 그들은 얀 판 레이덴이 주창했던 일부다처제와 공산주의를 고수하면서 광란 행위를 계속하고, 그들과 함께하지 않으려는 이들은 모두 죽였다. 그러나 대다수 사람들이 볼 때, 뮌처와 뮌스터가 결합하여 남긴 유산은 급진 종교개혁 위에 의심의 긴 그림자를 드리웠다. 급진파도 자신과 같은 친구들이 있었기에 굳이 원수들을 만들 필요가 없었다. 급진파 가운데 많은 수는 평화주의자였을지도 모른다. 그러나 이제는 모든 급진파에 위험한 혁명분자

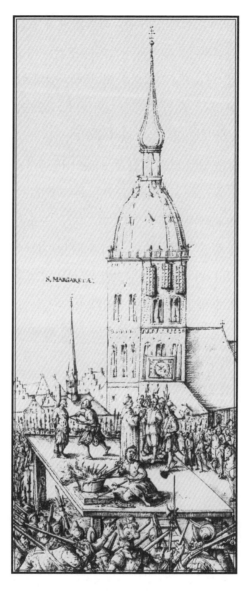

얀 판 레이덴과 그의 심복들을 처형하는 장면 교회 탑에 새장 셋이 매달려 있는 모습을 주목하라. 뮌처와
뮌스터 시 급진파의 영향으로 모든 급진 종교개혁자들에게는 위험한 혁명분자라는 색깔이 칠해졌다.

라는 색깔이 칠해졌다. 이는 곧 이들이 이후 수십 년에 걸쳐 사면팔
방에서 혹독한 핍박을 받게 되리라는 것을 의미했다. 아울러 이는 어
떤 방향 전환을 의미하기도 했다. 은사에 치중한 채 선지자라 자칭하
는 이들을 의심하는 사람이 늘어 가면서, 이제는 점점 더 많은 사람
들이 더욱 성경에 부합하고 평화를 사랑하는 취리히발^發 급진 개혁
운동으로 마음을 돌리기 시작했다.

소시지 게이트

취리히의 급진파는 봉기하거나 광란으로 치닫지 않았다. 그들은 소
시지를 먹었다. 때는 1522년 사순절이었다. 그때 열두 친구가 모여
소시지를 먹는 파티를 열었다. 사순절 동안에는 고기를 먹지 않는 것
이 전통이었다. 이 사람들은 인간이 만든 전통에 도전하고 싶었다.
츠빙글리는 그 모임에서 빠졌다. 그러나 그는 사람들 앞에서 그의 벗
들을 변호했다. 사순절은 단지 인간이 만든 관습이라는 것이 그의
지론이었기 때문이다. 그리스도인은 오로지 하나님의 명령만을 따
라 예배해야 한다. (그리스도인이 무엇을 먹을 수 있고 언제 먹을 수 있는가
와 같은 문제에 대해) 인간의 명령을 덧붙이는 것은 그리스도가 당신을
따르는 이들에게 결코 짊어질 것을 요구하시지 않았던 불필요한 짐
을 사람들에게 지우는 일이었다.

하지만 취리히 소시지 사건은 단지 첫 번째 소동에 불과했다. 이
사건은 오직 성경의 가르침에 따른 개혁을 추구한다는 츠빙글리의

개혁 모델에 동의하지 않는 사람들이 취리히에 있음을 보여주었다. 이내 그들은 예배를 방해하고 형상들을 때려 부쉈다. 더욱이 그들은 그들 주위에서 자신들이 발견한 교회의 부패와 담을 쌓고 오로지 참된 신자들로 이루어진, 순수하고 새로운 회중을 세우고 싶어 했다. 이것이 그들과 츠빙글리가 가장 크게 불화를 빚은 일이었다. 츠빙글리가 원하는 것은 교회 개혁이었지, 교회를 떠나는 게 아니었다.

이런 이견들—개혁을 강제하고자 하는 입장과 분리를 원하는 입장이 낳은 견해 차이들—이 결합하여 세례 위기를 만들어 냈다. 1524년, 취리히 근교 한 동네의 목사가 유아세례에 반대하는 설교를 시작하고, 일부 사람들은 그들의 자녀들이 세례를 받는 것을 거부하기 시작했다. 그것은 그들이 힘을 써서라도 부패한 옛 교회에서 분리하길 원한다는 뜻을 분명히 밝힌 것이었다. 그 결과, 성찬이 루터와 츠빙글리를 갈라놓았듯이, 세례가 츠빙글리와 급진파를 갈라놓았다. 하지만 이것은 아이러니한 일이었다. 급진파의 세례관은 많은 점에서 츠빙글리 자신이 생각하던 견해를 확장해 놓은 것에 불과했기 때문이다. 츠빙글리는 성찬을 그리스도인이 자신의 신앙을 표현하는 일이라고 주장했다. 급진파는 세례도 자신의 신앙을 표현하는 일이라고 말했다. 급진파는 세례가 그들의 내면이 이미 성령으로 세례를 받고 거듭났다는 사실을 사람들 앞에서 증언하는 것이라고 보았다. 그러나 이런 견해는 츠빙글리와 루터가 세례를 바라보던 견해와 사뭇 달랐다. 츠빙글리와 루터는 세례를 구약의 할례에 준하여 복음을 제시하는 일이자 믿음으로 응답하는 것으로 보았다. 이 모든 것이 이견을 만들어 냈다. 츠빙글리와 루터는 유아에게도 세례를 베푸는 것이 온전히 합당하다고 말했다. 급진파는 유아에게 세례를 베푸는 것은 완전히 잘못이라고 말했다.

1525년, 세례라는 쟁점을 놓고 공개 토론이 벌어졌다. 이 토론에서는 결국 츠빙글리와 불링어가 이겼다는 판단이 나왔고, 시의회는 모든 어린이에게 세례를 받게 하되 이를 어길 때는 추방이라는 고통을 감내해야 한다고 명령했다. 며칠 뒤, 한 작은 무리가 눈길을 헤치고 펠릭스 만츠FELIX MANTZ, 1498-1527의 집에 모였다. 거기서 취리히 급진파 사람들에게 많은 사랑을 받던 지도자인 콘라트 그레벨CONRAD GREBEL, 1498-1526은 외르크JÖRG VOM HAUS JACOB, 1491-1529에게 세례를 주었고, 이어 외르크는 다른 이들에게 직접 세례를 주었다. 이어 몇 주가 흐르는 동안, 더 많은 성인이 세례를 받았고, 이들은 곧 그들끼리 성찬을 행하기 시작했다. 모든 이가 이 움직임이 기존 교회에서 떨어져 나와 독립을 선언하는 일임을 알 수 있었다. 이것이 이제는 독립된 운동이 된 '스위스 형제단'이었다. 설령 사람들이 즉시 그 점을 간파하지 못했어도, 많은 급진파 추종자들이 취리히 시내를 행진하며 "취리히여, 네게 화, 화가 있을지어다!"라고 외칠 때에는 이들이 독립된 운동으로 떨어져 나왔음을 알아차렸을 것이다. 급진파는 그들이 어렸을 때에 받은 세례에 더하여 다시 성인으로서 세례를 받았다. 이 때문에 이들은 이후에 (다른 모든 급진파와 더불어) 비판과 조롱을 받으며 '재세례파'ANABAPTISTS(말 그대로 '다시 세례를 받은 자들')로 알려지게 되었다. (재세례파와 침례교 신자를 혼동해서는 안 된다. 둘 사이에는 여러 가지 유사점과 일치점이 있긴 하지만, 침례교는 재세례파에서 직접 흘러나오지 않았고, 재세례파와 다른 역사를 갖고 있다. 침례교는 한 세기 뒤에 잉글랜드에서 시작되었다.)

시의회는 이 모든 일을 묵과할 수 없었다. 시의회는 이런 재세례파를 물에 빠뜨려 두 번째 재세례(재침례)를 받게 하겠다는 명령을 공포했다. 이런 운명을 처음으로 맞은 사람은 펠릭스 만츠였다. 1527년 1월, 만츠는 손이 묶인 채 작은 배에 실려 취리히 시내를 관통하여 흐르는 리마트 강 중앙부로 끌려갔다. 만츠를 데려간 이들은 그를 얼음물 속에 집어넣어 잠기게 했다. 강 양쪽 기슭에 서서 이를 지켜보던 사람들은 그의 조용하고도 고매한 용기에 충격을 받았다. 그들은 만츠가 대변하던 것을 경멸했을지도 모른다. 하지만 그런 그들도 여기에 토마스 뮌처와는 사뭇 다른 급진주의자가 있음을 인정할 수밖에 없었다.

만츠는 많은 점에서 재세례파의 미래를 보여주었다. 재세례파는 공격보다 수동적 자세를 택했고, 혁명보다 분리를 택했으며, '내면의 말씀'보다 성경의 인도를 받는 쪽을 택했다. 그러나 만츠가 그랬듯이, 재세례파가 결국 더 나은 대우를 기대할 수는 없었다. 뮌처와 뮌스터가 드리운 긴 그림자는 한 세기가 넘는 세월 동안 재세례파를 괴롭히게 되며, 결국 그들은 유럽에서 멸시와 공포의 대상인 도깨비 취급을 받는 이들로 남게 된다. 만츠 뒤를 이어 곧바로 세 사람이 더 리마트 강바닥에 수장되었다. 그러나 그들은 단지 엄청난 숫자의 사람들이 올라 있는 재세례파 순교자 명부의 첫 사람들이었다.

오히려 배척은 재세례파의 분리주의에 힘을 실어 줄 뿐이었다. 세상이 재세례파와 재세례파가 전하는 메시지를 배척했듯이, 재세례파도 그들의 신발에 묻은 흙을 털어 버리고 세상을 거부하곤 했다. 재세례파는 그들을 적대시하는 부패한 세상을 멀리하는 헌신된 제자들로 이루어지고 세상과 철저히 분리된 대안 공동체를 만들어 내려 했다. 그들은 죄로 가득한 세상의 방식과 이 방식을 따르는 이들을 멀리하려 했다. 이를테면 야콥 후터JAKOB HUTTER, 1500-1536(오늘날 이탈리아에 속한 티롤 출신 재세례파 지도자이며 후터파 창시자.—옮긴이)는 모라비아의 상당히 외진 벽촌에 공산주의 정착촌들을 잇달아 세웠다. 1527년, 미하엘 자틀러MICHAEL SATTLER, 1495-1527(원래 로마가톨릭 수사였으나 종교개혁 당시 가톨릭을 떠나 재세례파 지도자가 된 인물.—옮긴이)는 취리히 북부 쉴라이트하임SCHLEITHEIM에서 다른 재세례파 신자들과 함께 만났다. 여기서 그들은 나중에 재세례파 신앙고백인 쉴라이트하임 신앙고백이 되는 문서를 작성한다. 7개조로 이루어진 이 신앙고백은 분리주의를 표현하고 있었다. 이 고백은 신자의 세례, 죄인들을 멀리할 필요성, 성찬은 오로지 세례 받은 성인 신자만 참여할 것, 신자와 불신자를 구분할 것, 교회에서 '목자'가 가지는 중요성, 이 목자들을 뽑을 수 있는 사람들의 권리, 완전한 평화주의, 선서 거부 같은 내용을 강조했다.

하지만 자신들이 분리주의를 취하면 세상도 속 편하게 그들을 잊어버리고 내버려둘지 모른다고 생각하는 속없는 재세례파 신자들이 있었다면, 그들은 심히 실망했을 것이다. 정치권력을 쥔 자들에게는 이런 분리주의도 봉기만큼이나 불안하기는 매한가지였다. 재세례파의 분리주의는 그들 외에는 아무도 진정한 그리스도인이 아니라고 주장하여 다른 그리스도인들을 자극했다. 뿐만 아니라, 국가에 충성한다는 선서를 거부하고 자신들이 사는 나라를 위하여 싸우려 하지 않는 그들의 태도는 분명 반역으로 보였다. 후터와 자틀러는 장차 그들을 따르는 수많은 이들이 겪게 될 일을 겪었다. 두 사람은 혹독한 고문을 받았다. 그런 뒤 후터는 산 채로 화형을 당했고, 자틀러는 벌겋게 달군 집게로 찢겨 죽임을 당했다.

쉴라이트하임 신앙고백은 이 고백이 천명한 분리주의 외에 또 한 가지 놀라운 점이 있었다. 그것은 이 신앙고백이 신학 면에서 아주 가벼웠다는 점이다. 쉴라이트하임 신앙고백의 일곱 개 조문은 사실 실제와 관련된 문제에 관심을 기울이고, 하나님은 누구신가, 우리는 어떻게 구원을 받을 수 있는가 같은 문제에는 관심을 기울이지 않는다. 이것은 이 일곱 개 조가 당시의 뜨거운 논쟁거리들에 제동을 걸려 했기 때문이 아니다. 사실 이 일곱 개 조는 재세례파의 정서가 중요시하는 내용을 반영한 결과물이다. 재세례파는 대체로 신학보다 그리스도인의 삶에 더 관심을 기울이는 경향이 있었다. 루터처럼 권세를 쥔 종교개혁자들에게는 신학이 1순위였고(주류 종교개혁자들을 종종 '권세를 쥔' 개혁자들이라고 부르는 이유는 이들이 세상에서 권세를 휘두르는 통치자들과 협력했기 때문이다.) 우리가 어떻게 살아야 하는가를 일러 주는 것은 그 다음 순위였다. 재세례파에게는 거룩함이 1순위였고, 신학은 그리스도인의 순종을 북돋울 목적으로 하는 일이었다. 루터는 이런 재세례파의 태도를 재앙을 가져올 퇴보라고 믿었다. 재세례파가 은혜의 복음을 충분히 공부하지 않음으로써 행위 종교로 되돌아가고 있다고 보았기 때문이다. 그 결과, 루터는 재세례파를 '새로운 수도사들'이라고 불렀다. 옛 수도사들처럼 이 재세례파도 세상과 담을 쌓은 채 오로지 그들 자신의 영혼의 중심만 바라본다고 믿었기 때문이다.

하지만 재세례파의 신학이 실체가 없고 공허한 것만은 아니었다. 분리주의와 그리스도인의 삶을 우선시하는 태도는 한데 어울려 종종 개신교의 본질을 이루는 사상과 정면으로 충돌하는 신학을 만들어 냈다. 예를 들어 대다수 급진주의자들은 루터가 발견한 이신칭의를 그리스도인의 진정한 거룩함에 심각한 위협을 가하는 것이라고 생각하여 거부했다. 우리는 모두 죄의 노예로 태어났다는 루터의 믿음도 역시 같은 취급을 받았다. 급진주의자들은 만일 루터의 믿음이 옳다면 왜 우리가 거룩해지려고 노력하는지 설명할 수 없다며 의문을 제기했다. 그들은 우리 자신이 죄를 지을 때만 우리가 죄인이 된다고 말하는 것이 분명 더 나은 생각이 아니냐는 의문을 제기했다. 그리하여 이 급진주의자들은 루터가 믿었던 것처럼 우리가 아담이나 그리스도와의 연합이 우리 운명을 결정하는 게 아니라고 말하면서, 구원을 오히려 개인의 노력이 더 좌우하는 문제로 만들었다. 이런 주장은 그리스도로 말미암아 구원받는 것보다 그리스도를 본받는 것과 더 관련이 있었다. 그러나 급진파는 그리스도가 누구인지도 철저히 다시 정의하는 작업을 펼쳤다. 어떤 희생을 치르더라도 세상

재세례파 지도자이자 이 신학 입장을 대변하는 사람 가운데 가장 위대한 인물은 아마도 네덜란드 사람인 메노 시몬스(Menno Simons, 1496-1561)일 것이다. 그는 루터보다 13년 뒤에 태어났고, 루터처럼 로마가톨릭 사제로 출발했다. 하지만 여러 가지 의문을 갖기 시작하면서, 그의 형제인 페테르를 따라 재세례파의 주장에 끌리기 시작했다. 1535년, 페테르가 뮌스터 사태에 말려들어 죽임을 당했다. 메노는 이 일에 큰 충격을 받아 그의 첫 작품인 『얀 판 레이덴의 신성모독』을 썼다. 이 책은 평화주의를 추구하는 재세례파를 끌어모으는 구호가 되었고, 메노는 이 재세례파의 지도자가 되었다. 재세례파는 그의 지도 아래 유혈 혁명과 은밀한 개인 계시를 외치던 입장에서 벗어났다. 메노파(Mennonites)는 평화를 사랑하고 성경에 합당한 이들이었다. 이리하여 메노는 취리히 재세례파 순교자인 펠릭스 만츠의 승리에 비폭력, 성경에 합당한 급진주의라는 이름표를 붙여 주었다. 뮌처와 뮌스터는 과거의 폐허일 수밖에 없었지만, 메노는 재세례파에 미래를 안겨 주었다.

때를 묻히지 않으려 애썼던 이들은 그리스도 역시 세상 때가 묻었을지 모른다는 생각을 참을 수가 없었다. 때문에 그들은 그리스도의 몸이 이 세상에 속했을 리가 없다고 주장했다. 그리스도의 육신은 마리아에게서 나지 않고 하늘에서 나셨다. 때문에 그리스도는 우리와 같은 인성을 갖지 않으셨다. 그리스도는 인류를 구속하려고 오신 게 아니라 우리에게 완전히 다른 길을 보여주시려고 오셨다.

무엇을 믿어야하는가: 성경? 성령? 이성?

역사를 살펴보면 모든 급진주의자를 재세례파라 불렀지만, 오늘날 역사가들은 급진 종교개혁을 세 진영 곧 재세례파, 성령주의자, 합리주의자로 나누곤 한다.

첫 두 진영은 우리가 이미 살펴보았다. 재세례파는 성경을 그들의 최고 권위로 여기는 경향이 있었지만, 그들이 성경에서 본 내용은 권세를 쥔 종교개혁자들이 본 것과 달랐다. 성령주의자들은 토마스 뮌처 같은 사람들이었다. 이들은 하나님이 그들의 마음에 직접 들려주시는 '내면의 말씀'을 따랐다. 이들은 성경과 성례 같이 겉으로 드러난 것들을 멸시했다. 예를 들어 제바스티안 프랑크 SEBASTIAN FRANCK, 1499-1543는 그가 쓴 『일곱 인印을 가진 책』 VERSIEGELTES BUCH, 1539에서 자신이 성경에서 발견한 모든 모순을 열거하여 독자들을 죽어 있고 쓸모 없는 기록된 말씀에서 성령이 내면에 주시는 살아 있는 말씀으로 돌려놓으려 했다. 이들에게 가장 큰 영향을 미친 지도자는 아마도 카스파르 쉬벵크펠트^{CASPAR SCHWENCKFELD, 1489-1561} 가 아닐까 한다. 그는 오늘날도 쉬벵크펠트파로 남아 있는 충성스러운 추종자들을 모았다. 그들이 모임을 가지곤 했던 방식은 전형적인 성령주의자다운 방식이었다. 그들의 모임에는 따로 섬기는 이도 없었고 성례와 형식을 갖춘 예배도 없었다. 그들은 개개인의 가정에서 기도하고 서로 권면하는 것으로 만족했다.

우리가 아직 만나지 않은 이들이 세 번째 그룹인 합리주의자다. 이 그룹은 종교개혁이 교회가 많은 점에서 잘못되었음을 증명해 준다고 보았다. 그러나 이들도 다른 급진주의자들처럼 주류 개혁자들이 충분히 멀리 나가지 못했다고 느꼈다. 이들은 교회가 전통 대대로 믿어 온 것들 가운데에도 연옥과 면죄부, 미사처럼 내던져야 할 것이 있다고 보았다. 삼위일체 교리가 그런 예였다.

이 합리주의자를 이끈 인물이 시에나 출신 이탈리아인이요 파우스투스 소키누스^{FAUSTUS SOCINUS}라는 이름으로 더 잘 알려지게 된 파우스토 소치니^{FAUSTO SOZZINI, 1539-1604}였다. 그는 그의 아저씨^{UNCLE}인 렐리오^{LELIO FRANCESCO MARIA SOZZINI, 1525-1562}(이탈리아의 인문주의자이자 반삼위일체 주창자.—옮긴이)의 사상을 발전시켜 소키누스주의라는 사상 체계를 만들어 냈다. 나중에 프로테스탄트와 가톨릭은 이 소키누스주의를 17세기의 가장 심각한 이데올로기적 위협으로 여겼다. 소키누스주의를 이렇게 위협 요인으로 본 이유는 특별히 이를 따르는 사람들이 많았기 때문은 아니었다. 소키누스파는 그 숫자가 쉬벵크펠트파와 비슷했으며, 폴란드에 훨씬 더 많이 모여 있었다. 그러나 소키누스파는 예민한 곳을 건드렸다. 이들은 단지 우리가 아는 것뿐 아니라 우리가 그것을 아는 방법에도 의문을 제기했기 때문이다. 이들은 성경이 아니라 이성이 심판자가 되어야 한다고 보았다. 아울러 이들은 '건전한 이성'에 어긋나거나 그 자체 안에 모순을 담고 있는 것은 믿지 말아야 한다고 보았다. 그리하여 이들은 삼위일체 교리를 즉시 내쫓았다 (셋이 하나일 수는 없다는 이유였다). 이는 예수는 사실 인간이 아니었다는 재세례파의 믿음과 완전히 반대였다. 합리주의자는 예수가 사실은 하나님이 아니었다고 주장했기 때문이다. 삼위일체를 제거한 주장은 늘 유럽 변방에서 더 인기가 있었다. 이런 변방에서는 유대인 및 무슬림과 더 많은 교류가 있었기 때문이다. 거기에서도 삼위일체를 건드리지 않으면 살기가 훨씬 더 편했을 것이다.

물론 기독교에서 삼위일체 하나님을 제거한다는 것은 기독교를 제거하고 새 하나님과 새 종교를 발견한다는 것을 의미했다. 그것이 바로 소키누스주의가 한 일이었다. 이 소키누스주의라는 새 종교에서 예수는 구주가 아니라 단지 선생이었다. 십자가는 죄를 처리하고 용서를 받는 일과 더 이상 아무 상관이 없었다. 십자가가 비록 감동을 주는 일이라 해도 그저 순교일 뿐이었다. 사실 죄 용서는 애초에 문제가 되지도 않았다. 하나님의 심판이 실제 있으리라는 것을 부인했기 때문이다. 다시 말해 소키누스주의는 합리성과 도덕성을 내세운 근대 종교성의 씨앗을 뿌린 셈이다. 분명 서로 다른 개혁 모델이 많이 있었지만, 일부는 루터의 모델과 아주 많이 달랐다! 이 모든 차이를 만들어 낸 것은 열정도, 전략도, 고된 작업도 아니고 신학이었다.

4

어둠 뒤에 빛이 오다: 장 칼뱅

장 칼뱅은 루터, 츠빙글리와 더 이상 다른 인물이 되기 어려울 정도로 차이점이 많은 인물이었다. 칼뱅은 분명 츠빙글리처럼 늠름한 군인은 아니었다. 그는 자신을 '샌님 학자'라고 불렀다. 또 칼뱅은 루터 집안 식구들처럼 밥상머리에서 왁자지껄 떠들어대며 밥을 먹는 인물도 아니었다. 갈퀴처럼 빼빼 말랐던 칼뱅은 굶기를 밥 먹듯 한다 하여 '위대한 금식자'로 알려져 있었다. 그는 고작해야 하루에 한 끼를 먹었으며 그것도 단지 조금만 먹었다. 그는 이렇게 하여 그의 마음을 깨끗게 하고 사면팔방에서 끊임없이 그를 위협하는 나쁜 건강으로부터 자기 몸을 지키려 했다. 칼뱅이 루터와 자리를 함께했다면, 루터가 큰 소리로 웃고 맥주를 벌컥벌컥 들이킬 때 칼뱅은 조용히 자리에 앉아 자기 책이나 들여다보고 있었을 것이다. 루터가 건방지고 촌티가 풀풀 나는 사람이라면, 칼뱅은 냉철하고 (대개는) 공손했다. 루터와 칼뱅 모두 사람들이 주목하는 눈을 가졌지만, 루터의 눈은 반짝반짝 빛나는 반면 칼뱅의 눈은 이글이글 타오른다는 말을 들었다. 두 사람 모두 화가 나면 사람들을 두렵게 할 기질을 가졌지만, 루터가 뜨거운 기질이었다면 칼뱅은 차가운 기질이었다. 두 사람은 모두 방대한 분량을 저술했지만, 루터가 책을 일필휘지로 써내려가곤 했다면 칼뱅은 그의 주요 작품PIÈCE DE RESISTANCE을 여러 해에 걸쳐 다듬고 또 다듬어 써냈다.

칼뱅은 유명세를 치르는 인기 그리스도인이 될 만한 사람은 아니었다. 그는 사람들의 시선을 부끄러워하는 지식인이었고, 각광을 받는 자리를 늘 피했다. 그의 초상은 가냘픈 얼굴, 소박한 검은 모자로 가린 자주 두통에 시달리는 머리, 놀라울 정도로 강렬한 눈을 보여준다. 그림 속의 이런 모습은 아주 깊은 인상을 남긴다. 몸은 불쌍하다 싶을 만큼 허약하고 성격은 자연히 수줍은 인상을 풍기지만, 그의 마음과 의지만은 우리가 움츠러들 정도로 강했다. 그는 비록 태어날 때는 어린 양이었으나, 나중에는 그를 구원하신 주님을 위한 사자가 되었다.

르네상스

1509년 7월 10일, 이때 루터와 츠빙글리는 그야말로 신참 중의 신참 사제였다. 한 사람은 두려움에 떨었고, 또 한 사람은 전투를 벌이고 싶어 안달이 나 있었다. 바로 이날, 장 코뱅Jean Cauvin이 누아용Noyon에서 태어났다. 이곳은 파리에서 북쪽으로 60마일 정도 떨어진 농촌 마을로 장이 서던 곳이었다. 코뱅은 프랑스 사람이었다. 그는 늘 프랑스를 자기 모국으로 여겼고, 누아용을 이 땅에서 자기 고향으로 여겼다. 그러나 이 코뱅은 나중에 '칼뱅'(이 이름이 라틴어로 부르기가 훨씬 더 좋았다)으로서 다음 세대 종교개혁을 이끌게 된다.

칼뱅은 종교개혁이라는 것이 존재하기 전의 세상을 알 수 있는 때에 태어났다. 그는 자라나면서 지역 교회의 삶과 일 속에 잠겼고,

나중에는 성 안나의 여러 몸(당시에는 유럽 전역에 성 안나의 몸이 많이 흩어져 있었다) 중 하나에 입을 맞추었던 부분을 떠올리기도 했다. 그러나 그의 삶은 루터와 정반대로 출발했다. 칼뱅의 아버지는 사실 그를 사제로 만들려 했다. 이 때문에 그는 칼뱅이 열두 살이 되자 파리에 보내 신학을 공부하게 했다. 그때까지 여러 세기 동안, 파리는 유럽에서 신학 연구의 모태 역할을 했었다. 그러나 칼뱅이 다니던 대학은 이내 더 놀라운 주장을 내놓게 된다. 불과 몇 년 안에 이 대학은 도덕적 교회 개혁을 이끈 에라스뮈스를 비롯하여 칼뱅, 가톨릭 진영에서 반反종교개혁을 이끈 선봉장인 이그나티우스 로욜라Ignacio de Loyola, 1491-1556(에스파냐 바스크 출신 기사이자, 예수회를 설립하여 가톨릭 내부 개혁을 이끈 인물.—옮긴이) 같은 졸업생을 배출했다. 하지만 약 5년 뒤, 칼뱅의 아버지는 어린 장을 사제로 만들려는 꿈을 포기하고 파리에서 데려온다. 대신 그는 칼뱅을 오를레앙에 보내 법을 공부하게 했다. 루터는 법률가의 길을 포기하고 사제가 되어 아버지를 격노케 했지만, 칼뱅의 아버지는 교회와 사이가 틀어진 것 같았다. 어쨌든 칼뱅의 아버지는 법률가 쪽이 더 전망이 좋다는 루터 아버지의 견해에 동의한 셈이었다.

청년 칼뱅은 오를레앙에서 르네상스 인문주의라는 격렬한 세계에 뛰어들었다. 그는 이 세계를 사랑했다. 여기 오를레앙에는 그리스와 로마의 고전미를 되살리는 데 헌신한 학자들의 공동체가 있었다. 그들은 자신들의 학문을 통해 황금시대를 되살려 내고 있었다. 그 일은 흥분을 자아내는 일이자 기운을 돋우어 주는 편안한 일이기도 했

다. 그런 재생 작업에는 교회 비판도 들어 있었지만, 그 비판도 분명 교회 안에서 이루어지는 온건한 비판이었다. 동정녀 마리아를 공경하고 연옥을 믿는 것에 의문을 제기하는 이는 아무도 없었다. 칼뱅도 이런 재생 작업에 헌신했다. 그는 자신이 수 년 안에 자신을 증명하여 새 학문의 왕으로서 에라스뮈스가 쓰고 있던 관을 빼앗을 수 있기를 소망했다.

하지만 칼뱅이 속하게 된 새로운 사회 집단 속에는 에라스뮈스보다 더 그리스도의 은혜를 아는 이들이 몇 사람 있었다. 적어도 루터는 자신이 그런 사람이라고 생각했다. 첫째, 칼뱅의 사촌인 피에르 로베르PIERRE ROBERT OLIVÉTAN, 1506-1538가 있었다. 그는 밤에도 결코 꺼지지 않을 것처럼 보이는 올리브유 램프를 켜놓고 연구한다 하여 '올리베탕'OLIVÉTAN이라는 별명을 얻었다. 피에르 로베르는 거의 쉴 틈 없이 일하는 집안 분위기를 그대로 보여주면서 성경 번역에 정진하여 그의 나이 스물아홉에 성경을 프랑스어로 완역해 냈다. 다음으로 칼뱅에게 그리스어를 가르친 멜히오르 볼마르 MELCHIOR WOLMAR, 1497-1561 가 있었다. 이 집단은 훨씬 더 날이 선 집단 속으로 들어가는 입구였다. 1520년대 무렵에 이르자, 그리스어는 종교개혁의 언어가 되었다. 옛 정통의 왕좌에 있었던 파리 소르본 대학교는 그리스어와 히브리어의 위험성을 분명하게 간파하고, 이단으로 나아가는 확실한 통로를 차단하는 법을 제정하려 했다. 주제도 모르는 인간들이 성경 언어를 배워 이런 언어 지식으로 무장하고 나면, 그들이 그저 성경 본문을 읽는 것만으로도 혼자서 성경을 이해할 수 있다는 생각을 할지도 모를 일이었다. 하지만 소르본 교수들은 성경의 참된 의미를 성경의 '신비한' 의미에서 찾을 수 있다고 주장했다. 이는 곧 '신학을 신학부에서 제대로 배우지 않은' 사람은 아무도 그 의미를 알 수 없다는 말이었다.

어쩌면 볼마르는 그가 가진 그리스어 지식을 넘어 더 많은 것을 전해 주었을지도 모른다. 볼마르는 칼뱅에게 루터가 쓴 책을 몇 권 빌려 주었을지도 모른다. 어쨌든 칼뱅에게는 '재생'이라는 말이 고전 시대 회복을 넘어 더 친숙한 무언가를 의미하기 시작했다. 나중에 그는 이 무렵 "갑작스런 회심을 통해 하나님이 내 지성을 굴복시키시고 내 지성에 가르칠 수 있는 틀을 허락하셨다"고 썼다. 우리가 아는 것은 이것뿐이다. 그것이 칼뱅의 독특한 특징이었다. 그는 자기 이야기 하길 좋아하지 않았다. 그러나 그는 오로지 학자로서 조용히 살아

가길 원했음에도 불구하고, 이제는 그의 말마따나 "예수 그리스도의 연인"이 되었다.

불길에 휩싸인 프랑스

당시 프랑스가 돌아가는 사정은 종교개혁에 유리해 보였다. 프랑수아 1세는 젊은 왕이었으나 천방지축 날뛰는 위험한 열심당이 아니라 인간미가 넘치고 깨어 있는 군주로서, 교회 개혁과 정화를 이야기하는 사람들을 보호했다. 그러다가 1528년, 어떤 이가 기적을 일으킨다는 파리의 유명한 동정녀 마리아 상에 칼을 대어 성모와 아기의 머리를 잘라 버리고, 이들의 머리를 내동댕이친 뒤 마리아상의 덮개를 짓밟는 일이 일어났다. 프랑수아는 이 소식을 듣고 눈물을 흘렸으며, 행렬을 이끌고 거리를 행진하며 속죄했다. 루터가 비텐베르크에서 정죄했던 행위가 바로 그런 행위였다. 그러나 이 사건이 낳은 분노 때문에 다름아닌 루터 추종자들이 고난을 겪게 된다. 루터파를 숨겨주는 사람도 처벌하는 조치들이 시행되기 시작했다. 이에 더하여 교황 클레멘스 7세는 곧 프랑수아에게 '이 왕국을 병들게 하는 루터파 이단과 다른 종파들'을 뿌리 뽑아 달라고 특별히 요청했다.

그 뒤, 이렇게 시국이 더 어수선한 시기에 파리 대학교 새 총장이 된 니콜라 콥NICHOLAS COP, 1501-1540(스위스의 종교개혁자이자 칼뱅의 친구.—옮긴이)은 그야말로 철저히 루터파 입장을 대변하는 연설로 새 임기를 시작했다. 그는 자신을 체포하려는 손길이 다가오자 프랑스를 떠나 스위스 바젤로 피신했다. 거기서 그는 에라스뮈스 같은 이들 및 올리베탕 같은 다른 피신자들과 합류했다. 칼뱅의 이름도 이내 블랙리스트에 올랐다. 아마 칼뱅도 콥의 연설에 관여했던 것 같다. 관원들이 칼뱅을 찾으러 왔다. 때마침 그는 겨우 그의 방에서 빠져나와 침대 시트로 만든 밧줄을 타고 창을 통해 아래로 내려갔다. 관원들은 칼뱅의 방을 샅샅이 뒤졌다. 그의 동료는 붙잡혔고, 이제 칼뱅은 도망치는 신세가 되었다.

그러자 분위기가 한층 더 심각해졌다. 1534년 10월 어느 날 밤, 미사를 공격하는 벽보가 프랑스 전역의 도시들에 나붙었다. 심지어 앙봐즈 성CHÂTEAU D'AMBOISE에 있는 왕의 침실 문에도 벽보를 못 박아 놓았다. 누가 이 벽보를 썼는지 아무도 몰랐지만, 그 벽보는 분명 온건하지는 않았다. 「예수 그리스도의 성찬에 정면으로 맞서려고 만든 교황 미사의 무시무시하고 크고 중요한 남용에 관한 참된 조문條文」이라는 이름이 붙은 이 벽보들은 미사를 하나님을 모독하는 '장난질'이요 '우상숭배'라며 비판했다. 이 일이 있기 전만 해도 왕이 무슨 생각을 하는지 분명하지 않았으나 이제 왕의 생각은 분명해졌다. '종교개혁'은 위험한 난동을 가리키는 또 다른 이름이었다. 프랑수아는 다시 한 번 행렬을 이끌고 파리 시내를 행진하면서 하나님을 모독한 일을 속죄했다. 다만 이번에는 모독당한 하나님의 진노를 누그러뜨리려고 새 제물을 추가했다. 행진하는 길을 따라 화형용 장작더미를 쌓고 불을 붙여 벽보 사건에 관여했다고 생각하는 서른여섯 사람을 불태워 죽였다.

이 모든 일은 칼뱅의 목숨을 더 위태롭게 만들었다. 그는 몸을 숨기려고 애썼다. 칼뱅은 벽보가 주장하는 신학에 동의했다. 그러나 그는 벽보를 붙인 이들과 마리아상을 절단한 자가 감정에 치우쳐 지나치게 흥분한 모습을 보인 것을 슬퍼했다. 어쩌면 이런 일 때문이었는지 모르겠으나, 칼뱅이 쓴 첫 신학 작품은 로마를 반박하는 내용이 아니라 재세례파를 반박하는 내용을 담은 것이었다. 그의 첫 신학 작품은 이후 결코 그의 생각을 떠나지 않을 것을 일찌감치 보여주는 표지이기도 했다. 그는 종교개혁의 정상궤도에서 벗어나거나 분별없는 행동을 하여 종교개혁에 더러운 이름을 안기는 이들을 증오했다.

벽보가 매일 드리는 제사인 미사를 반대할 때 사용한 논거는 히브리서 7:27, 곧 "그(예수)는 저 대제사장들이 먼저 자기 죄를 위하고 다음에 백성의 죄를 위하여 날마다 제사 드리는 것과 같이 할 필요가 없으니 이는 그가 단번에 자기를 드려 이루셨음이라"는 말씀이었다. 독일에서는 로마서 1:17이 종교개혁에 불을 붙인 불꽃이었다면, 프랑스에서는 이 히브리서 7:27이 그런 불꽃이었다. 그리스도가 십자가에서 죄를 속하려고 올리신 제사가 완전하고 완성된 제사여서 되풀이할 필요도 없고 되풀이할 수도 없다면, 죄를 속하고자 하는 우리의 모든 시도는 틀림없이 부질없는 일이요 그리스도를 모독하는 일임이 분명하다. 이런 시도는 그리스도가 하신 일이 불충분하다는 뜻이기 때문이다. 그리스도가 올리신 제사가 진정 '단번에' 다 이루신 것이라면, 다른 제사장이나 대제사장이 더 제사를 올릴 필요가 없다. 따라서 미사와 이런 미사를 올리는 사제, 그리고 죄를 속하려는 다른 모든 행위는 쓸데없는 것으로 보였다. 의지할 것은 오로지 순수하게 그리스도와 그가 다 이루신 일을 신뢰하는 것뿐이다.

오래가지 않아 칼뱅은 프랑스 내부 상황이 견딜 수 없게 되었다고 느꼈다. 프랑스는 포로로 잡혀가 종살이하는 이집트 같은 나라가 되었다. 하나님을 예배하려면 이 땅을 떠나야했다. 결국 칼뱅은 몰래 국경을 넘어 난민이 되었다. 그것은 분명 어려운 결정이었다. 그는 자신의 아름다운 모국을 다시 보게 되길 간절히 바라면서, 언젠가는 이 모국이 자유를 얻을 날이 오길 소망했다. 이제 그는 이런 소망을 이루려고 일하게 된다. 그는 난민 신세이던 그의 동포 프랑스 사람들을 불러 모아 저항에 나서게 된다.

"그들은 이리저리 떠돌고... 핍박을 받으며 부당한 대우를 받았다"

처음에 칼뱅은 바젤로 가서 콥과 올리베탕 같은 사람들과 합류했다. 갓 스물여섯이었고 불과 이태 전에 '급작스런 회심'을 경험했던 칼뱅은 거기서 자신이 평생을 바친 작품인 『기독교강요』*INSTITUTIO CHRISTIANAE RELIGIONIS* 초판을 완성했다. 그는 이 책을 프랑수아 1세에게 헌정했다. 결국 따지고 보면 프랑수아 1세도 생각이 깊고 교회 개혁에 진심으로 관심을 가졌던 왕이었기 때문이다. 칼뱅은 프랑수아에게 당시 핍박받던 루터파가 실은 위험한 이단이 아니라 일찍이 프랑수아도 옹호하겠다고 맹세했던 참된 기독교를 따르는 이들일 뿐이라는 것을 꼼꼼하게 설명했다. 하지만 이 작품은 복음을 따르는 자들을 핍박에서 보호하는 것을 넘어 더 큰 목적을 갖고 있었다. 칼뱅은 자신이 이 책을 쓴 목적을 이렇게 써놓았다. "오로지 종교에 열의를 보이려는 기미를 내비치는 사람들이 참된 경건을 가진 자가 될 수 있게 해줄 어떤 기본 원리들을 전달하는 것이다." 이 책은 순수하게 복음에 합당한 신앙 입문서로 쓴 책이었다('강요'는 '기본 가르침'을 뜻한다). 『기독교강요』는 외투 주머니에 숨길 수 있게 자그마한 책으로 출간되었으며, 복음을 은밀히 전파할 목적으로 만들어졌다. 칼뱅은 이런 식으로 종교개혁을 프랑스에 전파하고 싶어 했다.

칼뱅은 일 때문에 잠시 파리로 몰래 되돌아갔다. 그는 거기서 당시 종교개혁 진영의 많은 위대한 지성인들이 안식처로 삼고 있던 스트라스부르로 가서 그곳에 정착하길 소망했다. 하지만 프랑수아 1세가 신성로마제국 황제인 카를 5세와 끊임없이 전쟁을 벌이는 것 같았다. 이 때문에 당시 파리-스트라스부르 사이의 도로는 양쪽 군대가 서로 두 눈을 부릅뜨고 상대를 주시하려고 골라잡은 요충지가 되어 있었다. 칼뱅은 이 군대들을 피해 남쪽으로 돌아가야 했다. 이는 곧 제네바를 지나가야 한다는 뜻이었다. 달리 문제될 것은 없었다. 알프스가 에워싼 아름다운 호숫가에서 밤을 보낸다면 여로에 달콤한 휴식이 될 것이기 때문이었다.

제네바는 프랑스 및 신성로마제국과 모두 국경을 맞대고 있는 도시였다. 제네바는 이런 지리상 위치에서 사실상 거의 완전한 독립을 누릴 여지를 발견했다. 게다가 그 무렵 몇 년 사이에 제네바는 모든 것이 바뀌었다. 제네바 시민들은 그들의 마지막 주교를 몰아냈다

(이 주교는 훌륭한 포도주를 곁들인 진수성찬으로 식탁을 가득 채우는 것이 고위 성직자의 최고 의무라고 믿었다). 제네바 시민들은 미사를 없애고, 사제들에게 회심하든지 아니면 그 도시를 떠나라고 통보했다(대다수 사제는 회심을 택했다). 제네바는 이를 통해 종교개혁 진영에 공식적으로 가담했다. 이전에 이 도시의 모토는 '어둠 뒤에 빛이 오길 소망한다' POST TENEBRAS SPERO LUCEM였다. 그러나 이제는 이런 사건을 기념하여 이 도시가 발행한 주화에 새 모토를 넣었다. '어둠 뒤에 빛'POST TENEBRAS LUX. 이제 그들은 자신들이 일찍이 소망했던 것을 발견했다고 선언했다.

물론 제네바의 변화에는 으레 있는 혼란, 저항, 성상 파괴, 성물로 구분한 빵을 개에게 던지기 같은 일이 함께 따랐다. 이 때문에 칼뱅이 제네바에 도착했을 때, 이 도시는 상당히 어지러운 상황이었다. 그들이 종교개혁에 나설 수 있으려면 어떤 도움이 있어야 했다. 칼뱅은 그곳에 머물며 도움을 줄 뜻은 갖고 있지 않았다. 하지만 불꽃같은 머리카락에 불같은 열정을 지닌 인물로서 제네바 종교개혁의 기폭제가 되었던 기욤 파렐GUILLAUME FAREL, 1489-1565(프랑스 출신의 종교개혁자. 제네바, 뇌샤텔을 비롯한 스위스 여러 도시에 개혁교회를 세웠다.—옮긴이)은 『기독교강요』 저자가 그 도시에 있다는 말을 듣자, 당장 그를 찾아갔다. 자신보다 스무 살이나 위인 파렐이 문 앞에 서 있는 모습을 본 젊은 학자는 십중팔구 놀라도 한참 놀랐을 것이다. 칼뱅은 기어들어가는 목소리로 학문에 계속 정진하고자 스트라스부르로 갈 뜻을 밝혔다. 이를 듣고 파렐은 다음과 같이 말했다.

그(파렐)는 이렇게 도움이 절박하게 필요할 때 내(칼뱅)가 돕기를 거부하고 꽁무니를 뺀다면, 하나님이 내가 꽁무니를 뺀 것은 물론이요 내가 추구하는 조용한 학문 연구에도 저주를 내리실 것이라며 저주하는 말을 쏟아냈다. 이런 저주를 들은 나는 두려움에 사로잡혀 결국 내가 해온 여행을 단념했다.

이리하여 칼뱅은 1536년 여름 제네바에서 종교개혁 작업을 펼치던 파렐을 돕고자 그곳에 정착했다. 아이고, 불쌍한 칼뱅! 그러나 파렐이 칼뱅을 자기 사람으로 고른 것은 현명했다. 그들은 새 신앙고백의 기초를 세웠다. 그리고 이 도시에 남고자 하는 사람은 이 신앙고백을 받아들이라고 명령했다. 그들은 다른 여러 제안도 재빨리 내놓았다. 칼뱅은 성찬을 훨씬 더 자주, 석 달에 한 번이 아니라 한 달에 한 번 갖길 원했다. 그리하는 것이 마땅할 수도 있었다. 그러나 이를 가로막는 장애물은 뜻밖에 엉뚱한 데 있었다. 칼뱅이 악명 높은 범죄자는 성찬에 참여하지 못하게 하기를 원했던 것이다. 제네바 같은 공동체에서 성찬 참여를 거부당한 사람은 사람들 앞에서 망신을 당하는 꼴이 되는 것이었다. 더구나 그것은 프랑스에서 건너온 이민자의 손에 망신을 당하는 것을 의미했다. 참는 것도 한도가 있다고 생각한 시의회는 결국 어느 누구도 성찬 참여를 거부당할 수 없다는 조례를 공포했다.

제네바 시도 종교개혁을 원하긴 했지만, 그렇게까지 원하진 않았다. 종교개혁자들이 개혁을 진행할수록 개혁자들과 시의회의 긴장 수위도 더 높아져 갔다. 한 설교자는 대담하게도 제네바 시가 지은 죄 몇 가지를 열거하면서, 제네바의 몇몇 행정관을 '술꾼'이라 불렀다. 대중들의 비위를 맞추고 싶었던 사람들이 볼 때 이런 행위는 분명 완전히 미친 짓거리였다. 결국 그 설교자는 곧바로 옥에 갇히고 말았다. 이어 제네바 시의회는 성찬 때 빵부스러기를 남겨 하나님을 모독하는 일이 일어나지 않게 예전에 사용했던 것과 같이 얇고 납작한 성찬 빵을 사용하라고 칼뱅과 파렐에게 명령했다. 칼뱅과 파렐은 이를 거부했고, 결국 이들은 설교를 금지당했다. 그런다고 칼뱅과 파렐이 설교를 그만 둘 사람들이겠는가! 당연히 그들은 설교 금지령을 어겼다. 시의회는 이를 빌미 삼아 그들에게 사흘 말미를 주면서 제네바를 떠나라고 요구했다. 결국 1538년, 제네바에 온지 두 해도 되지 않아 칼뱅은 다시 한 번 유랑길에 올랐다.

소망을 발견하다

칼뱅은 한편으로 마음이 괴로웠다. 그는 자신이 개혁자로서 실패했다고 느꼈으며, 그가 한 행동 때문에 제네바 교회가 로마로 되돌아갈지도 모르겠다고 느꼈다. 그러나 다른 한편으로는 은근히 기쁘기도 했다. 이제 그는 원래 뜻하던 대로 스트라스부르로 가서 자신의 책과 함께 거기 정착할 수 있게 되었기 때문이다. 스트라스부르 사람들은 제네바 사람들보다 훨씬 더 편하게 해줄 것이다.

하지만 칼뱅은 이번에도 꼬인 신세가 되었다! 그는 파렐을 떠나 (파렐은 뇌샤텔로 자기 갈 길을 갔다) 스트라스부르의 종교개혁을 이끌던 마르틴 부처MARTIN BUCER, 1491-1551의 품으로 직행했다. 루터는 부처를 '수다쟁이'요 얼간이라고 표현했다. 칼뱅도 부처가 사실 조금은 그런 사람일지 모른다는 데 조심스럽게 동의했지만, 그가 스트라스부르에 도착하여 만난 부처는 전혀 유약한 인물이 아니었다. 칼뱅은 부처에게 자신은 단지 훌륭하고 조용한 도서관을 찾고 있을 뿐이라고 이야기했다. 그랬더니 부처는 파렐이 그랬던 것처럼 칼뱅을 소명을 버리고 도망간 요나 같은 사람이라고 말하면서, 칼뱅이 스트라스부르에 있는 프랑스 난민 교회 목사가 되어야 한다고 강요했다.

나중에 밝혀지지만, 칼뱅이 스트라스부르에서 보낸 시간은 그의 인생에서 가장 행복한 시간이었다. 스트라스부르는 제네바와 완전 딴판이었다. 칼뱅은 그와 같은 도망자인 동포들에게 따뜻한 환대를 받았다. 그리고 행복한 사귐이 있었다. 종교개혁을 이끄는 중요한

마르틴 부처 부처는 마치 파렐과 같이 칼뱅을 독촉하여 스트라스부르의 프랑스 난민 교회 목사가 되도록 만들었다. 돌이켜 보면, 칼뱅이 스트라스부르에 있던 시절은 그의 인생에서 가장 행복한 시간이었다.

두뇌 몇 사람이 칼뱅의 말벗이 되었고, 칼뱅 역시 그와 같은 마음을 가진 젊은 복음주의자들과 기꺼이 그의 집을 함께 사용했다. 칼뱅은 스트라스부르에서 종교개혁 교회의 모습이랄 수 있는 것을 배웠다. 그는 또 그 전에 세워진 개혁파 대학에서 가르치기도 했다. (이 개혁파 대학은 독일의 교육자요 인문주의자로서 독일 교육의 한 축인 김나지움 탄생에 큰 영향을 미친 요하네스 쉬투름이 1538년에 세웠다. 이곳에서는 주로 종교개혁 신앙과 인문학을 가르쳤다.—옮긴이) 또 칼뱅은 여기서 그의 첫 주석을 썼다. 바로 『로마서 주석』이었다. "로마서가 모든 바울 서신의 핵심, 곧 우리가 믿음으로 의롭다 하심을 얻는다는 것"을 이야기하고 있기에, 그가 『로마서 주석』을 가장 먼저 쓴 것은 당연한 일이었다. 이렇게 햇빛이 찬란한 시기에 유일한 먹구름이 다가왔다. 일찍이 칼뱅을 삼위일체를 믿지 않는 자로 무고했던(완전히 얼토당토않은 일이었다) 한 신학자가 스트라스부르로 들어왔던 것이다. 그는 예전에 자신이 제기했던 고소를 다시 제기했다. 부처는 칼뱅더러 직접 대답하라고 요구했다. 칼뱅은 격노하여 얼굴이 핏기를 잃었다. 그는 재빨리 대처하여 혐의를 풀었지만, 고소 내용이 하도 심각하여 결국 이 일은 이후 남은 생애 내내 칼뱅을 괴롭히게 된다.

사실 칼뱅이 낭만이 넘치는 삶을 살았다고 말하기는 불가능하다. 그는 프랑스 여자들의 연인은 아니었다.

혼인을 놓고 말하면, 나는 여자의 예쁜 얼굴에 홀려 그 여자의 악에도 입을 맞추는 얼빠진 연애꾼이 아니다. 내가 오로지 관심을 갖는 미인은 온화하고, 자상하며, 오만하지 않고, 낭비하지 않으며, 인내하고, 내 건강을 돌봐 주는 사람이어야 한다.

그럼에도 칼뱅은 프로테스탄트로서 혼인에 찬동한다는 견해를 적극 표명했다. 1540년, 스트라스부르에서는 그의 친구들이 그가 원하는 그런 여자를 찾을 수 있게 도와주려고 나서면서 중매 열풍이 불었다. 일은 잘 성사되지 않았다. 첫 번째 후보는 프랑스어를 하지 못했다. 다른 후보는 혼인에 관심이 없었고, 또 다른 후보는 약혼까지 갔다가 파혼해야 했다. 이것이 그해 6월까지 있었던 일이었다. 그러다 두 달 뒤, 칼뱅은 자신이 재세례파에서 개종케 만든 과부(이 개종은 칼뱅 집안의 평화에 없어서는 안 될 요소였다) 이들레트 드 뷔르^{IDELETTE DE BURE}와 혼인했다. 이들레트는 전 남편(그의 이름도 '장'이었다)에게 낳은 두 아이도 함께 데려왔다.

　　이 혼인은 희열을 가져다주지는 못했다. "하나님은 우리 혼인이 너무 행복할까봐" 그들에게 질병을 보내심으로 "처음부터 우리 기쁨에 물을 타셨다." 두 해 뒤, 이들레트는 칼뱅에게 자크JACQUES라는 아들을 낳았다. 하지만 이 아들은 미숙아였고, 불과 두 주만을 살다가 숨을 거두었다. 칼뱅은 친구에게 이렇게 써 보냈다. "하나님은 분명 우리 어린 아들을 죽여 혹독하고 쓰라린 상처를 안겨 주셨네. 그래도 그분은 당신 자신이 아버지이시고 당신 자녀에게 무엇이 좋은지를 가장 잘 아시지." 이들레트 자신도 건강을 추스르려고 애썼다. 그러나 혼인 생활의 마지막 몇 년을 보내면서 서서히 죽음으로 다가갔다. 그러다 결국 1549년에 그가 데려온 두 자녀를 칼뱅에게 맡기고 숨을 거두었다. 누가 봐도 고통스러운 일이었다. "나는 가능한 한 최선을 다해 내 슬픔을 이겨 내려고 애쓴다네.……나는 내 인생의 가장 좋은 벗을 잃어버렸네." 칼뱅은 날 때부터 낭만이 넘치는 인물은 아니었지만, 그렇다고 깊은 감정과 사랑을 느끼지 못하는 것은 아니었다.

싸움터로 되돌아가다

칼뱅이 스트라스부르에서 행복한 난민 생활을 보내는 동안, 제네바는 혼란을 겪고 있었다. 프랑스에서 미사를 공격하는 벽보를 썼던 이가 목사로서 왔다 갔으나, 교리의 혼란만 생겨났고 정치적 폭력이 난무했다. 결국 제네바의 정치 상황은 칼뱅이 돌아오길 원할 만큼 엉망

칼뱅과 파렐이 제네바에서 쫓겨났을 때, 로마에서도 칼뱅처럼 이 도시가 종교개혁 진영을 떠나 로마로 되돌아오리라고 생각한 이들이 많았다. 이탈리아의 시인이요 가톨릭 성직자인 사돌레토 추기경(Jacopo Sadoleto, 1477-1547)도 그런 사람 가운데 하나였다. 매력 있고 온화하며 박식했던 사돌레토는 탕자 제네바도 올바른 방향으로 조금만 밀어주면 되돌아오리라고 느꼈다. 그리하여 칼뱅이 제네바에서 멀리 떨어진 스트라스부르에 안전하게 도착하자, 사람들의 마음을 흔들어 놓을 만한 연서(戀書)를 제네바 시에 보내 로마로 돌아오라고 호소했다. 이 서신은 로마가 종교개혁을 어떻게 이해했는지 꿰뚫어 볼 수 있는 훌륭한 단서를 제공한다. 사돌레토의 서신은 다정하게 감싸 안는 말로 시작한다. "그리스도 안에서 크게 사랑하는 형제들이여. 여러분과 우리, 곧 모든 이의 어머니인 가톨릭교회에 평강이 있길 원하며, 우리와 여러분이 하나님이 베푸시는 사랑과 일치를 누리길 원합니다." 이 서신의 나머지 부분도 제네바 사람들에게 온통 달콤한 언사와 지나치다 싶을 정도의 감정을 표현한다. 물론 이 서신은 종교개혁자들을 "간사한 인간들이요 그리스도인의 통일과 평화를 방해하는 원수들"로서 선한 제네바 사람들을 잘못된 길로 이끌려 한 이들로 묘사한다. 종교개혁자들은 어떻게 제네바 시민들을 잘못된 길로 인도했는가? 사돌레토는 그들이 영원한 구원을 얻을 수단으로 거짓된 것을 가르쳤다고 말한다. 그는 제네바 시민들에게 그 거짓 수단을 진지하게 생각해 보라고 권면한다.

그럼 사돌레토는 무엇을 진리라 말하는가? 그는 로마도 "우리가 오직 믿음으로 구원을 받을 수 있다"는 것을 인정한다고 말한다. 추기경 입에서 이런 말이 나오다니, 놀라 까무러칠 일이다! 이어 그는 이렇게 밝힌다. "바로 이 믿음에는 사랑이 본디 우리 구원의 가장 중요하고 으뜸가는 원인으로 담겨 있습니다." 그렇다면 사돌레토는 오직 믿음으로 구원받는다는 것이 사실은 우리 자신의 사랑으로 구원받는다는 의미라고 보는 셈이다.

　　그렇다면 왜 종교개혁자들보다 로마를 더 신뢰해야 하는가? 사돌레토는 그 이유가 간단하다고 보았다. "온 세상에 널리 퍼져 있고 이제는 1,500년이 넘는 역사를 가진 가톨릭교회가 널리 동의를 얻어 인정하는 것을 따를 것인가. 아니면 불과 이 25년 사이에 사람들이 혁신이라고 만들어 소개한 것들을 따를 것인가"라는 문제이기 때문이다.

　　제네바 사람들이 이미 설복당한 것은 아니라고 가정한 사돌레토는 기가 막힌 상상을 한다. 개신교 신자와 가톨릭 신자가 "주권자이신 재판관의 무시무시한 법정에" 서는 모습을 상상한 것이다. 그날 이들은 각각 뭐라 말하며, 누가 죄 없다는 판결을 받을까? 먼저 가톨릭 신자가 재판관에게 말하기 시작한다. 그의 변론은 이렇다. "저는 가톨릭교회에 순종하고, 그 법과 권면과 법령을 존중하며 지킵니다." 이어 개신교 신자가 뻔뻔하게 걸어 나와 그의 변론을 펼치면서, 개신교 신자들이 "교회가 매어 놓은 포악한 멍에"를 털어 버렸다고 말한다. 이런 일을 한 목적은 무엇인가? 개신교 신자는 "이후에 (우리가) 당신을 믿는 이런 우리의 믿음을 신뢰하면서 우리가 열거했던 모든 일을 훨씬 더 자유롭게 행할 수 있게 하려" 했기 때문이라고 말한다(이 특별한 '개신교 신자'는 분명 '이신칭의'를 그가 그리스도를 신뢰하기보다 그 자신의 믿음에 따른 행위를 신뢰해야 한다는 의미로 받아들였다. 그리스도를 믿음의 대상에서 제외한 덕분에 개신교 신자는 분명 자신이 자유로이 제멋대로 살아가도 좋다는 느낌을 가질 수 있었다).

　　새삼 놀랄 일도 아니지만, 가톨릭 신자는 재판관에게 인정을 받아 영원한 희락 속으로 들어가는 반면, 개신교 신자는 바깥 어두운 곳으로 내침을 당한다. 그 이유인즉 가톨릭 신자는 "오류를 저지를 수 없는" 교회를 믿었지만, 개신교 신자는 "자기 자신의 머리를 믿어 왔기" 때문이다. 다시 말하지만, 분명 사돌레토는 자신의 구원을 위해 교회를 믿지 않는 자는 틀림없이 자기 자신을 믿는 자라고 생각한다. 이 때문에 그는 개신교 신자를 두고 이렇게 묻는다. "그는 그 운명이 머물 안식처를 무엇에서 찾습니까? 그가 의지하는 성채는 무엇입니까? 그가 하나님께 자신을 변호해 줄 이로 신뢰하는 이는 누구입니까?" 사돌레토는 개신교 신자들이 이 물음에 내놓을 대답이 그리스도일 거라는 생각을 전혀 하지 않았던 것 같다.

사돌레토는 종교개혁자들에게—종교개혁자들은 교회를 분열시킨 자들이므로 결코 그리스도의 진리를 말할 수 없다는—마지막 독설을 퍼부은 다음, 그의 "가장 사랑하는 형제들"을 축복하고 서명한 뒤 서신을 맺는다.

제네바 사람들은 자신들이 칼뱅을 어떻게 대했는지 생각하면서 움찔했지만, 결국 칼뱅에게 자신들을 위하여 답신을 써달라고 요청했다. 칼뱅은 이 요청을 수락하면서, 엿새 안으로 종교개혁을 변호하는 모범 변증서를 만들어 내겠다고 약속했다.

칼뱅의 답신은 박식한 사람인 사돌레토에게 진정 존경을 표시하는 것으로 시작한다. 하지만 몇 줄 안 가서 발톱을 드러낸다. 칼뱅은 이 추기경이 했던 주장을 완전히 뒤집어엎기 시작한다. 우선 칼뱅은 사돌레토의 달콤한 말투에 일침을 놓는다. 그는 이렇게 썼다. "전에는 제네바 사람들과 도통 사귐도 없었고 이 사람들에게 이토록 극진한 애정을 표현한 적도 없었던 한 이방인이 뜬금없이 이제 와서 이렇게 극진한 애정을 표현하시니 왠지 미심쩍기만 합니다."
이어 그는 본론으로 들어간다. 칼뱅은 종교개혁자들이 교회를 분열시키는 자들이 아니라 교회를 개혁하는 자들임을 확실히 못 박는다. 더욱이 이런 개혁은 개혁자들이 스스로 고안해 낸 혁신이 아니다. 오히려 칼뱅은 "우리가 그대들보다 옛것과 훨씬 더 가까울 뿐 아니라, 우리가 시도하는 모든 일은 오로지 옛 교회 형태를 부활시키려는 것입니다"라고 주장한다(종교개혁자들은 늘 그 점을 강조했다). 또 마지막 심판 때 가톨릭 신자가 펼치리라는 훌륭한 변론을 놓고도 이렇게 말한다. "자신의 변론을 오로지 이것, 곧 자신이 늘 그의 조상에게서 자신에게 내려온 종교를 철석같이 의지해 왔다는 사실에 의존하는 사람은 그 안전이 바람 앞의 등불과 같습니다. 이런 식의 논리라면 유대인과 터키인과 사라센인도 하나님의 심판을 피할 것입니다."

하지만 칼뱅의 답신은 대부분 "우리 사이의 논쟁에서 가장 중요하고 민감한 주제인 이신칭의"를 다룬다. 여기서 칼뱅이 주장을 전개하는 방식은 아주 의미심장하다. "그것(이신칭의)을 아는 지식을 제거한 곳은 그곳이 어디든 그리스도의 영광이 사라져 버립니다." 종교개혁자들이 생각하는 구원은 오직 하나님이 은혜로 주신 선물(sola gratia, 오직 은혜)이요, 교회나 미사에서는 발견할 수 없고 오로지 그리스도 안에서만 발견할 수 있는 것이며(solus Christus, 오직 그리스도), 오로지 순수하게 믿음으로만 받는 것이다(sola fide, 오직 믿음). 이모든 것이 참이라면, 죄인은 자신의 구원에 아무런 기여도 할 수 없고, 모든 영광은 하나님께만 돌릴 수 있다. 이 때문에 종교개혁 사상은 다음 질문을 모든 신학을 이끄는 등불(기준)로 여겼다. 신학이 사람을 인도하여 "오직 하나님께 영광"(soli Deo gloria)이라고 말하게 하는가, 아니면 사람이 여전히 그 자신에게 그 영광의 일부를 돌리는가? 칼뱅은 사돌레토의 문제점이 바로 이것이라고 말한다. "사람들이 이구동성으로 오직 그리스도의 피만을 만족(satisfaction)과 화해와 깨끗케 함을 살 수 있는 것으로 제시하거늘, 그대는 어찌 감히 그 큰 영광을 당신의 공로로 돌리려 합니까?" 구원이 하나님의 은혜와 인간의 사랑이 합력하여 낳은 열매라는 사돌레토의 설익은 구원관은 사실 그리스도의 십자가와 영광을 깎아내린 신성모독이었다.

사돌레토는 이렇게 거저 베푸신 자비를 이야기하니 그리스도인들이 거룩한 삶을 살아가는 데 마음을 쓰지 않는다고 비판하지만, 칼뱅은 그런 비판이야말로 그리스도를 까맣게 잊어버린 것임을 능숙하게 보여준다. "따라서 믿음으로 말미암는 의, 곧 우리가 은혜로 주어진다고 주장하는 이 의가 있는 곳에는 어디나 그리스도가 계시며, 그리스도가 계신 곳에는 거룩함의 영, 곧 영혼을 거듭나게 하여 새 생명을 얻게 하시는 영이 계십니다."

이 되었다. 그리하여 제네바 사람들은 칼뱅을 차갑게 내치고 3년이 흐른 뒤 그에게 다시 돌아오라는 따뜻한 초청장을 보냈다. 칼뱅은 얼마든지 이런 초청을 조롱하며 내칠 수도 있었다. 실제로 돌아가려는 생각을 하니, 생각만 해도 끔찍했다. 파렐이 초청을 수락하라고 다그쳤을 때도(정작 파렐 자신은 너무 바빠서 돌아가지 못했다) 칼뱅은 "이런 십자가를 지느니 백 번 죽는 게" 낫다고 대답했다.

그러나 부처와 파렐이 합세하여 그를 설득했고, 결국 칼뱅은 이런 설득에 넘어가고 만다. 아이고, 불쌍한 칼뱅! 1541년, 칼뱅은 이들레트와 그녀의 자녀들을 데리고 제네바로 돌아갔다. 그들은 가파르고 작은 길인 샤누아느CHANOINES 거리를 힘겹게 올라갔다. 제네바 시는 그곳에서 칼뱅에게 작지만 필요한 세간을 갖춘 집을 하나 제공했다. 자그마한 뒤뜰도 있고 알프스의 기막힌 풍광이 보이는 이 집은 제네바가 칼뱅을 달래려고 준 뇌물이었다. 하지만 칼뱅은 제네바 사람들을 다시 믿으려 하지 않았다. 그는 짐을 푼 뒤에도 언제든 다시 추방당할 각오를 하고 있었다.

칼뱅이 이전에 자신이 섰던 설교단에 처음 올랐을 때만 해도 사람들이 예상하는 분위기는 무거웠다. 회중은 한때 추방을 당했던 사람이 이제는 사람들에게 말씀을 전하게 된 이상 틀림없이 앙심을 품고 갖가지 저주를 격류처럼 쏟아 내리라 생각하며 마음을 다잡았다. 그러나 칼뱅은 그리하지 않고, 3년 반 전 자신이 거기서 마지막으로 전해야 했던 그 구절을 강설하는 것으로 그쳤다. 그의 메시지는 더할 나위 없이 분명했다. 칼뱅은 사사로운 목표를 품고 돌아온 게 아니라

(그의 메시지는 그런 것과 거리가 멀었다!) 하나님 말씀을 전하는 설교자로 돌아왔다.

하지만 하나님의 말씀이 실제로 제네바에 있는 당신의 교회를 다스리시는 홀SCEPTRE이 되려면, 이를 확실히 이룰 수 있는 뭔가를 해야만 했다. 문제는 제네바 시의회 스스로 교황과 같은 권세를 확실히 움켜쥔 채, 사사건건 '간섭하며' 교회 안에서 이루어지는 일까지 모두 통제한다는 것이었다. 칼뱅은 자신이 아직 환대를 받을 때에 결정타를 날려야 한다는 것을 알았다. 그리하여 그는 자신이 제네바로 돌아온 바로 그날, 시의회에 제네바 교회를 폭넓게 개혁하기 위한 제안들을 열거한 목록을 제출했다. 시의회는 이 제안들을 대부분 받아들였다.

이 제안들은 종교개혁이 단순히 로마와 단절하는 데 그치는 일이 아니라, 전심전력을 다해 말씀으로 끊임없이 개혁해 가는 일임을 아주 분명하게 밝혔다. 개혁된 교회도 늘 개혁해 가야 한다. 칼뱅은 다른 무엇보다도 모든 집이 해마다 목회자의 심방을 받아야 하고, 모든 이가 개신교 신앙을 설명한 요리문답을 배워야 하며, 이런 일들을 행한 사람만을 성찬에 참여시켜야 한다고 제안했다. 아울러 칼뱅은 제네바가 일부다처제와 공산주의를 표방하던 얀 판 레이덴의 뮌스터 공동체와 같다는 소리를 결코 듣지 않게 하려고 질서 있는 사회를 확실히 세워 줄 치리위원회를 설치할 것을 제안했다.

치리위원회는 실제로 치리를 강제할 힘을 갖고 있지 않았으며, 이 위원회가 세워진 뒤에도 설교나 요리문답 수업에 몰래 빠진 이들

잉글랜드 왕 에드워드 6세에게 보낸 칼뱅의 서신 칼뱅은 잉글랜드에서 개신교 정책을 펼친 에드워드 6세에게 자신의 『이사야서 주석』, 『야고보서 주석』, 『베드로전·후서』, 『요한일서 주석』, 『유다서 주석』을 헌정하기도 했다.

을 말로 꾸중하는 데 그치는 경우가 대부분이었다. 그런데도 이 위원회는 상당히 고압적이라고 알려져 있었다. 이 위원회는 시민들이 선술집을 제집 드나들듯 드나들지 못하게 막는 대신, 이 시민들을 감시하고 프랑스어 성경을 읽게 할 '수도원'을 바로 이 시민들에게 제공하려 했다. 루터의 비텐베르크와 완전 딴판인 우스운 일이 벌어진 것이다. 당연히 이 계획은 큰 성공을 거두지 못했다. 심지어 그리스도인의 이름으로 사용할 수 있는 이름—이를테면 '작크'JACQUES 와 '장'JEAN—과 사용할 수 없는 이름—이를테면 '클로드'CLAUDE 와 '모네'MONET—을 열거한 목록을 작성하여 공표했을 때는, 지나치게 많은 것을 규제한다고 느끼기 시작하는 사람들이 일부 생겨났다. ('작크'는 '야곱, 야고보', '장'은 '요나, 요한'을 가리키며, '클로드'는 라틴어식 이름이자 로마 황제의 이름이었던 '클라우디우스'에서 나왔고, '모네'는 고대 그리스어에서 '은둔자'라는 의미를 갖고 있었다.—옮긴이) 요컨대 헌신한 신앙인도 아니건만 헌신한 신앙인답게 거룩한 삶을 살라는 말을 듣기를 싫어하는 제네바 사람들이 많았다. 칼뱅은 일찍이 제네바 사람들이 "어이쿠, 여기에서는 이런 복음 원하지 않소. 이런 복음을 원하는 곳은 딴데 가서 찾아보시오"라는 말을 한다고 따끔하게 꼬집은 바 있었다. 제네바 사람들의 목소리에서는 십중팔구 징징대며 불평하는 소리를 들을 수 있었다.

이런 일들 때문에 칼뱅은 보수 꼴통 프로테스탄트 지도자라는 평판을 얻었다. 그러나 그런 평판은 늘 공정하지 않았다. 제네바 시가 칼뱅을 이렇게 판단하는 것은 어불성설이다. 칼뱅 자신도 말했지만, 그는 '샌님 학자'였다. 그는 독재 권력을 휘두를 욕심도 없었고, 그런 권력을 가질 기회도 없었다. 그는 프랑스 출신 난민이요 제네바 시민이 아니었기에 투표권도 없었고 세속의 어떤 공직도 맡을 수 없었다. 그야말로 그는 그 도시에서 하루하루 시의회의 은혜를 힘입어 살아갔고, 시의회는 언제라도 마음이 바뀌면 그를 다시 쫓아낼 수 있었다.

칼뱅은 이름만 그럴싸하게 모든 개혁을 이끄는 우두머리였는데
도, 그가 이민자라는 바로 그 사실이 칼뱅을 향해 타오르는 반감에
기름을 끼얹었었다. 특히 프랑스에서 제네바로 물밀듯이 밀려 들어온
엄청난 이민자들도 그런 상황을 악화시켰다. 칼뱅이 제네바로 돌아
온 1541년에 제네바 시 인구는 약 만 명이지만, 그가 세상을 떠날 즈
음에는 그 두 배가 넘었다. 새로 이주해 온 사람들은 거의 다 칼뱅 같
은 프랑스 난민들이었다. 이들은 제네바 시를 바꿔 놓고, 시계 제조
와 같은 산업을 들여왔으며, 심지어 거리에서 사람들이 주로 쓰는 언
어조차도 프랑스어로 바꿔 놓았다.

칼뱅이 태어난 고장인 누아용에서 제네바에 도착한 한 여자가
한 말을 들어 보면, 제네바가 프랑스에서 핍박을 받던 개신교 신자들
에게 매력이 넘치는 곳이었음을 느낀다.

아, 나는 저 저주스러운 바벨론의 포로 생활에서 벗어나 내 마지막 감
옥에서 풀려날 일이 기쁘기만 하다. 내가 지금 누아용에 있다면 어떤
일이 벌어질지 정말 끔찍하다! 내가 지금 거기 있었으면 감히 내 입을
열어 내 신앙을 떳떳이 고백하지 못했을 것이다. 심지어 내 주위에 있
는 사제들과 수도사들이 온통 하나님을 모독하는 말을 쏟아낼 때도 말
이다. 그러나 나는 지금 여기서 담대히 내 주 앞에 나아가 그분께 영광
을 돌리는 자유를 만끽할 뿐 아니라 그분 앞으로 이끌려 간다.

모든 생업을 뒤로 하고 떠나온 이들은 개신교 신자로서 떳떳이 살게 되었고, 성경을 가르치는 말을 듣게 되었다.

제네바로 이민 온 사람들은 행복했을지 모르나, 그들의 유입은 으레 있는 외국인 혐오증을 불러일으켰고, 선술집에는 이 외국인들을 어떻게 해야 하느냐는 이야기가 가득했다. 사람들이 좋아한 방안 중에는 "배를 하나 마련하여 모든 프랑스인과 추방당한 사람들을 그 배에 태운 뒤 론 강을 따라 내려가게 하여" 프랑스로 돌려보내야 한다는 생각도 있었다. 사람들이 드러내 놓고 말은 하지 않았지만 그렇게 보낼 사람 중에는 칼뱅의 이름도 들어 있었다.

상황이 험악해지기 시작했다. 한 무리 여자들이 춤을 추다 붙잡혔는데, 이 일 때문에 칼뱅은 맹렬한 반감을 사게 되었다. 제네바 시 전역에 다시 입에 올리지도 못할 무례한 욕설을 칼뱅에게 퍼부은 포스터들이 나붙었고, 심지어 칼뱅의 설교단에도 하나가 붙었다. 이는 장차 더 불길한 일이 일어날 것을 미리 알려 주는 징조였다. 1550년대 초에는 폭동이 일어나고 긴장이 높아졌는데, 이는 파티를 끔찍이 좋아하고 칼뱅을 지독히 미워하는 무리가 주도해서 일어난 일이었다. 칼뱅이 설교하는 동안, 어떤 이들은 기침을 해대고 또 다른 이들은 그들이 앉은 의자로 시끄러운 소리를 내는 무례를 범하여 칼뱅을 끌어내리려 했다.

모든 상황을 볼 때, 칼뱅이 제네바에서 살아남기는 더 이상 불가능한 것 같았다. 1553년, 칼뱅은 법이 자신에게 부여한 권한을 넘어 반反칼뱅을 내세운 이 '방탕한' 무리를 이끄는 지도자 가운데 한 사람이 성찬에 참여하는 것을 허용하지 않겠다고 선언했다. 다음 주일이 그의 마지막 주일이 되리라는 것을 충분히 예상한 칼뱅은 목이 멘채 설교했지만, 자신의 입장에서 여전히 물러서려 하지 않았다. 그는 성찬대에 서서 이렇게 선언했다. "나는 이 손이 주님의 거룩한 것들을 심판을 받은 모욕자들에게 나눠 주기 전에 죽을 것입니다." 그러나 칼뱅은 추방당하지 않았는데, 그 이유는 설명하기가 거의 불가능하다. 하지만 제네바에서 그의 목숨은 바람 앞의 등불과 같았다.

조류가 바뀌다

1555년이 되자, 갑자기 구름이 걷히고 태양이 다시 빛나는 것 같은 상황이 벌어졌다. 칼뱅을 좋아하는 사람들이 시의회 의원 선거에서 이긴 것이다. 이 일은 폭동을 일으켰다. 사람들이 칼을 뽑았고, 오랜 반칼뱅파 지도자가 지휘봉을 잡았다. 이보다 더 분명하게 쿠데타를 일러 주는 상징은 없을 것이다. 그러자 모든 이가 사람들의 존경을 받을 만한 스위스 도시들에서는 이런 일이 일어나지 않았다는 것을 떠올렸다. 결국 주동자들은 참수형이나 교수대에 못 박히거나 사지를 찢어 죽이는 형을 선고받았다. 대다수 가담자는 붙잡히기 전에 그들의 두목들과 함께 가까스로 피신했다. 이 일은 모든 상황을 바꿔 놓았다. 새 시대가 열리고, 반칼뱅파는 몽땅 뿌리가 뽑히고 말았다. 덕분에 칼뱅은 이전에 감히 시도하지 못했던 일들을 할 수 있는 자유를 얻었다.

이 지독히 암울한 시기에 칼뱅의 이름에 가장 어두운 그림자를 드리울 사건이 일어났다. 에스파냐의 신학자요 의사, 인문주의자인 미카엘 세르베투스(Michael Servetus, 1509-1553)가 이단이라는 이유로 제네바에서 불에 타 죽임을 당했다. 얼굴에 냉혹한 미소를 지으며 화형대 옆에 서 있는 칼뱅의 이미지는 분명 '프로테스탄트 종교재판소장 칼뱅'이라는 신화를 만들어 내는 데 훌륭한 밑거름을 제공한다. 그럼 대체 무슨 일이 일어났는가? 정체를 숨기고 있던 괴물이 마침내 모습을 드러낸 것인가?

미카엘 세르베투스는 파우스투스 소키누스와 같은 부류에 속하는 에스파냐의 급진주의자로서, 자신이 부패한 믿음으로 여기던 삼위일체와 같은 것들을 종교개혁이 맹렬히 비판하고 배척하길 열망하던 인물이었다. 여러 세기 동안, 에스파냐에는 유대인과 무슬림이 많이 살았는데, 에스파냐의 많은 그리스도인들은 삼위일체를 그리스도인이 에스파냐의 행복한 유일신론 클럽에 끼지 못하게 막는 장애물 정도로 느꼈다. 세르베투스도 이런 움직임을 대변하는 목소리가 되어, 삼위일체가 아버지 하나님만이 유일한 하나님이신 구약 종교의 소박하고 순수한 유일신론에 뒤늦게 끼어든 믿음이라고 주장했다. 우리가 기본이요 근원인 이 진리로 되돌아가기만 한다면, 유대인과 그리스도인은 더 이상 나뉘지 않아도 된다.

가톨릭 신자들과 프로테스탄트들은 이렇게 완전히 다른 하나님을 내세우는 주장에 경악했다. 하지만 가톨릭 신자들이 그를 처음 붙잡은 곳은 제네바에서 프랑스 국경을 막 넘어간 곳에 자리한 비앙느였다. 이 가톨릭 신자들도 세르베투스에게 이단 혐의가 있음을 발견하고 우선 그를 불태워 죽이려 했다. 그러나 그들이 불태운 것은 허수아비였다. 허수아비를 불태우고 있을 무렵, 세르베투스는 이미 지붕으로 빠져나가 국경을 넘어 제네바로 가고 있었다. 칼뱅은 제네바에서 지독히 미움받고 있었기 때문에, 세르베투스가 보기에는 이곳이 그가 가기에 좋은 곳 같았다. 심지어 그는 붙잡혔을 때도 사태를 낙관했다. 그는 감옥에서 제네바 시의회에 서신을 보내, 칼뱅을 체포할 것을 요구하고 칼뱅이 처형당하면 그의 집과 세간을 몰수하라는 제안까지 넉살좋게 내놓았다. 1553년에는 이런 요구가 어처구니없는 말처럼 보이지는 않았다. 하지만 당시는 유럽의 모든 가톨릭 세력이 제네바 시를 이단들의 안식처로 낙인찍어 놓은 상태였다. 이런 마당이니, 시의회도 제네바가 세르베투스에게 관용을 베푼다면 로마가 옳다는 것만 증명해 주는 꼴이 된다는 것을 알 수 있었다.

제네바는 신학자 칼뱅을 불러 그들을 대표하는 검사 역할을 하게 했다. 예상대로 세르베투스는 유죄 판결을 받았고, 제네바는 스위스와 독일의 다른 프로테스탄트 도시들과 더불어 세르베투스에게 사형을 선고했다. 이것은 결코 큰일이 아니었다. 이단에게는 사형이 적합한 판결이라는 데 모든 기독교 세력이 의견을 같이 했다. 이보다 수십 년 전, 제네바에서는 스스로 주술사, 역병을 퍼뜨리는 자, 마귀를 숭배하는 자라 고백한 이들 수십 명(물론 이들이 자백하는 동안 이들의 발은 벌겋게 달군 불판 위에 있었다)이 고문을 받고 화형에 처해졌다. 이때가 16세기였다. 그리고 1553년에도 그런 일이 벌어졌다. 그러나 칼뱅은 선고에 영향을 미칠 만한 위치에 있지 않았다. 사실 그는 더 관대한 사형 방법인 참수형을 요구했으나 거절당했다. 칼뱅은 뒤에 옥에 갇힌 세르베투스를 마지막으로 찾아가 설득하려고 했으나 실패했고, 결국 세르베투스는 제네바 시 성문으로 끌려가 화형당했다. 불길이 치솟을 때, 세르베투스는 "오, 영원하신 하나님의 아들 예수여, 나를 불쌍히 여기소서!"라고 부르짖었다. 만일 "오, 하나님의 영원하신 아들 예수여"라고 외치기만 했어도 그는 불에 타 죽지 않았을 것이다. 이렇듯 두 가지 신앙고백이 극과 극으로 대립하고 있다. 그러나 오늘날 우리가 그것들을 알려고 애쓴다는 사실은, 교리에 그리 얽매이지 않았던 에라스뮈스의 정신이 철저한 승리를 거두었음을 보여줄 뿐이다.

칼뱅은 살아서 보지 못한 일이지만, 그가 죽고 8년 뒤인 1572년 8월 24일(성 바르톨로뮤 축일), 프로테스탄트를 이끌던 몇몇 귀족이 파리에서 암살당하는 일 이 벌어졌다. 이 일은 프랑스 종교의 미래를 둘러싸고 프랑스 지배층을 양분 한 프로테스탄트 진영과 가톨릭 진영 사이에 점점 높아가던 긴장이 정점에 이 른 사건이었다. 애초 의도했던 대로 이 사건은 파리에서 폭도들이 개신교 신자 수천 명을 죽이는 대학살을 불러왔다. 폭력은 순식간에 프랑스 전역으로 번졌 고, 이후 몇 주 동안 수천 명이 더 죽임을 당했으며, 수천 명이 프랑스 왕국을 탈출했다. 이는 프랑스를 개신교 국가로 만들려던 칼뱅의 소망에 제동을 거는 참혹한 유혈극이었다.

칼뱅은 새로 얻은 이 호기를 살려 무엇을 하려 했을까? 그는 그의 모국 프랑스를 개신교 국가로 만들려는 일급비밀 프로그램을 세웠다. 그는 이미 망명한 프랑스 개신교 지도자로서 자리를 굳히고 있었으며, 프랑스의 많은 지하 교회들과 꾸준히 접촉하고 있었다. 그러나 1555년 이후에는 그의 노력이 훨씬 더 야심찬 수위로 뻗어 나갈 수 있었다. 비밀 연락망이 세워지고, 안전가옥과 피신처가 마련되었다. 그 결과 복음을 전하는 사람들이 국경을 넘어 프랑스로 몰래 들어가 새로운 지하 교회들(때로는 진짜 지하에 있는 교회들)을 세울 수 있었다. 파리와 리옹에 세운 비밀 인쇄소들이 이 교회들을 지원하면서, 이 비밀 프로그램은 놀라운 성공을 거두었다. 얼마 안 가 책 수요량은 인쇄소들이 공급할 수 있는 물량을 훨씬 넘어섰고, 인쇄업은 제네바의 주력 산업이 되어 수요에 부응하려고 애쓰게 되었다.

프랑스 전체 인구 중 10퍼센트가 넘는 사람들이 개혁파 신자가 되었고, 약 2백만 명 이상의 사람들이 그렇게 세워진 수백 개 교회들에 모여들었다. 칼뱅주의는 특히 귀족층이 애호했는데, 그들 가운데 대략 3분의 1이 칼뱅주의로 돌아섰던 것으로 보인다. 덕분에 개혁파 신앙은 실제 교세에 어울리지 않는 정치적 영향력을 행사하게 되었다. 칼뱅이 오랫동안 꿈꿔 왔던 개신교 국가 프랑스가 현실로 이루어질 것처럼 보이기 시작했다. 칼뱅은 프랑스 개신교회를 위한 신앙고백을 썼고, 그가 할 수 있는 모든 방법을 동원하여 프랑스 개신교회들을 도왔다. 프랑스에서 개신교가 성장했음에도 그 교회들은 격려가 절박하게 필요했다. 이를테면, 파리에 있는 한 교회가 습격을 받앉을 때 백 명이 넘는 사람들이 체포당하고 일곱 사람이 화형당했다. 칼뱅은 자유로운 처지에서 그 교회들에게 서신을 보내 든든히 세워 주면서도, 마치 상아탑에 있는 사람처럼 말하지 않았다. 칼뱅이 쓴 서신들에는 제네바에서 그가 머지않아 흘리리라고 확신한 순교의 피를 언급하는 말들이 곳곳에 가득하다. 칼뱅은 순교가 늘 코앞에 다가와 있음을 느꼈다. "사실 나는 지금 전장 밖에서 말하고 있습니다만, 이곳은 전장과 그리 멀지 않습니다. 나는 얼마나 오래 남았는지 알 수 없습니다. 판단컨대 정말 우리 차례가 가까워졌기 때문입니다."

비단 프랑스만이 아니었다. 칼뱅은 제네바를 복음을 전파하는 국제 중심지로 아주 열심히 바꿔 갔다. 그는 스코틀랜드에서 이탈리아에 이르기까지 프로테스탄트를 따르는 통치자들에게 조언자가 되어 주었고, 제네바에 왔다가 나중에 그들의 모국으로 돌아가는 난민들을 훈련했으며, 폴란드, 헝가리, 네덜란드, 이탈리아, 심지어 남아메리카까지 선교사들을 보냈다. 이 모든 일들을 할 수 있게 해준 진정한 기관실은 칼뱅이 1559년에 문을 연 대학과 아카데미였다. 이곳에서는 일반교양 교육에서 시작하여 신학과 성경 각 권을 자세히 연구하는 쪽으로 옮겨 가는 방식으로 목사들을 길러 냈다. 이 목사들은 나중에 완전히 훈련을 받고 무장을 갖추면 제네바에서 파송을 받을 수 있었다.

칼뱅은 설교와 교육에 많은 시간을 할애했다. 그는 한 주에 세 번 강의하고, 매주 주일에 두 번 설교했으며, 한 주씩 걸러 평일에도 그리했다. 그는 이를 종교개혁의 핵심으로 여겼는데, 이는 루터와 츠

칼뱅의 아카데미 아카데미에서는 일반교양 교육과 신학 및 성경 연구, 훈련을 통해 목사들을 길러 내어 각지로 파송했다.

빙글리도 마찬가지였다. 아울러 칼뱅은 다른 곳에 있는 설교자들에게 도움을 주고자 성경의 거의 모든 책을 다룬 주석을 썼다(대부분 그가 한 강의들을 모아 놓은 것이었다). 이런 주석들은 그 전에 유럽이 알고 있던 주석과는 완전히 다른 종류의 주석이었다. 칼뱅이 쓴 주석의 목표는 '쉽고 간결하며 모호함이 없는' 주석이었다. 칼뱅은 급작스런 회심을 통해, 하나님이 생명을 주시되 오로지 당신의 말씀을 통해 새 생명이 되게 하신다는 것을 확신하게 되었으며, 이것이 칼뱅 자신이 평생을 바친 작품의 본질이 되었다고 선포했다.

"이날까지 아무도 그의 무덤이 있는 곳을 모른다"

1555년은 종교개혁을 전진케 하는 칼뱅의 능력이 상승세를 타기 시작한 해였지만, 동시에 그의 건강은 이후 다시 회복하지 못할 정도로 하강세를 타기 시작한 해였다. 방대한 결과물을 쏟아 내느라 지독하게 에너지를 소진하며 일하다 보니, 결국 그의 허약한 몸은 피폐해질 수밖에 없었다. 그는 "내 몸의 고통이 내 정신을 거의 마비시켰다"고 털어놓았다. 이상한 일도 아니었다. 그는 세상을 떠나기 몇 달 전 자신을 치료하는 의사들에게 이런 글을 써 보냈다.

> 그때만 해도 관절염의 고통이 저를 공격하지 않았습니다. 돌길이나 자갈길을 걸어도 아픈 줄을 몰랐습니다. 담석에 따른 복통으로 고통을 겪지도 않았고, 치질로 괴로워하지도 않았으며, 각혈로 생명에 위협을 받지도 않았습니다. 그러나 지금은 이 모든 질환이 한꺼번에 저를 덮쳤습니다. 나흘 동안 몸살을 앓다 회복하자마자, 종아리에 지독히 아픈 통증이 저를 붙잡았습니다. 여기서 조금 회복되었다 싶었는데, 다시 그리고 또다시 통증이 찾아왔습니다. 이윽고 이 통증은 제 관절을 병들게 했고, 관절염은 제 발에서 무릎까지 다 퍼졌습니다. 치질 부위 혈관에 생긴 종기는 제게 극심한 고통을 안겨 주었고, 장속에서 돌아다니는 회충은 고통스러운 간지러움을 일으켰습니다. 이제 이 기생충 때문에 생긴 병이 나았다 싶었는데, 지난 여름이 지나자마자 신장염이 저를 공격했습니다. 말을 타면 흔들거리는 충격을 견딜 수 없어 들것에

실려 시골로 옮겨졌습니다. 돌아갈 때는 부디 여정의 일부만이라도 제 발로 걸어서 갈 수 있길 바랍니다. 제 신장이 피로해 쉬어야 할 때는 단 1마일도 앞으로 나아가지 못했습니다. 그러다가 놀랍게도 제가 소변 대신 피를 흘리고 있다는 걸 발견했지요. 집으로 오자마자 자리에 누웠습니다. 신장염은 제게 격렬한 통증을 안겨 주었습니다만, 치료를 받고 겨우 조금 차도를 보였지요. 그러다 결국 극도로 고통스러운 압박과 함께 결석을 하나 내보냈습니다. 덕분에 고통이 어느 정도 누그러지긴 했습니다만, 결석의 크기가 아주 컸던 탓에 이 결석이 제 요관을 찢어 놓았고 상당한 출혈이 뒤따랐습니다. 이 출혈은 관장기로 우유를 주입하면서 겨우 멈췄습니다. 그 뒤에도 저는 결석을 몇 개 더 내보냈지만, 여전히 남아있는 신장 결석들은 신장을 압박하는 마비 증세를 만들어 내기 충분하더군요. 그래도 다행인 것은 작은 크기나 적어도 적당한 정도의 크기를 가진 결석들이 지금도 계속해서 빠져나온다는 것입니다. 저는 발의 통풍 때문에 앉아서 생활할 수밖에 없는데, 이런 생활 방식 때문에 병을 고칠 가망이 아예 없습니다. 또 치질 때문에 말을 타는 운동을 할 수도 없습니다. 게다가 어떤 음식을 먹든 소화가 완전히 이루어지지 않아 담이 생기고, 이 담이 제 위에 풀처럼 촘촘히 달라붙는 것도 고역입니다.

10년에 걸친 그의 병고는 1564년에 막을 내렸다. 그는 죽음이 다가왔음을 느끼자, 유언을 통해 이렇게 고백했다. "내가 구원을 얻을 방어책이나 피난처는 그분이(하나님이) 은혜로 나를 입양해 주시는 것뿐이오. 내 구원은 오직 여기에 달려 있소." 자리에 누워 있어야만 하는 날이 늘어가자, 칼뱅은 제네바의 모든 목사들에게 자신을 마지막으로 한 번 찾아와 달라고 요청했다. 그는 그들에게 이렇게 간청했다. "형제들이여, 내가 죽은 뒤에도 이 일을 계속 이어 가고, 낙심하지 마시오." 마침내 그의 몸이 "말 그대로 피골이 상접하여 아무것도 남지 않고 오로지 영혼만 남은 것처럼 보일 때", 그는 침상에서 숨을 거두었다. 그때가 5월 27일이었다. 그의 제자인 테오도르 드 베즈 THÉODORE DE BÈZE, 1519-1605는 그 순간의 무게를 느끼며, "해가 짐과 동시에 이 찬란한 빛이 우리에게서 사라졌다"고 써놓았다.

칼뱅은 자신의 유골이 성물이 되거나 자신이 우상이 되는 것을 원하지 않았기 때문에 자신을 평범한 묘지에 묻고 무덤에는 아무런 표시도 남기지 말라고 부탁했다. 무덤에는 신비한 매력도, 비석도 없었다. 그게 바로 칼뱅다운 무덤이었다.

칼뱅은 '칼뱅주의'라 불리는 것을 세울 생각을 갖고 있지 않았다. 그는 그런 말을 증오했다. 칼뱅은 평생을 바쳐 자신이 사도 시대 이후 초기 교회의 순전한 정통이라 믿었던 것을 되찾고자 싸웠는데, '칼뱅주의'라는 말은 뭔가 새로운 사상을 주장하는 학파를 시사했다. 하지만 결국 '칼뱅주의'라 불리는 것이 존재하게 되었고, 그 사연은 많은 이들이 칼뱅이라는 사람 자체를 오해하게 만들었다. 그 결과, 오늘날 사람들이 '칼뱅' 하면 가장 많이 떠올리는 이미지 가운데 하나는 그가 하나님이 구원받을 사람과 구원받지 못할 사람을 선택하신다는 것에 집착한 사람이라는 이미지다.

칼뱅이 이런 곤경에 빠진 것은 사실 네덜란드 출신 신학자인 야코부스 아르미니우스(Jacobus Arminius, 1560-1609) 때문에 시작되었다. 그는 칼뱅이 세상을 떠나고 약 20년 뒤에 목사가 되고자 제네바 아카데미에서 훈련을 받았다.

아르미니우스는 암스테르담으로 돌아와 칼뱅이 가르쳤던 것과는 다른, 특히 예정과 관련하여 상당히 다른 것들을 가르치기 시작했다. 아르미니우스의 견해는 하나님이 구원할 사람들을 예정하실 때 그들의 믿음을 미리 아시는 당신의 사전지식을 근거로 삼으신다는 것이었다(그러나 칼뱅은 하나님이 당신 자신이 하나님으로서 가진 뜻을 기초로 삼아 구원할 사람들을 예정하신다고 주장했다). 아르미니우스가 1609년에 세상을 떠난 뒤, 그를 따르는 이들(아르미니우스파)은 함께 **항의서**(the Remonstrance)를 제출했다. 이는 네덜란드 개혁교회가 받아 주길 요청하는 아르미니우스의 핵심 견해 다섯 가지를 담은 청원이었다.

1618년과 1619년에 개혁과 신학자들은 도르트(혹은 도르트레흐트)에서 총회를 열고 아르미니우스파가 제출한 **항의서**를 최종 검토했다. 이 신학자들은 항의서가 제시한 다섯 가지 점에 대한 답변으로 '항의서를 반박하는 5개조'를 만들어 제시했다. 훗날 사람들이 이 5개조를 표현한 네덜란드어의 머리글자를 따 붙인 이름이 바로 TULIP이다. (사실 TULIP은 아래에서 볼 수 있듯이, 영어 머리글자를 딴 이름이다.—옮긴이)

T Total depravity(네덜란드어 Totale verdorvenheid, '철저한 타락')
우리 인간이 더 이상은 불가능할 만큼 죄로 가득하다는 뜻이 아니라, 죄가 우리에게 광범위한 영향을 미쳐 우리에게는 우리 자신을 구원할 수 있는 일을 할 능력이 없다는 뜻이다.

U Unconditional election(네덜란드어 Onvoorwaardelijke verkiezing, '무조건 선택')
하나님이 무조건 어떤 사람들은 구원받을 자로 택하시고 또 어떤 사람들은 저주받을 자로 택하신다는 뜻이다. 이 선택은, 사람들 속에 있는 것이 선하건 악하건 간에 그 속에 있는 것을 근거로 삼지 않는다.

L Limited atonement(네덜란드어 Beperkte verzoening, '제한 속죄')
그리스도는 십자가에서 오로지 택함받은 자들의 죄를 위해 죗값을 치르셨지, 모든 인류의 죄를 위해 죗값을 치르신 게 아니다.

I Irresistable grace(네덜란드어 Onweerstaanbare genade, '불가항력인 은혜')
하나님이 어떤 사람을 구원하고자 하실 때, 그 사람은 이에 저항할 수도 없고 거듭나는 것을 거부하지도 못한다.

P Perseverance of the saints(네덜란드어 Volharding van de heiligen, '성도의 견인')
하나님은 참된 그리스도인이 구원에서 '떨어져 나가지 않게' 끝까지 보존하신다.

이 '칼뱅주의 5대 요점'은 칼뱅주의자들 사이에서 예정에 대한 관심이 점점 커 가고 있었음을 보여주면서도, 칼뱅주의자들이 아르미니우스파가 부인하는 중요한 진리라고 믿었던 것들을 보호할 목적으로 작성한 것이다. 이것들은 칼뱅파의 신조나 칼뱅 자신의 사상을 요약할 목적으로 만든 게 아니었다.

그렇다면 이것이 칼뱅파의 신조나 칼뱅 자신의 사상과 무관하다는 증거는 무엇인가? 1559년, 칼뱅은 자신이 쓴 『기독교강요』의 최종판이자 가장 훌륭한 판본을 내놓았다. 그가 1536년에 『기독교강요』 초판을 내놓을 때만 해도 이 책은 개신교 신앙으로 들어가는 간결한 입문서였지만, 이제는 그런 입문서를 뛰어넘는 책이 되어 있었다. 이 책은 네 코스로 이루어진 호화로운 만찬같은 복음 설명서가 되어, 풍성하고 광대한 칼뱅의 사상을 잘 보여주었다. 칼뱅이 예정에 사로잡힌 사람이라는 생각이 거짓말임을 증명해 주는 게 있다면, 바로 이 『기독교강요』다. 칼뱅은 하나님, 세상, 예수가 우리를 위해 행하신 모든 일, 우리의 구원, 기도, 그리고 다른 수많은 주제들을 살핀 다음, 『기독교강요』 영어 표준판 920쪽에 이르러 비로소 '선택'을 살펴보기 시작한다. 더구나이 책 영어 표준판은 무려 1,521쪽에 이르는 방대한 분량인데도, 그는 선택이라는 주제에 겨우 67쪽만을 할애할 뿐이다! 분명 그는 예정과 관련하여 좁은시야를 갖고 있지 않았다. 그의 사상은 풍성하고 넓었다. 『기독교강요』는 하나님의 말씀이라는 안경을 통해 모든 것을 살펴보려는 시도였다.

5

타오르는 열정: 브리튼 섬의 종교개혁

비텐베르크에서 루터도 그러했고 글라루스에서 츠빙글리도 그러했듯이, 브리튼에서도 모든 일의 발단이 된 것은 에라스뮈스가 편찬한 그리스어 신약 성경이었다. 이 성경이 나온 지 얼마 되지 않아 토머스 빌니THOMAS BILNEY, 1495-1531라는 한 젊은 사제가 이 성경을 읽다가 "그리스도 예수가 죄인들을 구원하러 세상에 오셨다"라는 말씀을 만났다. 그 전에 자신이 지은 죄 때문에 절망에 빠졌던 그는 이 말씀을 읽고 이렇게 말했다.

그것을 읽자마자 내 내면은 마치 두들겨 맞은 내 뼈가 기뻐 뛰어오르는 것처럼 경이로운 위로와 고요를 느끼는 것 같았다. 이 일 뒤에 성경은 내게 꿀이나 꿀이 가득한 벌집보다 더 달콤한 것으로 다가오기 시작했다. 거기서 나는 내가 하는 모든 고행도, 금식과 깨어 있는 것도, 미사와 사면이 가져다주는 모든 구속도 그리스도, 곧 당신 백성을 그들의 죄에서 구원하시는 유일한 분을 믿는 믿음이 없이 행하여지면 아무것도 아니요, 심지어 (아우구스티누스가 말한 대로) 바른 길에서 쏜살같이 벗어나 달아나는 것에 불과하다는 것을 알게 되었다. 그건 마치 아담과 하와가 자신들의 드러난 곳을 가리려 했지만 결국 허사로 끝나고 말았던 무화과 잎으로 만든 옷과 흡사하다. 아담과 하와도 여자에게서 난 씨인 그리스도가 뱀의 머리를 짓밟으리라는 하나님의 약속을 믿을

윌리엄 틴들 잉글랜드의 종교개혁자요 성경 번역자인 틴들이 영어로 번역한 신약성경은 잉글랜드에 엄청난 영향을 미쳤다. 이 번역 성경에는 구원에 관한 종교개혁의 사상이 담겨 있었다.

때까지는 결코 고요와 안식을 얻을 수 없었다.

빌니는 루터파가 아니었다(그의 견해는 순전히 스스로 확립한 것이었다). 그러나 그는 그가 한 설교로 말미암아 1531년에 화형당할 때까지 수많은 이들을 종교개혁 진영으로 이끄는 도구가 되었다.

마침 그 무렵에 루터가 쓴 책들이 이 나라에 쏟아져 들어오기 시작했다. 잉글랜드에서는 여전히 살아서 활동하던, 존 위클리프 추종자인 롤러드파가 루터의 저작들을 환영했다. 그러나 교황이 루터를 정죄하자마자 케임브리지와 옥스퍼드, 런던에서도 당연하다는 듯 루터가 쓴 책들을 불살랐다. 하지만 루터의 책을 불사르고 금지했는데도 오히려 이 책들의 인기는 계속 올라가는 것 같았다. 루터가 쓴 책들은 입스위치 같은 항구를 통해 몰래 들어왔고, 루터파의 지하 조직을 확산시키는 촉매제가 되었다. 케임브리지에서는 한 명사 그룹이 백마 여관White Horse Inn에서 모임을 갖는다는 것이 알려졌다. 이 모임에서는 온통 루터 이야기가 오가고 맥주를 마셨다. 이러다보니 이 모임이 이루어지는 곳은 마치 비텐베르크 같았고, 이내 '작은 독일'이라는 별명까지 얻게 되었다.

그런가 하면 잉글랜드 서부 시골구석(정확히 말하면 글로스터셔에 있는 리틀 소드베리)에서는 윌리엄 틴들WILLIAM TYNDALE, 1494-1536이라는 명민한 소장 언어학자가 그를 고용한 존 월쉬 경의 집에서 소동을 일으키기 시작했다. 틴들은 단지 거기서 존의 자녀들을 가르치는 가정교사일 뿐이었으나, 사실 그는 에라스뮈스가 편찬한 그리스어 신약성경을 붙들고 아주 많은 시간을 보냈으며, 이 바람에 그가 저녁을 먹는 식탁에서 오가는 대화는 식욕이 가장 왕성한 가톨릭 신자라도 밥맛이 뚝 떨어지게 할 만한 것이었다. 어떤 학자는 틴들의 말에 분통이 터져 자기도 모르는 사이에 "교황의 법보다 하나님의 법 없이 사는 게 더 낫겠소"라는 말을 내뱉을 정도였다. 틴들은 이 말에 이렇게 응수했다. "교황과 그가 만든 모든 법은 내 안중에 없소." 그러면서 이런 말을 덧붙였다. "하나님이 나를 살려 주신다면, 머지않아 쟁기질 하는 소년이 당신보다 성경을 더 많이 알게 만들겠소."

그의 말은 괜한 허풍이 아니었다. 틴들은 그리스어와 히브리어로 된 원문 성경을 영어로 번역하는, 그의 평생을 건 작업을 시작했다. 그는 배를 타고 독일로 건너가 보름스로 갔다. 그곳은 5년 전에 루터가 신성로마제국 황제 앞에서 "내가 여기 섰나이다"라는 연설을 했던 곳이었다. 틴들은 바로 그곳에서 영어로 완역한 신약 성경을 출간했다. 백 년이 넘는 세월 동안, 존 위클리프 추종자들은 영역판 신약 성경을 펴내고 읽어 왔지만, 이는 모두 손으로 쓴 것들이었고 라틴어 성경인 불가타를 문자 그대로 번역한 것이었다. 그들은 대량 생산을 하지 못했고, 그들이 읽은 영역판 신약 성경에는 라틴어 성경이 안고 있는 신학적 문제들이 그대로 남아 있었다(예를 들어 '회개하라'는 'repent' 대신 '고해하라'라는 뜻을 가진 'do penance'로 번역해 놓았다). 하지만 틴들이 번역한 신약 성경은 수천 부씩 인쇄할 수 있었고 그렇게 인쇄하곤 했다. 그런 다음 이 성경들은 옷 보따리에 싸여 몰래 잉글랜드로 들어왔다. 이 신약 성경은 이내 틴들이 오직 믿음으로 의롭다 하심을 얻는다고 주장한 『사악한 맘몬 비유』*PARABLE OF THE WICKED MAMMON* 와 함께 읽는 책이 되었다. 이보다 훨씬 더 중요한 것은 틴들이 쓴 신약 성경이 번역의 진수였다는 점이다. 정확하고 아름다운 글로 옮긴 이 번역 성경은 페이지가 술술 넘어가는, 기막히게 재미난 책이었다.

잉글랜드의 주교들은 이런 책들에 아무런 감명도 받지 않았다. 그들에게는 틴들의 작품이 그저 위험한 책이었고, 발견하는 족족 소지자와 함께 불태워야 할 것에 불과했다. 퉁명스러운 말이긴 했지만, 주교들이 옳았다. 틴들의 번역은 아주 위험했다. 불가타가 '고해하라'*DO PENANCE*로 옮겨 놓은 말이 이제 틴들 역본에서는 '회개하라'*REPENT*가 되었다. '사제'*PRIEST*는 그냥 '윗사람'*SENIOR*이 되었고, '교회'*CHURCH*는 단지 '회중'*CONGREGATION*, '고백하다'*CONFESS*는 그냥 '인정하다'*ACKNOWLEDGE*, '자선'*CHARITY*은 '사랑'*LOVE*으로 바뀌었다. 이는 성경으로 교회가 주장

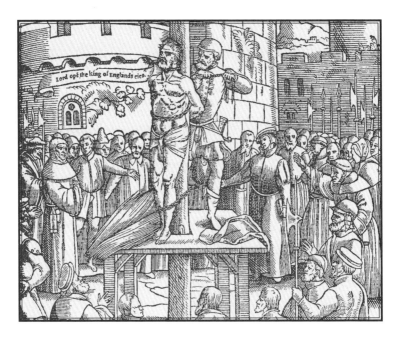

처형당하는 틴들 그는 죽어 가며 외쳤다. "주여, 잉글랜드 왕의 눈을 열어 주소서!" 공교롭게도 이 잉글랜드 왕 헨리 8세는 1534년에 교황과 결별하는 「수장령」을 발표한다.

하는 것들을 완전히 뒤집어 버린 것이었다. 틴들은 사람이 어떻게 구원받을 수 있으며 그리스도인이 된다는 것이 무슨 의미인지에 대한 문제를 완전히 다르게 보는 것 같았다. 그는 형식을 내세우고 외면에 치중하는 모든 성례 대신 마음의 변화를 요구했다.

결국 교회의 분노가 틴들에게 미쳤다. 하지만 그때 이미 틴들은 구약 성경을 상당 부분 번역했고, 잉글랜드에는 그가 번역한 성경이 대략 만 6천 부나 몰래 들어와 있었다. 많이 잡으면 얼추 250만 명이나 되는 사람이 문맹이던 시절에 믿을 수 없는 위업을 이룬 셈이었다. 틴들은 1535년에 붙잡혔고, 이듬해 10월에 브뤼셀 근교에서 사람들이 모인 가운데 목이 졸린 뒤 화형당했다. 그는 죽어 가며 결코 사라지지 않을 마지막 말을 외쳤다. "주여, 잉글랜드 왕의 눈을 열어 주소서!"

왕조: 멜로드라마

틴들이 말한 그 '잉글랜드 왕'은 헨리 8세^{재위 1509-1547}였다. 틴들의 기도가 바로 응답받은 것인지 아닌지는 모르겠으나, 헨리 8세는 장차 잉글랜드를 로마가톨릭에 충성하던 국가에서 영어로 성경을 읽고 설교하며 토론하는 나라로 바꿔 놓는다.

　헨리는 독재를 일삼는 통치자였다. 포악하고 종종 사람까지 죽이는 기질에 코일 스프링 같은 에너지를 가진 자였다(때문에 그야말로 어디로 튈지 예측할 수 없는 인물이었다). 하지만 그는 신심이 깊은 인물이기도 했다. 미사 때는 몸소 사제 시중을 들었고(하루에 적어도 세 번 미사에 참석했다), 교황을 굳건히 지지한 덕분에, 결국 루터를 지지했던 제후 현자 프리드리히처럼 황금 장미(교황이 가톨릭교회에 기여한 자에게 경의나 애정을 표시할 목적으로 주던 황금 장식물. 이런 장식물을 수여하는 전통은 교황 그레고리 2세나 그레고리 3세 재위 시절인 8세기에 생긴 것으로 알려져 있다.—옮긴이)를 수여받았다. 당시만 해도 헨리 8세가 루터에 관한 이야기를 듣고 루터에게 반대한 것은 새삼스러운 일이 아니었다. 1521년에는 집필을 돕겠다고 나선 대필 작가 몇 사람의 도움을 받아 『일곱 성사를 옹호함』*A DEFENCE OF THE SEVEN SACRAMENTS* 이라는 제목을 붙인 루터 반박 논증을 써서 교황 레오 10세에게 바치기도 했다. 이 때문에 교황은 그에게 나중에 결국 가장 아이러니한 이름이 되고 만 '신앙의 수호자'라는 칭호를 수여했다. 우리가 이런 칭호에 깊은 인상을 받을 필요는 없다. 당시에 주요 군주들은 모두 "그들이 평화의 왕에게 헌신한다는 것을 나타내는 칭호를 갖고 있었다. 프랑수아는 '가장 그리스도인다운 프랑스 왕'이었고, 신성로마제국 황제 카를 5세(그는 에스파냐 국왕 카를로스 1세기도 했다.—옮긴이)는 에스파냐의 '지존이신 가톨릭 국왕 폐하'였으며, 헨리 8세는 '신앙의 수호자'라 불렸고, 교황 레오는 물론 '그리스도의 대리인'이라 불렸다. 이들의 행동은 지나치게 유쾌한 이런 소망이 이미 거짓임을 보여주었다. 헨리는 1513년에 프랑스를 공격할 군사 작전을 준비하면서 큰 대포 12문을 주조하고 각 대포에 열두 사도의 이름을 하나씩 붙였다. 열두 사도가 **가장 그리스도인다운 왕**에게 포화를 뿜게 된 셈이었다."[4] 그렇다고 이 '신앙의 수호자'가 종교개혁에 밝은 소망이 된 것은 아니었다.

그러다 헨리 8세는 혼인 문제 때문에 여러 번 말썽을 일으켰다. 열일곱 살이 된 헨리는 과부가 된 그의 형수 아라곤의 캐서린*CATHERINE OF ARAGON, 1485-1536*(에스파냐어로는 '카탈리나'라고 불렀다. 첫 남편은 잉글랜드 왕 헨리 7세의 맏아들이었던 아서 튜더였다.—옮긴이)과 혼인하기를 상당히 주저했다. 그 뒤 몇 해 동안 여러 차례 유산을 겪고 태어난 아기마저 얼마 지나지 않아 죽는 일이 이어지자, 헨리는 캐서린이 자신에게 후계자를 낳아 줄 수 없다는 것을 분명히 깨닫게 되었다. 캐서린은 1516년에 헨리의 딸을 낳았지만(그 딸이 메리다), 헨리에겐 그다지 좋은 일이 아니었다. 잉글랜드는 왕위 계승권 논란을 둘러싸고 막 장미 전쟁(튜더 왕조가 들어서기 전에 왕위를 놓고 랭커스터 가문과 요크 가문이 1455년부터 1485년까지 벌인 내전. 요크 가문은 하얀 장미를, 랭커스터 가문은 빨간 장미를 문장으로 사용했기에 장미 전쟁이라는 이름이 붙었다.—옮긴이)을 치른 뒤였다. 헨리는 다시 그런 전쟁이 벌어지는 것을 피하고자 아들을 원했다. 분명한 해결책은 아들을 낳아 줄 다른 아내를 얻는 것이었다. 헨리와 같은 상황에서 남자들이 보통 취하는 형식은 자신의 혼인을 불법으로 만들어 무효가 되게 해줄 흠을 찾는 것이었다. 헨리는 힘들여 찾을 필요도 없었다. 레위기 20:21이 "누구든지 그의 형제의 아내를 데리고 살면 더러운 일이라. 그가 그의 형제의 하체를 범함이니 그들에게 자식이 없으리라"라고 말하기 때문이었다(더욱이 헨리는 자신에게 자식이 없다고 생각했다. 그가 생각하기에 이는 그의 혼인이 불법이라는 증거였다). 헨리가 이 구절을 알았던 이유는 애초에 그가 그의 형수와 혼인할 때에 바로 이것이 문제가 되었기 때문이었다. 하지만 그때로 돌아가 보면, 교황 율리오 2세JULIUS II, 재위 1503-1513는 아주 친절하게도 특별 교서를 내려 성경의 금지 명령을 제거해 주었다.

헨리는 새 교황인 클레멘스 7세CLEMENS VII, 재위 1523-1534를 움직여 율리오 2세가 내린 교서를 취소해야 했다. 여기서 큰 의문이 생겼다. 율리오는 분명 자신이 성경의 명령도 무효로 만들 수 있다고 믿었는데, 그렇다면 교황이 이전 교황이 내린 교서를 무효로 만드는 것도

가능할까? 보통은 교회법으로 적당히 농간을 부려 헨리처럼 힘이 있는 왕의 비위를 맞추면 될 일이었다. 문제는 바로 캐서린이었다. 캐서린은 자신의 첫 번째 혼인이 결코 완성되지 않았다고 주장했다. 이는 곧 처음부터 교황이 성경의 금지 명령을 제거하는 교서를 내릴 필요도 없었다는 뜻이요, 자신과 헨리의 혼인은 당연히 정당한 혼인이라는 뜻이었다. 다른 여자들 같았으면 왕에게 눌려 굴복했을 것이다. 하지만 캐서린의 조카는 신성로마제국 황제인 카를 5세(그의 외조부와 외조모가 유명한 아라곤 왕 페르디난드 2세와 카스티야 여왕 이사벨 1세였다. 캐서린은 이 두 사람의 딸이었고, 카를 5세의 이모였다.─옮긴이)였다. 카를 5세는 이미 한 번 로마를 약탈하고 클레멘스 7세를 옥에 가둔 전력이 있었다. 카를은 자기 이모가 쫓겨나는 것을 용납하지 않았으며, 교황이 얼마든지 로마를 다시 공격할 수 있는 황제에 반기를 드는 것도 불가능한 일이었다. 결국 교황이 헨리의 이 성가신 혼인을 무효로 만들 길을 열어 줄 수는 없었다.

하지만 그렇다고 쉽게 포기할 헨리가 아니었다. 사실은 정반대였다. 헨리는 매력이 넘치고 혼기에 이른 젊은 앤 불린ANNE BOLEYN, 1501-1536에 눈길이 꽂히자, 캐서린을 몰아내고 앤을 새 왕비로 앉힐 목적으로 수단방법을 가리지 않게 되었다. 우선 그는 교황에게 외교적 압력을 넣으려 했다. 이어 그는 교황이 문제 해결에 나서길 바라며 잉글랜드 사제들을 쥐어짰다. 동시에 그는 그가 부리는 학자들을 동원하여 (1)자신이 내건 주장이 옳다는 것과 (2)교황에게는 그를 제지할 권리가 없다는 것을 증명하게 했다. 이 전술은 뜻밖에도 성공을 거두었다. 그가 부리는 학자들이 능력 이상으로 일을 잘한 덕분이었다. 그들은 헨리에게 아리마대 요셉이 (어쩌면 예수도 함께) 잉글랜드 글래스턴베리GLASTONBURY에 첫 교회를 세웠다는 점을 되새겨 주었다. 이 주장이 옳다면, 잉글랜드 교회가 베드로가 세웠다는 로마 교회보다 더 오래된 셈이었다. 그렇다면 (이는 뜻밖의 수확인데) 잉글랜드 교회는 로마에 의존하지 않는 독립 교회가 되며, 교회의 수장 역시 교황이 아니라 잉글랜드 왕이 되는 셈이었다.

이리하여 1532년부터 이런 현실에 맞게 수많은 법률을 통과시켜 실시하기 시작했으며, 잉글랜드 교회는 점점 더 교황에게서 독립한 교회, 국왕에게 의존하는 교회가 되어 갔다. 1533년에는 이런 법률 덕분에 잉글랜드는 헨리가 마음대로 행동해도 충분할 정도로 독립을 누리는 국가가 되었다. 우연의 일치지만, 헨리는 그와 동시에 새 캔터베리 대주교인 토머스 크랜머THOMAS CRANMER, 1489~1556를 임명할 수 있었다. 토머스 크랜머는 그해에 자신이 대주교가 되기에 앞서 비밀리에 이루어진 헨리와 앤의 혼인이 유효함을 기꺼이 확인해 주었다. 이로써 헨리는 자신이 원하는 것을 얻었고, 이듬해 1534년에는 「수장령」ACT OF SUPREMACY을 통해 헨리가 '잉글랜드 교회의 수장'임을 선포함으로써 잉글랜드 교회 독립을 마무리 지었다.

로마에 충성하면서 이 「수장령」을 논박한 가톨릭 신자들을 신속히 재판한 것도 그렇고, 특별히 이 사건의 가장 유명한 희생자(헨리 시대에 대법관을 지낸 토머스 모어와 로체스터 주교였던 존 피셔)가 루터를 가장 강하게 반대한 인물들이었다는 점 때문에 이를 잉글랜드에서

캔터베리 대주교 토머스 크랜머 크랜머는 대주교가 되기 전 독일에 있었을 때에도 개신교 신앙을 갖고 있었다. 사제임에도 혼인을 했다는 것이 그 증거였다.

일어난 프로테스탄트 종교개혁이라고 생각하기 쉽다. 하지만 「수장령」이 비록 로마와 관계를 끊은 일이긴 했어도 프로테스탄트 종교개혁은 아니었다. 일찍이 헨리 자신이 『일곱 성사를 옹호함』을 쓴 것도 그렇고, 그와 루터가 공개서한을 통해 가시 돋친 설전을 벌였기 때문이다. 이를 통해 헨리는 루터라는 종교개혁자를 증오한다는 뜻을 분명히 밝혔고, 이후에 루터는 헨리가 자신의 혼인을 무효로 만들려던 것에 반대했다. 헨리는 루터주의에 많은 시간을 할애할 뜻이 없었다. 대신 그는 자신이 어떤 가톨릭 교리도 떠나지 않겠지만, 교황을 잉글랜드 교회의 수장으로 인정하는 것만은 못하겠다는 뜻을 아주 분명히 밝혔다.

하지만 일단 교황 뜻을 거스르며 자신의 혼인이 무효라는 주장을 내세우는 데 성경을 사용한 이상, 결국은 성경이 교황보다 더 높은 권위를 가졌다는 주장을 거부하기가 힘들게 되었다. 뿐만 아니라, 헨리는 개신교 신앙을 가진 자가 아니더라도 헨리가 로마와 관계를 끊는 것을 도우려 했던 이들(그럼으로써 아주 높은 관직을 보상으로 받은 이들)은 대개 개신교 신앙을 지닌 경우가 많았다. 예를 들어, 새 캔터베리 대주교가 된 토머스 크랜머의 경우, 헨리가 그 자리를 맡기려고 그를 독일에서 불러와야 했다. 그가 루터의 영역 안에 있을 때 사제인데도 혼인을 했다는 것은 피어나던 그의 개신교 신앙을 보여주는 표지였다. 그가 사제의 혼인이 아직도 불법이었던 잉글랜드로 부름을 받았을 때에 자신의 아내를 데려왔다는 것은 그가 개신교 신앙을 가졌음을 더 강력히 보여주는 표지였다(물론 그는 아내를 꼭꼭 숨겨 두어야 했다. 그는 특별히 아내를 생각하여 공기구멍을 낸 큰 상자를 갖고 있었으며, 여행할 때는 아내를 이 상자 속에 담아 함께 데리고 다녔다고 한다. 어떤 이들은 크랜머 부인을 종교개혁의 작은 순교자로 여겼다. 크랜머 대주교가 여행하는 동안에는 그 상자를 포장하여 줄곧 뒤집어 놓았기 때문이다). 개신교 진영의 또 하나의 핵심 인물은 헨리가 임명한 재상 토머스 크롬웰THOMAS CROMWELL, 1485-1540이었다(한 세기 뒤에 잉글랜드 호국경을 지낸 올리버 크롬웰과 혼동하지 말기 바란다). 왕은 실제로 크롬웰에게 교회를 주관할 모든 권력을 수여했다. 그 전만 해도 이런 권력은 교황이 행사하던 것이었다(물론 헨리 치하에서도 그러했다). 그리고 개신교 신앙을 적극 후원한 앤 불린이 있었다. 앤 불린은 개신교 문헌을 엄청나게 수입하여 배포했고, 심지어 그의 남편에게도 이 문헌을 소개했다. 앤이 왕비로 있을 때, 오랫동안 왕을 보필했던 주교들이 많이 세상을 떠났다. 앤의 말에만 귀를 기울이는 왕의 귀도 많은 개신교 신자들이 세상을 떠난 주교들의 자리를 대신 차지하는 데 도움을 주었다. 그 결과, 비록 헨리가 일으킨 변화들이 프로테스탄트 종교개혁에는 이르지 못했지만, 이렇게 요직을 차지한 개신교 신자들이 점점 늘어나면서 이들은 개신교 문헌을 개신교에 이로운 쪽으로 아주 즐겁게 활용할 수 있었다.

그러나 정작 문제는 왕이 총애하는 대상이 (그리고 그에 따라 그 대상이 행사하는 영향력도) 놀랄 만큼 순식간에 바뀔 수 있다는 점이었다. 이는 개신교 신자와 가톨릭 신자가 이구동성으로 인정하는 것이었다. 앤 불린의 경우도 마찬가지였다. 혼인하자마자 앤 불린은 아기를 가졌다. 왕은 앤을 애지중지 아꼈고, 둘은 유별나다 싶을 밀월 기간을 즐겼다. 하지만 앤이 낳은 아이는 딸이었다(이 딸이 엘리자베스다). 헨리에게는 이보다 더 경악할 소식이 없었을 것이다. 그동안 교황 및 교회와 벌여 온 모든 싸움이 아무 의미 없는 일이 되게 생겼으니 기가 막힐 노릇이었다. 헨리는 이 소식을 듣자마자 앤을 만나러 그리니치에서 말을 달려 윌트셔로 갔는데, 거기서 옛 신하인 존 시모어 경SIR JOHN SEYMOUR과 함께 그의 슬픔을 달랬다고 한다. 존 시모어에게는 사람을 잡아끄는, 제인JANE SEYMOUR, 1508-1537이라는 딸이 있었다. 시모어 집안은 얼씨구나 하면서 앤을 둘러싼 소문들을 퍼뜨리기 시작했다. 앤이 사내아이를 유산하자, 헨리의 총애도 금세 멀어져 갔다. 사람들은 앤이 수없이 바람을 피우고, 마법에 빠졌으며, 여러 왕족을 독살할 음모까지 꾸몄다며 수군댔다. 하나같이 터무니없는 헛소문이었지만 헨

앤 불린 헨리 8세가 잉글랜드의 종교를 개혁한 데에는 개신교 신앙을 가졌던 앤 불린의 영향이 매우 컸다.

리에게는 아주 충분한 빌미가 되었다. 앤은 사로잡혀 대역죄를 뒤집어쓰고 참수당했다.

그다음 날, 헨리는 제인 시모어와 약혼했고, 열흘 뒤 이 둘은 혼인했다. 앤처럼 제인도 헨리의 총애를 잠깐 받았는데, 이는 제인이 출산에 따른 합병증으로 숨졌기 때문이었다. 그러나 헨리는 제인을 자신이 진심으로 사랑했던 유일한 아내로 기억했다. 어쨌든 제인은 헨리가 아주 오랫동안 기다려 왔던 아들이자 후계자(에드워드)를 낳아 준 유일한 사람이었기 때문이다.

결국 그때까지 몇 년은 헨리에게 돈만 낭비하고 허송한 세월이 되어 버렸다. 그의 텅 빈 금고는 심한 압박을 받고 있었다. 이 때문에 모든 수도원이 헨리를 견디지 못하는 모습을 보이리라는 전망이 점점 더 많아지기 시작했다(따지고 보면 결국 이런 수도원들은 십중팔구 왕보다 로마에 충성하는 곳이었다). 수도원은 수백 개나 있었고, 그들이 소유한 땅에서 나오는 지대까지 합쳐 생각하면, 실제로 이런 수도원은 소유할 만한 가치가 있었다. 어쨌든 많은 수도원들이 폐허가 되었고, 남은 수도원들도 온갖 불법 수단을 동원하여 겨우 명맥을 이어 갔다. 결국 헨리는 1536년부터 그가 세운 재상인 토머스 크롬웰의 부추김을 받아(물론 크롬웰 자신도 프로테스탄트로서 나름의 동기가 있었지만) 수도원을 해체하는 일을 시작했다.

이 일은 대체로 백성들에게 인기가 있었다. 성직자들이 누리는 여러 특권에 대한 분노가 널리 퍼져 있었고, 부자들은 헐값에 팔린 수도원 땅을 모조리 사 모을 수 있어서 입이 벌어졌다. 많은 수도사와 수녀가 속박에서 풀려난 것 같았다. 이들 가운데 일부는 서로 혼인했고, 또 다른 이들은 실속 있는 연금을 받거나 교구를 맡은 성직자가 되는 것에 만족했다. 헨리가 의도한 일은 왕권을 내세운 날강도 행위에 불과했을지도 모른다. 하지만 그 결과 이제 교회 재산을 자기들 손아귀에 거머쥔 지배 계급은 헨리의 개혁에 헌신하게 되었다. 이제 잉글랜드가 옛 스타일의 로마가톨릭교로 복귀하기는 불가능했다. 아울러(당연히 크롬웰이 뜻한 일이기도 했지만) 수도원 폐쇄는 많은 가톨릭 신자가 자라날 모판을 효과 있게 제거해 버렸다.

이와 동시에 헨리는 잉글랜드 교회를 교황에게 사로잡힌 신세에서 구해 낸 해방자라는 그의 역할을 구가하기 시작했다. 로마의 폐습—로마 교회가 돈을 벌려고 악용한 순례와 성물과 형상들—을 파괴해야 할 대상으로 호되게 비판했고, 심지어 조롱하기까지 했다.

예를 들어, 켄트에 있던 복슬리BOXLEY 수도원이 문을 닫았을 때, 사람들이 공경하던 복슬리의 십자가 위 예수상ROOD OF BOXLEY(십자가에 달리신 예수를 표현한 형상으로 누군가가 통 크게 연보를 할 때마다 이 예수상이 흥분하여 가볍게 흔들리곤 했다)이 속임수라는 게 밝혀졌다. 사람들은 기적 같은 예수상의 움직임을 하나님이 만들어 내시는 것이라고 생각했지만, 실은 숨어 있던 수도사가 지레와 줄로 조작한 것이었다. 이 예수상은 런던으로 보내졌으며, 사람들은 심한 조롱과 날선 도끼, 큰 모닥불로 이 예수상을 환영했다.

헨리는 옛 가톨릭교에 제초제를 뿌렸지만, 영양 결핍에 허덕이던 신생 개신교 운동에는 기름진 거름을 퍼붓기 시작했다. 1538년, 왕은 "사람이 성경을 읽거나 듣는 것을 일절 방해하지 말고, 도리어 모든 사람이 하나님의 바로 그 살아 있는 말씀과 같은 것을 읽도록 분명하게 자극하고 북돋우며 권면해야 한다"고 명령했다. 그리고 이 목적을 이루고자 영어 성경을 모든 교회에 비치하라는 법령을 공포했다. 틴들이 "주여, 잉글랜드 왕의 눈을 열어 주소서!"라고 외치며 죽은 지 겨우 2년 후였다. 전통주의자인 가톨릭 신자들은 당연히 충격을 받았다. 한때는 나무에 묶어 놓고 불태워 죽여야 했던 일이 별안간 장려하는 행위가 되어 버렸기 때문이다. 노포크 공작DUKE OF NORFOLK은 코웃음을 치며 이렇게 말했다. "나는 과거에도 성경을 읽지 않았지만, 앞으로도 결코 읽지 않겠다. 새 학문이 등장하기 전만 해도 잉글랜드는 유쾌한 나라였다. 정말, 모든 일이 이전 시절과 같다면 얼마나 좋을까!" 하지만 사람들은 대체로 이 법을 열광하며 받아들였다. 성 바울 대성당에도 영어 성경을 여섯 권 비치했다. 그러자 군중은 곧바로 이 성경을 군중이 들을 수 있게 큰 소리로 읽어 줄수 있는 사람들 주위에 모여들었다. 군중이 얼마나 흥분했던지 사제들은 심지어 설교 시간에도 어떻게 평신도가 성경을 다른 이들에게소리 내어 읽어 주냐며 불평했다. 일상생활에서는 개인의 사사로운성경 읽기가 아주 널리 퍼진 광경이 되었고, 문맹자들조차 '하나님의 살아 있는 바로 그 말씀'에 즉시 다가가고자 읽기를 배웠다. 일단이런 일이 벌어지자, 흐름을 되돌리기가 아주 어려워졌다. 이제는 푸줏간 주인과 빵집 주인이 성경을 토론하고 새로운 확신을 갖게 되었으며, 성경을 놓고 성직자에게 자신은 생각이 다르다고 대담하게 반대 의견을 내놓는 일까지 벌어졌다. 교회가 누구의 도전도 받지 않고거드름을 피우기는 더 이상 불가능했다. 사람들은 성경을 손에 쥐자,그들에게 말하는 사제가 그 사상을 어디서 얻었는지 알고 싶어 했다.

하지만 헨리의 통치는 평탄하지 않았고 가톨릭교에서 개신교로옮겨 가는 일도 마찬가지였다. 헨리가 거쳐 간 신학 흐름은 그가 맞아들인 아내들의 신학 흐름과 엇비슷했다. 제인 시모어가 죽은 뒤,크롬웰은 헨리와 루터파 신자인 공주 클리브스의 앤ANNE OF CLEVES, 1515-1557(독일의 한 영방인 윌리히-클레베-베르크를 다스리는 요한 3세의 차녀였다.—옮긴이)을 엮어 주려 했다. 하지만 헨리가 혼인 직전에 마지막으로 앤을 만났을 때, 그는 자신이 "플랑드르의 암말"이라 부르던 이여자에게 퇴짜를 맞고 말았다. 이 때문에 이 혼인을 계속 추진할 수밖에 없었음에도, 헨리는 혼인을 결코 완성하려 하지 않았다. 대신 그는 이 혼인을 곧바로 무효로 만들었고, 크롬웰은 야심찬 계획이 실패한 대가로 그 목을 내놓았다. 그러자 강력한 가톨릭 집안인 하워드가*가 이를 그들에게 주어진 기회라 여기고, 그들 집안의 가장 영롱한 별인 캐서린CATHERINE HOWARD, 1523-1542을 헨리에게 소개했다. 헨리는 캐서린과 혼인했으나, 이 혼인은 재앙이었다. 캐서린이 자신보다 서른 살이나 위인 이 신랑을 탐탁지 않게 여겼기 때문이다. 게다가 캐서린의 연애 행각이 들통났고, 결국 그녀는 번개만큼 빠른 속도로 런던탑 안에 있는 처형장에서 앤 불린의 뒤를 따라갔다. 헨리는 루터파인 앤(앤 불린)에서 시작하여 가톨릭인 캐서린을 거쳐 결국 개혁파를 따르던 캐서린 파CATHERINE PARR, 1512-1548를 마지막 왕비로 맞았다. 헨리가 죽었을 때 캐서린은 살아남아 있었으니, 분명 헨리보다 더 오래 산 왕비들 가운데 하나인 셈이었다. 다음은 헨리의 부인들이다.

1509-1533 아라곤의 캐서린, 메리 1세를 낳았고 이후 혼인 무효가 됨.

1533-1536 앤 불린, 엘리자베스 1세를 낳았고 이후 처형됨.

1536-1537 제인 시모어, 에드워드 6세를 낳고 출산 합병증으로 사망.

1540   클리브스의 앤, 혼인 무효가 됨.

1540-1542 캐서린 하워드, 처형됨.

1543-1547 캐서린 파, 헨리보다 오래 산 유일한 아내.

헨리가 가톨릭교를 옹호하는 법과 반대하는 법을 모두 제정하고 개신교를 옹호하는 법과 반대하는 법을 모두 제정한 것도 모양새가 비슷했다. 잉글랜드 북부에서 개신교에 반대하는 큰 봉기가 일어나자, 헨리는 이를 잔인하게 진압했다. 하지만 이 일은 옛 질서를 대적하는 것이 위험을 초래할 수도 있음을 헨리에게 일깨워 주었다. 그는 화체설과 사제 독신제도 같은 전통적 믿음을 부인한 이들에게도 강경한 조치를 내려 대응했다(크랜머 내외가 이 때문에 마음을 졸였음은 물어보나 마나다). 사람들이 무질서하게 성경을 읽는 일이 벌어지자, 헨리는 1543년에 당국이 인정하지 않은 모든 공공 성경 강설을 금지하고, 교육받지 못한 자들이 사사로이 성경을 읽는 것도 금지했다. 3년 뒤에는 공인받지 않은 모든 영어 번역 성경도 불법이 되었다.

1540년 7월 30일에 일어난 사건은 헨리의 갈팡질팡하는 종교관을 다시금 분명하게 보여준다. 그날 여섯 사람이 처형당했다. 가톨릭 신자 세 사람은 헨리가 잉글랜드 교회 수장임을 부인했다는 이유로 대역죄로 몰려 교수형을 받았고, 개신교 신자 세 사람은 이단으로 몰려 화형을 당했다. 이 사건은 헨리가 원하는 것이 무엇인지를 잔혹하게 보여주었다. 그는 잉글랜드가 프로테스탄트 국가가 되기를 원하지도 않았고, 잉글랜드가 로마가톨릭 국가가 되는 것도 원하지 않았다. 그가 원하는 것은 로마의 굴레와 부패를 벗어버린 **잉글랜드** 가톨릭교였다. 문제는 무엇이 로마이고(쓰레기통에 버려야 하는 것이고) 무엇이 가톨릭인가(보존해야 하는 것인가)였다. 헨리는 이런 긴장을 직접 체험했다. 그가 (사제들이 연옥에 있는 영혼들을 위하여 기도하는) 소예배당^{CHANTRY}을 철폐하기 시작했을 때, 실은 그도 자원하여 자기 영혼을 위해 기도해 달라고 연보를 했던 것이다. 딱 그런 경우였다. 헨리의 또 다른 문제는, 비록 짧게 몇 년 동안이나마 성경으로 교황과 교회 관습을 비판하고 보통 사람들도 성경을 읽게 허용했었는데, 이제 와서 자신이 멈춰 섰던 곳에 그대로 멈춰 서 있기는 거의 불가능했다는 점이었다. 헨리는 전혀 그럴 뜻이 없었지만 어쨌든 회오리바람을 일으켰고, 또한 그 바람을 꽤 오랫동안 잠재울 수 있었다.

잉글랜드의 요시야 왕

헨리는 에드워드 왕자와 엘리자베스 공주[1533-1603]의 교육을 캐서린 파와 걸출한 교사들에게 맡겼다. 이는 조금 현명하지 못한 일이었다. 우연한 일이지만 교사로 뽑힌 이들은 개신교 성향이 제법 강한 자들이었고, 이 사실은 얼마든지 발견할 수 있었기 때문이다. 아무튼 최고의 교사들에게 배운 왕자와 공주는 자라서 그들 자신도 군건한 개신교 신자가 되었다. 그리하여 1547년에 헨리가 죽고 그의 아들이 에드워드 6세[재위 1547-1553]가 되자, 잉글랜드는 비로소 진짜 종교개혁을 맞이할 준비가 되어 있었다. 크랜머는 가슴이 벅차올랐다. 드디어 그는 아내를 그동안 숨겨 왔던 상자에서 꺼내 줄 수 있게 되었고, 순수한 개신교 신앙을 장려하는 일을 시작할 수 있게 되었다.

에드워드는 왕이 되었을 때 겨우 아홉 살이었다. 이 때문에 그의 외숙인 서머셋 공작 에드워드 시모어[EDWARD SEYMOUR, DUKE OF SOMERSET, 1500-1552]가 호국경이 되어 왕의 대리자로 다스렸다. 바로 이 에드워드 시모어가 크랜머와 더불어 프로테스탄트 개혁 작업을 시작했다(하지만 에드워드는 이 모든 일에서 결코 꼭두각시가 아니었다. 나이는 어렸으나, 그가 경멸조로 '가톨릭 나부랭이'라 부르던 것들을 지독히 싫어했고, 개신교가 확실히 믿는 내용 중에서도 사변적인 색채가 두드러진 것들 역시 아주 싫어했다). 처음 두 해 동안, 시모어와 크랜머는 매끄럽게 일을 처리하여, 사람들을 불필요하게 자극하지 않고 잉글랜드를 천천히 개신교에 적응시켜 갔다.

그럼에도 많은 것이 바뀌었다. 헨리가 개신교의 믿음과 관습을 막으려고 제정한 법률들이 뒤집어져, 성직자들이 혼인할 수 있게 되었고 사람들은 성찬 때 빵과 포도주를 모두 받을 수 있게 되었다. 소예배당도 사람들이 '예수 그리스도의 죽음을 통해 얻은 그들의 참되고 완전한 구원'을 믿지 못하게 하는 연옥 개념에 근거한 것이라 하여 철폐되었다. 성인상을 교회에서 없애라는 명령이 떨어졌고, (미사 때 그리스도를 다시 희생 제물로 바치는 데 쓰는 곳인) 제단을 (가족들이 모여 식사하는 곳인) 탁자로 바꾸라는 명령이 떨어졌다. 모든 교회 예배에서 예배 언어로 영어를 사용하고 그 내용은 개신교를 따라가게 하고자, 영어로 쓴 기도서인 「성공회 기도서」*THE BOOK OF COMMON PRAYER* (보통 '공동기도서'라고 번역하나, 성공회에서 사용하는 정식 명칭은 '성공회 기도서'다. 성공회 감사성찬례와 성사집전에 사용하는 예식문으로 1549년 성령강림주일에 처음 등장했으며, 토머스 크랜머가 작성했다.—옮긴이)를 작성했다. 설교도 영어로 하라는 명령이 떨어졌으며, 휴 라티머*HUGH LATIMER, 1487-1555* (종교개혁 전에는 가톨릭교회 우스터 주교였으나, 종교개혁 뒤 잉글랜드 성공회를 이끈 인물이 되었다.—옮긴이) 같이 뛰어난 수많은 설교자들은 집안 식구끼리 나누는 대화에서도 그 이름이 오르내리기 시작했다. 자기 힘으로 설교를 준비할 능력이 부족한 성직자들을 생각하여, 이신칭의를 분명하게 설명해 놓은 새 설교집(그냥 읽기만 하면 되는 기성 설교문을 모아 놓은 책이다)을 만들었다. 또 안수를 받는 이들에겐 새로 기대할 것이 생겼다. 이제는 목사가 된다는 것이 (미사 때) 희생 제물을 올리는 사제가 된다는 것이 아니라 무엇보다 설교를 하는 사람이 된다는 의미가 분명해졌다. 이런 목적에 맞게, 안수를 받는 사람들에게는 사제복을 입혀 주는 대신 성경을 수여했다.

그러나 어떤 이들은 이런 조치들이 도를 넘어도 한참 넘었다고 생각했다. 급기야 1549년에는 잉글랜드 서남부에서 대중 봉기가 있었다. 영어로 된 기도서에 반대하는 것이 봉기의 주원인이었다(크랜머는 이 봉기를 보고 낙심했다. 반란을 일으킨 자들이 정작 라틴어도 이해하지 못하면서 라틴어로 올리는 예배를 열렬히 원했기 때문이다). 그러나 바로 그해에 존 더들리JOHN DUDLEY, 1527-1554 (1550년부터 1553년까지 잉글랜드를 사실상 통치한 인물.―옮긴이)가 에드워드 시모어의 자리를 넘겨받았다. 존은 개혁의 가속페달을 더 강하게 밟기 시작했다. 이와 동시에 잉글랜드는 승승장구하는 신성로마 황제 군대를 피해 유럽 대륙을 떠난 개혁자들에게 피난처가 되었다. 스트라스부르의 마르틴 부처는 마침 케임브리지 대학교 신학부 흠정 교수가 되어 크랜머가 기도서를 쓰는 일을 도왔다. 피터 마터 버미글리PETER MARTYR VERMIGLI, 1499-1562 (이탈리아 출신 프로테스탄트 신학자로, 잉글랜드 종교개혁에 많은 영향을 준 인물.―옮긴이)도 때마침 옥스퍼드 대학교 신학부 흠정 교수가 되어 크랜머가

에드워드 6세에게 설교하는 휴 라티머 에드워드 6세는 설교 듣기를 열렬히 좋아했다. 아홉 살이라는 어린 나이에 왕위에 올랐지만, 그는 결코 호락호락하지 않았다.

기도서를 다시 고쳐 쓰는 일을 도왔다.

크랜머가 쓴 두 기도서(1549년, 1552년 기도서)는 잉글랜드 종교 개혁의 흐름을 들여다볼 수 있는 좋은 창이다. 1549년 기도서는 일부러 임시방편으로 썼을 것이다. 일반인도 쉽게 소화할 수 있는 종교개혁 신학을 담은 이 기도서는 위장이 장차 다가올 단단한 고기를 받아들일 수 있게 준비시킬 목적으로 쓴 것이었다. 어쨌든 이 기도서에는 화체설과 미사 때 올리는 희생 제사를 다룬 내용은 없었지만, 기도서가 영어로 되어 있다는 점만 제외하면 가톨릭 신자들이 듣기에 그리 거슬리는 내용은 없었다. 빵을 받는 이들은 이런 말을 들곤 했다. "이것은 우리 주 예수 그리스도께서 그대를 위해 내어주신 몸이니, 이 몸이 그대의 몸과 영혼을 보존하여 영생에 이르게 하리로다." 이 말은 철저히 루터파를 따른 것이었으나, 가톨릭 신자들도 양심에 거리낌 없이 행복하게 빵을 먹을 수 있었다.

하지만 대륙에서 잉글랜드로 피신한 신학자 중에는 루터파가 전혀 없었다(오늘날도 잉글랜드 개신교에서는 여전히 루터파 냄새가 거의 풍기지 않는다는 것을 느낄 수 있다. 잉글랜드 개신교에서는 늘 츠빙글리파와 칼뱅파의 분위기가 훨씬 더 강했다). 더군다나 버미글리와 다른 이들이 잉글랜드에 왔을 때, 이들은 1549년 기도서에 담긴 루터주의를 증오하면서, 이 기도서를 스위스 느낌이 더 많이 나는 기도서로 만들고 싶어 했다. 어쨌든 크랜머가 그런 기도서를 만들 계획을 했는지 아니면 크랜머 자신의 신학이 바뀌었는지 모르겠으나, 1552년 기도서는 빵을 줄 때 하는 말을 이렇게 바꿔 놓았다. "그리스도가 그대를 위해 돌아가셨음을 기억하며 이것을 받아먹고(츠빙글리파가 하는 말처럼 들린다), 믿음으로 감사하면서 그대의 마음으로 그분을 먹으라(칼뱅파가 하는 말처럼 들린다)." 어떤 가톨릭 신자도 이 기도서를 달가워할 수가 없었다. 잉글랜드 종교개혁은 그렇게 계속 이어졌다.

그러다 1553년에 에드워드가 15세의 나이로 숨을 거두었다. 이 일로 말미암아 개신교 국가를 추구하던 개혁이라는 폭주기관차도 급정거하게 된다. 에드워드는 골수 가톨릭 신자인 자신의 이복누이 메리MARY I, 재위 1553-1558가 보위에 오른다면 에드워드 자신이 이루어 놓았던 모든 일을 다 물거품으로 만들어 버리리라는 것을 알았으며, 그런 일이 닥칠까봐 두려워했다. 이 때문에 에드워드는 생사를 건 계획을 세우는 일을 돕는다. 더들리는 메리의 사촌이요 확실한 개신교 신자이며 왕위 계승 순위에서 헨리 8세가 낳은 자녀들 다음 순위에 있었던 제인 그레이LADY JANE GREY, 1536-1554가 메리가 등극하기 전에 확실히 여왕의 자리에 오를 수 있게 만들려 했다. 그리하여 에드워드가 죽자, 곧바로 런던에서는 제인을 여왕으로 발표했다. 그러나 모든 일이 허사가 되고 말았다. 메리는 재빨리 지지세력을 모아 런던에 들어온 뒤, 제인을 런던탑으로 보내 버렸다. 그 계획은 대다수 사람들의 관심사가 개신교 신자가 왕이 되느냐보다는 왕위 계승 순위에 따라 정당하게 왕이 되느냐였음을 알아차리지 못했다. 심지어 프로테스탄트 신자들조차도 메리를 지지했는데, 이 여자가 자신들을 얼마나 잔인하게 대할지 몰라도 한참 모르는 행동이었다.

피의 메리: 역겨운 칵테일

메리는 아라곤의 캐서린이 낳은 딸이었다. 누가 봐도 틀림없는 공주로서 로마가톨릭을 따른 헨리의 궁정에서 자라났지만, 헨리가 캐서린을 제거하고 로마와 관계를 끊어 버리자, 하루아침에 공주로서 정통성이 없다고 선언당하고 자신의 종교인 가톨릭교를 포기하도록 압박을 받게 되었다. 메리에게 개신교는 그냥 이단이 아니라 자신에게 닥친 모든 재앙의 근원이었다.

메리는 최대한 신속히 잉글랜드를 로마에게 되돌려주었다. 개신교를 따르는 주교들은 공직에서 쫓겨났고, 토머스 크랜머가 앉아 있던 캔터베리 대주교 자리는 레지널드 폴REGINALD POLE, 1500-1558 추기경이 대신 차지했다. 교회에서 성경을 치워 버렸고, 혼인한 성직자는 그 아내와 헤어져야 했다. 요컨대 나라의 시계는 메리의 아버지가 모든 것을 바꿔 놓기 이전으로 되돌아갔다. 메리의 아버지가 바꿔 놓은 일은 모조리 일어나지 말았어야 할 역겨운 과거 취급을 받았다. 잉글랜드도 많은 점에서 메리가 취한 조치를 간절히 원하는 것 같았다. 물론 새 질서에 저항하는 소요가 몇 차례 있었지만, 고통스러운 세상에서 구원받은 것처럼 보이는 이들도 많았다. 가톨릭교회가 쓰는 온갖 물건(형상, 사제복 따위)이 다시 등장했다. 가톨릭 신자들이 에드워드 시대의 청소 작업을 피해 감춰 놓은 것들이었다. 에드워드의 개혁이 모든 이에게 인기가 있었던 것은 아니었음이 분명히 드러났다.

그렇다 해도 이십 년 역사를 모조리 지워 버리기는 불가능했다. 만사를 원래 그 상태로 완벽하게 되돌릴 수는 없었다. 당장 한 예를 들어보면, 수도원과 수도원 땅을 모두 원상 복구하는 것부터가 불가능했다. 수도원 땅을 사들였던 새 지주들 입장에서는 미사에 가는 것은 행복한 일이었을지 몰라도, 그들이 차지한 땅을 되돌려줄 마음은 눈곱만큼도 없었기 때문이다. 그리고 성경을 읽거나 영어로 하는 설교를 들은 사람이 전혀 없는 것처럼 행동하기에는 그야말로 늦어도 너무 늦어 버렸다. 사람들은 이미 전통적 가르침에 의문을 품기 시작했다. 설령 자신이 개신교 신자라고 확신하지 못하는 사람들조차도 해봤자 소용없을 순례와 관행에 돈을 쓰려 하지 않았다. 그런 의심들이 성경을 읽는 데서 나온 것은 아니었지만, 복슬리에 있던 십자가 위의 예수상이 조롱을 당하는 꼴을 보고도 그런 형상을 공경하기는 어려웠다.

메리의 가장 큰 고민은 그녀에게 후계자가 없으면 이 모든 일이 다 헛일이 되리라는 것이었다. 메리에겐 아기가 필요했다. 그녀는 남편이 필요했다. 그럼 누가 남편이 될 수 있을까? 그녀는 미래에 에스파냐 왕 펠리페 2세FELIPE II EL PRUDENTE, 1527-1598(우리말로 '신중한 왕 펠리페 2세'라고 부른다. 신성로마제국 황제 카를 5세의 아들이었으며, 1554년에 열 살 연상인 메리와 혼인하여 잠시 잉글랜드까지 다스렸다.—옮긴이)가 된 인물을 골랐다. 이것은 사실 현명한 선택이 아니었다. 펠리페는 개신교의 철천지원수였다. 백성들은 메리가 가톨릭을 내세워 자행하는 탄압 조치는 참고 받아들이려 했지만, 에스파냐에서 들려오는 섬뜩한 종교재판 이야기를 듣고 대단히 큰 걱정을 하게 되었다.

급기야 사람들이 가장 두려워하던 일들이 현실로 나타났다. 많은 개신교 신자는 폭풍이 몰아치는 것을 보고 칼뱅이 있는 제네바 같은 해외에서 피신처를 찾았다. 잉글랜드에 남아 조용히 활동하면서, 그들이 보는 '불온서적'을 은밀히 배포하고 지하 교회에서 모임(이런 모임이 아주 큰 경우도 종종 있었다)을 갖기로 결심한 이들도 있었다. 잉글랜드에 남았으나 낮게 움츠리지 않은 자들은 화형을 당했다. 메리의 통치는 에드워드의 치세가 보여주었던 관용과 철두철미하게 정반대 길로 나아갔으며, 약 300명이나 되는 개신교 신자들이 신앙 때문에 불에 타 죽었다. 이 숫자에는 끔찍하기 이를 데 없었던 16세기 감옥에서 숨진 다른 많은 이들은 포함되어 있지 않다. 아우슈비츠를 겪은 이후인 지금 생각하면, 몇백 명이 죽은 것은 죽은 것도 아니라고 생각할지 모르나, 당시에는 그야말로 무시무시한 대학살이었다.

메리 시대에 희생당한 아주 유명한 인물 중에는 캔터베리 대주교였던 토머스 크랜머, 유명한 설교자요 우스터 주교인 휴 라티머, 런던 주교인 니콜라스 리들리NICHOLAS RIDLEY, 1500-1555가 있다. 1555년, 리들리와 라티머는 옥스퍼드에 있는 브로드 거리 끝에서 서로 등을 맞대고 함께 화형당했다. 80세가 다 되었던 라티머가 먼저 숨을 거두었는데, 불 속에서 숨져 가며 이렇게 외쳤다. "리들리 선생, 마음 편히 먹고 사나이답게 행동하시게. 우리는 오늘 하나님의 은혜로 잉글랜드에서 이런 촛불을 밝히네. 나는 누구도 이 촛불을 *끄지* 못하리라고 믿네." 불행하게도 리들리의 주위에는 나무가 제대로 쌓이지 않아, 그는 죽어 가면서 극심한 고통을 겪었다. 다리가 먼저 불타 떨어져 나간 뒤에야 나머지 부분에 불이 붙었던 것이다. 그 참혹한 모습은 분명 수많은 사람들의 마음을 움직여 눈물을 흘리게 만들었다.

다섯 달 뒤, 토머스 크랜머가 같은 곳에서 불에 타 죽었다. 오랜 세월 대주교를 지냈고 잉글랜드 종교개혁의 아주 많은 토대를 세웠던 그는 이미 나이 일흔이 다 되었던 탓에 혹독한 구금을 이기지 못하고 그가 믿는 개신교를 포기했다. 이는 메리의 통치가 거둔 승리였다. 하지만 비록 크랜머가 개신교를 저버렸어도, 크랜머라는 인물 자체가 종교개혁의 화신이었기에 어쨌든 그를 죽여야 한다는 결정이 내려졌다. 이 결정은 메리가 거둔 승리를 허사로 만드는 차원을 넘어 더 많은 부작용을 낳고 만다. 처형일이 이르자, 크랜머가 자신이 개신교 신앙을 철회한다는 글을 낭독하길 거부한 것이다. 대신 그는 비록 비겁하게 자신이 믿는 원리들을 저버렸었지만, 자신은 분명 프로테스탄트라고 담대하게 선언했다. 마침내 그는 이렇게 선언했다. "내 손이 죄를 지어 내 마음을 거스르는 글을 썼으니, 내 손이 먼저 그에 따른 벌을 받게 하리라." 그는 자신이 한 말을 지켰다. 불이 타오르자, 크랜머는 개신교 신앙을 철회한다고 서명했던 손이 먼저 불에 타도록 내밀었다. 한때 잠시 개신교 신앙을 부인했지만, 크랜머는 이렇게 사람들에게 감동을 안겨 주며 대담하고 용감하게 불에 타 죽었다. 이리하여 그는 불에 타 죽은 첫 개신교도 캔터베리 대주교가 되었다.

이렇게 많은 순교자들이 보여준 뜻밖의 굳센 용기가 메리의 잔혹한 통치와 맞물리면서, 백성들도 마음이 흔들릴 수밖에 없었다. 이런 화형 장면들은 폭군이 로마와 한통속이 되어 폭정을 저지른다는 인상을 백성의 양심 속에 심어 주었고, 메리와 에스파냐의 관계를 지켜본 사람들은 순교자들을 잉글랜드의 애국자로 보게 되었다. 이를 깨닫자 1558년에는 사람들이 보지 않는 곳에서 이단들을 태워 죽이라는 결정이 내려졌지만, 너무 늦은 결정이었다.

메리가 자녀를 낳았다면, 잉글랜드는 공식적 차원에서 가톨릭 국가로 남아 있었을 가능성이 높다. 하지만 메리가 오랫동안 임신이라고 생각해 왔던 것이 실은 위암으로 밝혀졌고, 결국 그녀는 1558년 11월 17일에 숨을 거두었다. 그리고 몇 시간 뒤 메리가 세웠던 캔터베리 대주교도 그녀의 뒤를 따랐다. 결국 '피의 메리'가 화형과 에스

화형당하는 토머스 크랜머 크랜머는 말년에 혹독하게 시달리다 개신교 신앙을 철회했지만, 화형당하면서 자신은 분명 프로테스탄트라고 담대하게 선언했다.

파냐와 맺은 인연과 로마를 섞어 만들었던 칵테일은, 잉글랜드 사람들로 하여금 그녀가 그렇게 다시 강요하려 했던 가톨릭교에서 멀어지게 만드는 결과만 만들어 내고 말았다. 피난민이 되어 이 모든 일을 해외에서 지켜보았던 이들은 이전보다 더 뜨거운 열정을 품고 잉글랜드로 돌아와 가톨릭의 잔재를 말끔히 없앴다. 메리가 죽자, 이제는 가톨릭에 반대하는 열렬한 개신교의 물결이 다시 잉글랜드 해안으로 밀려오게 된다.

"이는 여호와께서 행하신 것이요 우리 눈에 기이한 바로다"

젊은 공주 엘리자베스는 시편 118:23에 있는 이 말씀과 더불어, 메리가 죽고 이제 자신이 여왕이 되었다는 소식을 기뻐하며 받아들였다. 엘리자베스는 이제 확실히 목숨을 건졌다. 그녀가 대학살에서 살아남고 그의 조국이 개신교로 돌아가게 된 것은 거의 기적이었다.

헨리 8세의 차녀인 엘리자베스는 아버지를 붕어빵처럼 쏙 빼닮았다. 오만하기도 하고 넘치는 에너지를 가졌던 엘리자베스는 번갯불처럼 재빠른 기지를 발휘할 수 있는 유연한 생각을 갖고 있었으며, 메리 치세 때도 밀려나지 않고 살아남을 만큼 정치적 수완도 있었다. 그런 여자였기에, 모든 사람이 엘리자베스가 개신교를 다시 들여오리라는 것을 알고 있었다. 엘리자베스의 어머니는 헨리가 로마와 관계를 끊게 만든 원인을 제공한 앤 불린이었다. 로마는 헨리와 앤의 혼인을 인정하길 거부했기 때문에, 엘리자베스도 정통성이 없다고 보았다. 이는 곧 엘리자베스는 여왕일 수 없다는 말이었다. 결국 엘리자베스는 프로테스탄트가 될 수밖에 없었다. 하지만 우연히도 사실 그녀는 이미 자신의 깊은 확신을 통해 프로테스탄트가 되어 있었다.

엘리자베스가 왕위에 오른 지 1년도 안되어 메리가 단행한 종교개혁 조치들은 물거품이 되었고, 새 「수장령」은 엘리자베스를 잉글랜드 교회의 '최고 집행자'SUPREME GOVERNOR로 선언했다(헨리는 '최고 **대표**'였다. 이 새 칭호는 가톨릭 신자들의 귀에 덜 거슬리면서도 여자는 '대표', 곧 머리가 될 수 없다고 믿었던 개신교 신자들을 덜 자극하려고 만든 것이었다). 다시 한 번, 교황이 아니라 군주가 교회를 다스리게 되었다.

이에 더하여 새 기도서도 반포했는데, 이번에도 기도서에 담긴 독특한 신학은 당시 사정을 그대로 반영했다. 대체로 보아, 1559년 기도서는 크랜머가 두 번째로 만들었던 1552년 기도서와 아주 비슷했으며, 다만 그 어조만을 조금 부드럽게 다듬었다. 예를 들어, 이제 교황과 교황의 '폭정', 그리고 '그의 모든 역겨운 죄악들'에서 구원을 받게 해달라는 기도는 기도서에 존재하지 않았다. 그러나 이번에도 빵을 나눠줄 때 하는 말은 아주 장황했다. 1559년 기도서에서는 빵을 나눠줄 때 하는 말이 이렇게 바뀌었다. "이것은 우리 주 예수 그리스도께서 그대를 위해 내어주신 몸이니, 이 몸이 그대의 몸과 영혼을 보존하여 영생에 이르게 하리로다(이는 1549년 기도서에서 가져왔다). 그리스도가 그대를 위해 돌아가셨음을 기억하며 이것을 받아먹고, 믿음으로 감사하면서 그대의 마음으로 그분을 먹으라(이는 1552년 기도서에서 가져왔다)." 다시 말해, 새 기도서는 루터파와 스위스 개신교를 절충한 것이었다.

바로 이런 식의 개신교가 엘리자베스가 입법을 통해 만들어 내려 했던 개신교였다. 그 개신교는 누가 봐도 틀림없는 개신교였다('절충'이라는 말을 썼지만, 이것이 곧 개신교에 가톨릭 요소 절반이 들어 있었다는 뜻은 아니다). 그러나 그 개신교는 이런 개신교 브랜드에 속하지도 않았고 저런 개신교 브랜드에도 속하지 않았다. 헨리가 아주 잉글랜드다운(로마와 다른) 가톨릭교를 세웠다면, 엘리자베스는 아주 잉글랜드다운(특히 루터파나 칼뱅파와 다른) 개신교를 세웠다. 잉글랜드는 엘리자베스 치세기에 통일된 개신교 국가가 되었다. 그것은 곧 모든 사람이 교회에 가야 한다는 말이었다. 교회에서는 모든 사람이 똑같이 특별할 게 없는 개신교를 만나곤 했다. 모든 사람이 이런 개신교에 동의할 필요는 없었다. 이를테면 가톨릭 신자들은 성찬에 참여하지 않아도 되었다. 자신이 원하는 종교가 따로 있으면 혼자서 몰래 믿을 수 있었다. 다만 모든 이가 교회가 하는 대로 따라야 했고 함께 교회에 가야 했다(그러지 않을 때는 교회에 가지 않을 때마다 매번 아주 큰 벌금을 물어야 했다). 엘리자베스와 같은 시대를 살았던 한 사람이 말했듯이, 엘리자베스는 "남자들의 영혼을 들여다볼 수 있는 유리창을 만드는 일"에는 관심이 없고, 오로지 나라를 자신과 자신이 믿는 신앙 아래 통일하는 일에만 관심이 있었다.

그렇다고 엘리자베스를 신학에는 도통 관심이 없고 그저 책략에나 능한 정치인쯤으로 생각한다면 오판일 것이다. 엘리자베스 자신은 확신에 찬 프로테스탄트였다. 매일 그리스어 신약 성경을 읽었고, 꾸준히 영어 성경을 읽었으며 영어로 기도했다. 엘리자베스가 막 여왕이 되었을 때, 한 주교가 여왕의 개인 예배당에서 빵을 들어 올리는 실수를 저질렀다(가톨릭 스타일을 따라 그 빵에게 예배하게 하려는 행위를 한 것이다). 엘리자베스는 자리를 박차고 나간 뒤, 자신의 대관식 때는 그런 일이 다시 일어나지 않도록 명령했다. 여왕은 자신이 등극한 뒤 첫 의회가 열리자 개신교 신자가 설교하게 하라는 명을 내렸으며, 해외 개신교 신자들을 몰래(가톨릭 국가와 전쟁이 일어날까 두려워했기에) 도왔다.

니콜라스 힐리어드가 그린 엘리자베스 1세 초상
엘리자베스의 치세기에 잉글랜드는 완연히 개신교 국가가 되었다.

　여왕의 신앙을 알았던 개혁자들은 이런 온건한 개신교가 확고한 규범으로 등장하기 시작하자 서로 의미심장한 눈짓을 주고받으며 행복해했다. 분명 이것은 시작에 불과했으며, 종교개혁의 길을 서두르지 않고 천천히 밟아 가려는 오랜 전술을 보여주는 것이라 생각했다. 하지만 엘리자베스가 종교개혁 문제를 이 정도 선에서 마무리해야 한다는 생각을 가졌다는 게 분명해지자, 개혁자들은 엄청난 충격을 받았다. 교회를 더 개혁할 수 있는 방법과 관련하여 발전된 아이디어를 갖고 제네바에서 돌아왔던 개혁자들이 볼 때 엘리자베스는 그들에게 전혀 시간을 내주지 않는 사람으로 보였기 때문이다. 엘리자베스는 잉글랜드가 프로테스탄트 국가여야 한다는 확신도 굳게 갖고 있었지만, 마찬가지로 이 때문에 프로테스탄트 이상주의에 시간을 내줄 수는 없다는 확신도 굳게 갖고 있었다. 여왕은 두려웠다.

잉글랜드가 너무 극단으로 나아가면, 유럽 대륙에 있는 반反개신교 세력의 뜨거운 분노가 비등점을 넘어 폭발하고 말 것이며, 그럴 경우에는 그가 다스리는 나라의 안전이 위협받을 수 있었기 때문이다. 에스파냐나 프랑스가 침공할 수도 있었다.

당분간 모든 이가 지켜보며 기다렸다. 엘리자베스도 결국은 여자였다. 그가 혼인하면 상황이 달라질 수도 있었다. 설령 혼인하지 않더라도, 후계자가 없으니 역시 상황은 달라질 것이다. 그러나 10년이 지난 후, 여왕이 혼인하지 않으리라는 것이 분명해졌다. 여왕은 혼인하지 않겠다는 뜻을 바꾸려 하지 않았다. 그러다가 1570년에 교황 비오 5세가 엘리자베스를 파문하고 왕위에서 쫓아내며 잉글랜드 가톨릭 신자들더러 여왕에게 복종하지 말 것을 요구함으로써 이런 상황을 바꿔 보려고 했다. 그러나 이는 현명하지 못한 행동이었다. 이전에 관용을 베풀어 용인했던 로마가톨릭은 이제 반역이 되었다. 잉글랜드에서는 더 이상 로마가톨릭 사제들을 훈련하지 않았다. 때문에 잉글랜드 가톨릭 신자들이 만날 수 있는 영적 젖줄은 오로지 외국에서 훈련받고 잉글랜드로 들어와 가톨릭 신자들을 몰래 섬긴 극소수 사제들뿐이었다. 그러나 이제 이런 사제들은 국경을 몰래 넘어왔다는 이유로 외국의 적대 세력이 보낸 위험한 첩자 취급을 받았다. 요컨대 교황에게 충성하는 자라면 그들은 반역을 선동하는 자들임이 분명하다는 것이었다. 이러다 보니 가톨릭 신앙도 쉬쉬하며 숨겨야 하는 일이 되었다. 가톨릭을 믿는 부잣집들은 그들을 섬기는 사제들을 외딴 시골집에 있는 사제의 은신처에 숨겨 두고 겉으로만 개신교를 따르는 체했다.

이런 은밀한 행위는 늘 의심을 키워 줄 뿐이다. 세월이 흐르는 사이에 국민들 사이에서는 '몰래 숨어 있는 가톨릭'을 두려워하는 마음이 커갔다. 그것은 그냥 근거 없는 두려움이 아니었다. 교황뿐 아니라 가톨릭을 믿는 모든 반종교개혁 세력들이 유럽의 통일 국가 중 유일한 개신교 국가에 맞서려 하고 있었다. 엘리자베스가 이끄는 개신교 체제를 무너뜨릴 수만 있다면, 개신교에게 치명타를 날리는 셈이었다.

공공연히 엘리자베스를 암살하려는 움직임이 있었다. 엘리자베스가 죽으면, 근실한 가톨릭 신자였고 스코틀랜드 여왕이었던 그의 사촌 메리^{Mary, Queen of Scots, 1542-1587}(태어난 지 일주일 만에 왕위에 올라 1567년까지 스코틀랜드 여왕으로 있었다.—옮긴이)가 왕위 계승권을 가졌기 때문에, 메리가 엘리자베스의 자리를 차지하게 되어 있었다. 이리하여 메리는 엘리자베스를 제거하려는 가톨릭 쪽 음모의 진원지가 되어 버렸다. 그러나 가톨릭 진영은 우두머리로 내세울 인물을 골라도 하필 가장 못난 인물을 골랐다. 엘리자베스는 영리함 그 자체라 할 정도로 비상한 인물이었으나, 메리는 결코 엘리자베스 같은 사람이 아니었다. 메리는 이미 스코틀랜드에서도 온 백성에게 따돌림을 받는 처지가 되어 잉글랜드로 피신할 수밖에 없었다. 그런데도 메리는 이런 사태를 대수롭지 않게 생각했다. 자기 사촌인 엘리자베스가 분명 자신을 돌봐 주리라고 생각했던 것이다. 그러나 엘리자베스는 자신을 암살하려는 모든 음모의 마스코트가 되어 버린 이 여자와 실제로 함께 산다는 생각에 특별한 스릴을 느끼지 않았다. 엘리자베스는 메리를 소리 소문 없이 시골로 쫓아 보낸 뒤 어느 시골집에 가둬 버렸다. 이제는 판세가 뒤집어졌다. 엘리자베스 측근인 개신교 신자들은, 믿을 만한 칼뱅주의자의 손에서 자라난 메리의 아들 제임스(1566-1625 스코틀랜드 왕 제임스 6세이자 잉글랜드 왕 제임스 1세. 처음에는 스코틀랜드 왕이 되었다가, 1603년에 잉글랜드 왕이 되었다.—옮긴이)가 스코틀랜드로 돌아가면, 메리라는 골칫거리는 제거되어야 한다는 것을 알았다. 메리가 엘리자베스보다 앞서 죽으면 왕위는 개신교 신자인 제임스에게 갈 것이니, 모든 근심이 사라질 것이라고 생각했던 것이다. 그러다가 엘리자베스의 부하 한 사람이 자신이 구금당한 것에 분개하던 메리가 엘리자베스를 제거하려는 음모에 가담했다는 확실한 증거를 정말 찾아냈다. 그로써 게임은 끝났고, 메리는 1587년에 처형당했다.

여왕이 이끄는 개신교의 미래는 탄탄대로였다. 하지만 잉글랜드라는 나라는 그렇지 못했다. 그다음 해, '피의' 메리의 전 남편이었던 에스파냐 왕 펠리페 2세가 대규모의 병력을 이끌고 잉글랜드를 침공하려 했기 때문이다. 교황 식스토 5세는 이 침공을 반기며 십자군 원정이라고 축복했다. 아직 통일을 이루지 못했던 잉글랜드는 잉글랜드 해협을 건너온 펠리페 2세의 엄청난 무적함대 덕분에 온 나라가 하나가 되었다. 사나운 폭풍이 잉글랜드를 돕는 바람에, 무적함대는 패하고 말았다. 잉글랜드에 사는 모든 사람은 하나님이 당신의 참된 백성(프로테스탄트)을 구하시고 악한 자들(가톨릭)을 심판하셨음을 분명히 깨달았다. 승리를 기념하는 메달을 만들었고, 그 메달에는 출애굽기 15:10을 되울려 주는 말로 이스라엘이 이집트 군대에게서 벗어나 구원을 받은 일을 떠올려 주는 글을 새겨 넣었다. "하나님이 바람을 일으키시니 그들이 흩어졌도다"*AFFLAVIT DEUS ET DISSIPANTUR*. 분명 하나님은 엘리자베스가 이끄는 개신교에 미소를 보내셨다. 엘리자베스도 그런 생각을 했는데, 그것은 곧 엘리자베스가 더 이상 개혁을 진행하지 않아도 된다는 게 하나님의 뜻이라는 것을 의미했다. 엘리자베스의 백성 중에도 그리 생각하는 이들이 있었다.

엘리자베스 치세기가 막을 내릴 즈음인 1603년에는 잉글랜드 사람은 곧 개신교 신자라는 말에 아무도 토를 달지 않았다. 가톨릭 신자라는 것은 외세가 부추기는 반역의 도구라는 말이었다. 동정녀 마리아 숭배는 처녀왕인 엘리자베스 숭배로 바뀌었다. 그야말로 상전벽해였다! 1560년으로 거슬러 올라가 보면, 그해에 칼뱅파는 설명하는 주가 가득한 제네바 성경을 만들었다. 이를테면 당시 이 성경을 읽는 사람이 '적그리스도'와 같이 어려운 말을 만나면, 이 말에 붙은 주는 이런 설명을 제시했었다. "이는 곧 온 몸이 그의 더러운 피조물들로 가득한 교황을 말한다." 그때만 해도 이런 견해는 강경파만이 지지했다. 그러나 엘리자베스 치세기가 막을 내릴 즈음에는 누구에게 물어도 적그리스도는 교황이었다.

무엇보다 엘리자베스의 긴 통치 기간¹⁵⁵⁸⁻¹⁶⁰³은 결국 가톨릭교에 맞서 지구전을 펼친 시기였다. 처음에 엘리자베스가 왕위에 오를 때만 해도, 이런 지구전을 예상한 이는 아무도 없었다. 그러나 세월

이 흐르면서 가톨릭 관습은 말 그대로 퇴물이 되었고, 옛 방식을 따라 훈련받았던 가톨릭 사제들도 세상을 떠났다. 대신 모든 이가 매주 크랜머가 만든 전례와 설교를 누리게 되었다. 머지않아 개신교 신학만이 목사가 다가갈 수 있는 유일한 신학이 되었고, 영어 성경이 사람들이 아는 유일한 성경이 되었다. 심지어 시골 중의 시골 벽촌에도 성경을 가진 이들과 성경을 아는 이들이 서서히 생겨났다. 엘리자베스가 오랜 세월 왕위에 있어 준 덕분에 잉글랜드는 확실한 프로테스탄트 국가가 되었다. 다만 이 장기 집권으로도 이루지 못한 일이 있었다면, 백성들 자신을 확실한 개신교 신자로 만들지 못한 것이었다.

국경 북쪽

스코틀랜드 종교개혁도 우리 눈에 익숙한 궤도를 따라 시작되었지만, 벌어지는 상황은 다른 곳과 늘 달랐다. 사람들이 루터파가 쓴 문헌을 잉글랜드에 몰래 들여와 케임브리지에서 토론하던 바로 그 시절에, 스코틀랜드도 루터파 문헌의 침입을 받았고, 세인트앤드루스에서는 열렬한 독자들이 생겨났다. 잉글랜드와 마찬가지로 스코틀랜드에서도 개신교 신앙으로 회심한 몇몇 사람들이 새 교리를 설교하기 시작했다. 하지만 이런 일에도 아무 변화가 없었던 상황은 1528년에 세인트앤드루스에서 설교자 중 한 사람인 패트릭 해밀턴^{Patrick Hamilton,} ¹⁵⁰⁴⁻¹⁵²⁸이 이단이라는 죄목으로 붙잡혀 화형을 당하면서 달라졌다. 이 사건은 스코틀랜드에서 개신교의 면모를 부각시켜 주었을 뿐 아니라, 많은 이들이 대체 이 새로운 가르침이 무엇인지, 왜 이 가르침이 위험한지, 왜 한 사람이 이 가르침 때문에 죽어야 했는지 의문을 품게 만들었다.

스코틀랜드가 다른 나라와 다른 한 가지가 있었다면, 왕(당시 왕은 제임스 5세)이 이미 그 나라의 교회를 거의 장악하고 있었다는 점이다. 때문에 그는 잉글랜드 왕인 헨리 8세가 그랬던 것처럼 로마와 관계를 끊을 필요는 없다고 생각했다. 그렇다고 해서 그가 얻는 이득은 무엇일까? 별 게 없었다. 스코틀랜드 왕은 그저 로마와 관계를 끊는 데 관심을 갖지 않으려는 것뿐이었다.

그러다 1542년에 제임스가 죽자, 종교개혁에 나설 좋은 기회가 열렸다. 왕위 계승권을 가진 군주는 이제 갓난아기인 스코틀랜드 여왕 메리였지만, 애런 백작EARL OF ARRAN 제임스 해밀턴JAMES HAMILTON, 1516-1575이 섭정이 되어 다스렸다. 다음 해에 사람들은 특이한 일을 목격했다. '애런의 경건한 변덕'AARON'S GODLY FIT이었다. 애런은 가톨릭교와 개신교 사이를 왔다 갔다 하면서 한 해는 가톨릭 신자가 되었다가 그다음 해에는 개신교 신자가 되는 비범한 능력을 갖고 있었는데, 1543년에는 개신교 신자였다. 덕분에 그해에는 개신교를 지지하는 입법이 이루어졌다. 현지어로 번역한 성경이 허가를 받았고(팔리기도 잘 팔렸다), 개신교 설교자들을 세웠다. 심지어 로마가톨릭을 이끌던 세인트앤드루스의 추기경 데이비드 비턴DAVID BEATON, 1494-1546이 체포당하는 일까지 있었다.

그러다가 비턴이 반격에 나서고 한 해가 지나자, 이번에 애런은 다시 가톨릭 신자가 되기로 결심한다. 현지어로 옮긴 성경을 읽는 것을 불법이라 선언하고, 과거의 황금기는 물러갔다는 것을 모든 이에게 분명히 보여주고자, 개신교 설교자들의 지도자라 할 조지 위샤트 GEORGE WISHART, 1513-1546를 체포하여 재판한 뒤 이단이라며 불에 태워 죽였다.

하지만 스코틀랜드 개신교 신자들은 그런 대우를 받는다고 엎드려 굴복할 사람들이 아니었다. 변장한 작은 무리가 세인트앤드루스 성을 급습하여 비턴을 죽이고 시신을 창밖으로 던져버린 뒤 그 성까지 점령했다. 그다음 해에 이 성은 스코틀랜드 개신교 신자들에게 피난처가 되었고, 이 개신교 신자들은 스코틀랜드 통치 세력에게서 지원 요청을 받고 도우러 온 프랑스 군에 항복할 때까지 이 성을 점령했다.

성을 방어하다 붙잡힌 사람들은 대부분 프랑스 배에서 노를 젓는 노예가 되었다. 이들은 사슬에 묶인 채 종일 채찍을 맞으며 노를 저어야 했다. 이런 사람 중에는 예전에 큰 칼을 휘두르며 위샤트를 호위하다가 나중에는 세인트앤드루스 성을 방어하던 이들에게 설교하는 사람이 된 존 녹스JOHN KNOX, 1514-1572가 있었다. 그의 동료 포로들은 이미 그의 신학을 알고 있었다. 교황을 바벨론 음녀라 부른 그의 첫 설교가 이미 신학을 분명하게 일러 주었기 때문이다. 그리고 이제 이 사람들은 배에서 녹스의 용기를 알게 되었다. 이들은 배 위에서 올리는 미사나 동정녀 마리아상에 경의를 표시하지 않을 경우에는 고문을 받으리라는 위협을 받곤 했다. 하지만 녹스가 이를 모두 거부하자, 녹스를 포로로 붙잡은 이들은 녹스의 얼굴에 마리아상을 들이 밀며 입을 맞추라고 강요했다. 그러자 녹스는 마리아상을 움켜쥐더니 배 밖으로 던져 버렸다. 이런 일이 있은 뒤, 이 스코틀랜드 사람들을 포로로 붙잡은 이들은 종교 행위를 강요하기를 멈췄다. 그리고 녹스는 거의 두 해에 걸쳐 비참한 삶을 보낸 뒤 풀려났다.

녹스는 잉글랜드에 잠시 머물면서 크랜머가 그의 종교개혁 작업에 박차를 가하도록 도왔다. 그러나 '피의' 메리가 왕위에 오르자, 잉글랜드를 떠나 제네바로 갔다. 녹스에게 제네바는 낙원이었다. 그는 이 제네바를 '사도 시대 이후에 존재했던 그리스도의 학교 가운데 가장 완벽한 학교'라고 불렀다. 그는 그의 고국 스코틀랜드도 이와 같이 될 수 있으리라는 꿈을 꾸기 시작했다. 녹스는 이후 몇 해에 걸쳐 여러 곳을 여행했다. 심지어 스코틀랜드로 몰래 들어가 잠시 머물면서 점점 늘어나는 스코틀랜드 개신교 신자들에게 따뜻한 환영을 받기도 했다. 이 신자들은 이때부터 녹스를 망명중인 지도자 정도로 여기기 시작했다. 그러나 녹스는 대부분의 시간을 제네바에서 보내면서, 치솟아 오르는 분노를 품고 브리튼 섬에서 벌어지는 사건들을 지켜보았다.

1558년, 녹스는 끓어 넘치는 자신의 분노를 이기지 못하고 『여인들의 기괴한 통치에 맞서 부는 첫 나팔소리』*THE FIRST BLAST OF THE TRUMPET AGAINST THE MONSTROUS REGIMENT OF WOMEN*를 써서 출간했다. 그가 말하는 여인들의 '통치'는 가톨릭교를 믿는 두 여왕, 곧 스코틀랜드 여왕 메리와 잉글랜드를 다스리는 '피의' 메리가 다스리는 상황을 가리키는 말이

존 녹스 스코틀랜드의 종교 개혁자요 스코틀랜드 장로교 창시자다. 녹스의 불같은 성정은 노예 시기에도, 제네바 시기에도, 스코틀랜드에 돌아와서도 빛을 발했다. 결국 스코틀랜드는 1560년 이후 개신교 국가가 되었다.

었다. 통치가 남자들의 영역이던 시절에 녹스는 여자들이 통치하고 있다는 '기괴한' 사실이 브리튼 섬에 온갖 공포를 가져왔다고 생각했다. 이 책은 출간 시기가 아주 좋지 않았다. 책이 나오고 얼마 지나지 않아 '피의' 메리가 죽었다. 그렇다면 녹스는 당연히 제네바를 떠나 아무 염려 없이 잉글랜드로 돌아갈 수 있어야 했다. 하지만 새 왕인 엘리자베스는 『여인들의 기괴한 통치에 맞서 부는 첫 나팔소리』를 쓴 사람을 자신이 다스리는 땅에 발붙이게 할 생각이 전혀 없었다. 이 책이 비록 엘리자베스를 비판하려고 쓴 책은 아니었지만, 엘리자베스는 그 모욕을 결코 용서하지 않았으며, 이후 제네바에서 나온 것은 무엇이든 늘 깊은 의심을 품고 주시했다.

　하지만 마침내 녹스는 다음 해인 1559년에 스코틀랜드로 되돌아갔다. 그가 돌아가자마자 쏟아 낸 화산 같은 설교들은 개신교 신자들의 감정을 타오르게 했다(그리고 이 설교를 듣고 몇몇 폭동이 일어나기도 했다). 당국은 그를 법의 보호를 받지 못할 자로 선언했지만, 개신교를 믿는 귀족들과 백성들로 이루어진 강력한 무리가 금세 녹스를 옹호하고 나서면서 그들이 믿는 개신교를 지킬 준비를 갖추었다. 이와 동시에 스코틀랜드에서도 잉글랜드와 마찬가지로 가톨릭교가 외세와 손을 잡기 시작했다. 스코틀랜드 여왕인 메리 자신만 봐도 머리에서 발끝까지 프랑스 사람이었다. 메리는 프랑스에서 자랐고, 그때도 프랑스에서 살고 있었으며, 프랑스 남자와 혼인했고, 어머니도 프랑스인(기즈의 마리, 스코틀랜드 왕이요 메리의 부친이었던 제임스 5세의 두 번째 부인이었다.─옮긴이)이었다(이 어머니는 애런에게 섭정 자리를 넘겨받아 메리 대신 스코틀랜드를 통치했다). 많은 스코틀랜드 사람들은 스코틀랜드가 마치 프랑스의 한 행정구역이 된 것처럼 생각하며 불쾌해했다. 그리하여 프랑스를 따르는 가톨릭 세력을 제거하고자 스코틀랜드의 애국심과 스코틀랜드의 개신교가 뭉치기 시작했다.

물론 이 모든 소식은 저 아래 잉글랜드에 있는 엘리자베스의 귀에는 아름다운 음악이었다. 자신이 다스리는 나라 북쪽에 가톨릭을 믿는 스코틀랜드가 자리하고 남쪽에 가톨릭 국가인 프랑스가 자리했다간 우환거리인 가톨릭 악당들에게 갇혀 옴짝달싹 못하는 처지가 될 수도 있었다. 엘리자베스는 그 대신 개신교 국가인 스코틀랜드가 북쪽에 들어서게 된 것을 생각하며 기뻐했다. 그리고 군대를 북으로 보내 개신교 신자들이 승리를 거둘 수 있게 돕기로 결정했다. 이 지원군이 모습을 보이는 것만으로도 상황을 바꾸기에 충분했다.

1560년, 스코틀랜드 의회는 교황이 스코틀랜드에서 더 이상 어떤 권위도 갖지 않으며, 대신 모든 교리와 관습은 존 녹스가 작성한 새 신앙고백(스코틀랜드 신앙고백)을 따라야 한다는 법을 제정할 수 있었다. 스코틀랜드 여왕 메리는 이를 반기지 않았을지 모른다. 그러나 그녀는 여전히 프랑스에 있었으며, 1년 후 스코틀랜드에 왔을 때는 이 법을 받아들여야 했다. 스코틀랜드는 이제 칼뱅주의를 따르는 국가가 되었다.

정말 놀라운 반전이었다. 1558년에는 잉글랜드와 스코틀랜드가 모두 가톨릭 국가였다. 그런데 1560년에는 두 나라가 모두 개신교 국가가 되었다. 물론 스코틀랜드도 잉글랜드처럼 개신교가 대중의 신앙, 개개인이 확신하는 신앙이 되려면 시간이 더 필요했다. 이를테면 1561년 부활절만 봐도, 에든버러에서 칼뱅파가 주장하는 성찬을 받아들일 준비가 된 사람은 전체 인구 중 10분의 1도 되지 않았다. 그렇다고 사람들이 특별히 미사에 애정을 갖고 있었다는 말은 아니다. 다만 사람들이 새 신학을 이해하려면 시간이 더 필요했다는 것이다. 스코틀랜드 사람들이 개신교 신앙을 그들 마음속에 받아들일 수 있으려면 훈련받은 설교자들과 개신교 전례가 필요했다.

정치와 신학

잉글랜드와 스코틀랜드의 종교개혁이 가장 두드러지게 보여주는 특징을 든다면 아마도 이 둘이 서로 아주 다를 뿐 아니라, 이 두 개혁과 비텐베르크, 취리히, 제네바에서 일어난 종교개혁 역시 아주 다르다는 점을 들 수 있을 것이다. 요컨대 신학이 주된 동력이 된 종교개혁과 정치가 주된 동력이 된 종교개혁은 달라도 사뭇 달라 보인다. 잉글랜드의 왕들과 여왕들은 정치가 중심이라고 생각했지만 루터와 츠빙글리, 칼뱅은 생각이 달랐다. 이는 잉글랜드의 종교개혁과 스코틀랜드 종교개혁 사이의 차이에서도 똑같이 볼 수 있다. 잉글랜드에서는 위에서 아래로 개혁이 이루어졌고, 군주가 추진 세력이었다(그리고 개혁자들은 군주의 이런 개혁 조치를 활용했다). 반면 스코틀랜드의 개혁은 아래에서 위로 이루어졌고, 군주의 뜻을 거슬러 민중이 개혁을 요구하는 경우가 많았다.

하지만 이런 차이는 오히려 종교개혁의 핵심이 교리 문제였음을 증명해 준다. 종교개혁은 신학이라는 옷을 입힌 정치·사회 개혁, 도덕 개혁을 요구한 것이 아니었다. 오히려 더 깊이 파고 들어가면 무엇보다 중요한 관건은 "복음이란 무엇인가?", "우리는 어떻게 알 수 있는가?", "구원이란 무엇이며 우리는 어떻게 구원받을 수 있는가?", "하나님 백성은 누구이며 교회는 무엇인가?" 같은 신학 문제들이었다. 마르틴 루터와 헨리 8세 사이의 다른 점을 찾아내기가 아주 쉽다는 사실이 이를 극명히 말해 준다. (헨리 8세가 그랬듯) 종교개혁을 정치 목적으로 이용하는 것도 얼마든지 가능했다. 하지만 종교개혁 자체는 (루터가 보여주었듯) 어디까지나 신학 혁명이었다.

6

종교개혁을 개혁하라: 청교도

청교도는 어떤 이들이었는가

'청교도'PURITAN. 이 말은 늘 묘사라기보다는 무기인 경우가 더 많았다. 어떤 사람이 누군가가 던진 진흙에 맞아 우스꽝스러운 몰골이 되었는데도 시치미를 뚝 뗀 채 아무 일이 없다는 듯 점잔을 뺀다. 대다수 사람들에게 '청교도'라는 말은 그런 말이다. 그러나 적은 수의 사람들에게 이 말은 가장 완벽한 신학적·영적 인증서를 지닌 황금의 단일팀을 묘사한 찬란한 말이다.

이 말은 엘리자베스가 여왕이 된 직후에 욕설로 만든 말이었다. 잉글랜드의 보통 사람들이 볼 때, 한쪽에 가톨릭교를 믿는 '교황주의자'가 있다면 이와 정반대 극단에는 '엄격주의자'PRECISIONIST 혹은 '청교도'가 있었다. 이는 곧 그들이 자신들을 다른 나머지 사람들보다 더 정결하다고 여기면서 사사건건 트집을 잡는 '나는 너보다 더 거룩해' 부류임을 암시했다. 이는 분명 공정한 묘사는 아니었다. 이런 말을 분명 자신들을 정결한 자라고 생각하지 않던 이들에게 적용했기 때문이다(청교도가 끊임없이 자신들의 죄악을 증언한 사실이 증명하듯이, 청교도는 결코 자신들을 정결한 자라고 생각하지 않았다). 하지만 이것도 아주 정확한 묘사는 아니었다. 청교도라고 하는 사람들도 서로 달랐으며, 그 차이가 확연한 경우도 종종 있었다. 이들은 십자가의 의미가 무엇인지를 놓고도 의견을 달리했으며, 정확히 어떻게 구원을 얻을 수 있는지를 놓고도 의견을 달리할 수 있었다. 시인 존 밀턴^{JOHN MILTON,} 1608-1674은 누가 봐도 청교도였지만, 모든 기독교 신경이 하나님을 삼위일체로 고백하는데도 이를 믿지 않았다.

그렇다면 청교도는 누구였는가? 존 밀턴은 '종교개혁을 개혁하는 이들'이라고 이야기했는데, 어쩌면 그가 한 말이 가장 좋은 정의일지도 모른다. 그것이 모든 청교도가 이구동성으로 추구하는 목표였기 때문이다. 청교도는 자신들이 정결하다고 생각하지 않았다. 그러나 그들은 교회 안과 그들 자신 안에서 아직 정결해지지 않은 것들을 정결하게 만들고 싶어 했다. 그들은 개혁을 원했다. 그들은 그 개혁이 어떤 모습이어야 하는지를 놓고 상당히 다른 생각들을 갖고 있었지만, 종교개혁을 아직 종교개혁이 미치지 않은 모든 것에 적용하고 싶어 했다. 그들은 종교개혁이 좋은 것이지만 아직 미완성이라고 생각했다.

올바르지만 밥맛떨어지는 사람들?

우리가 청교도를 이해하려면, 그들의 이야기를 살펴보기 전에 먼저 그들이 맞은 진흙부터 깨끗이 닦아내야 한다.

예를 하나 들면, 그들의 모습은 우리가 생각하는 전형적인 청교도의 이미지와는 영 달랐다. 우리는 엘리자베스 시대에 모든 이들이 번지르르하고 부풀린 소매가 달린 보디스^{BODICE}를 입고 우스꽝스런 기사처럼 멋진 주름컬러에 더블릿DOUBLET을 입었어도 청교도만은 검은 옷을 입고 오만상을 찌푸리며 상대방을 째려보았으리라고 상상한다. 청교도를 그린 초상도 그런 모습을 보여준다. 그런 차림이 그들의 가장 훌륭한 주일 복장이었다(그리고 초상화를 그리려고 앉으면 으레 그런 차림이었다). 그러나 청교도는 다른 날엔 무지개처럼 온갖 색깔 복장을 다 입었다. 십중팔구는 가장 위대한 청교도 신학자라 할 수 있는 존 오웬JOHN OWEN, 1616-1683은 "머리에 분을 뿌리고, 값비싼 큰 머리띠용 실로 만든 삼베 머리띠를 하고, 벨벳 재킷을 입고, 무릎에는 리본으로 포인트를 준 승마용 바지를 입은 뒤, 삼베로 윗부분을 만든 에스파냐산 가죽 구두를 신은 채" 옥스퍼드를 활보하곤 했다. 그들은 완고하고 음침한 무리가 아니었다.

보통 사람들이 청교도 하면 떠올리는 인상과 달리, 청교도는 결코 금욕주의자가 아니었다. 청교도가 계속하여 타락한 인간이 악용하는 피조물의 허무함을 경고했다 하더라도, 그들은 결코 거친 모직 셔츠나 딱딱한 빵을 칭송하지는 않았다. 청교도는 좋은 음식과 좋은 술과 포근하고 안락한 것들을 좋아했다. 청교도는 모기에겐 웃어 주었지만, 맥주가 떨어져 물을 마셔야 할 때는 정말 괴로워했다.[5]

요컨대 모든 청교도가 이랬다고 말하려 하다간 자칫 오해를 낳을 것이다. 청교도 자체가 큰 무리였고, 그 안에는 종종 다양한 그룹이 존재했기 때문이다. 당연히 아주 완고하고 음침한 이들도 있었다.

예를 들어 잉글랜드의 청교도 법률가 윌리엄 프린WILLIAM PRYNNE, 1600-1669
은 "우리의 본보기이신 그리스도 예수는 늘 슬퍼하시고 결코 웃지
않으셨다"고 쓸 정도였다. 하지만 이 사람이 이렇다고 저 사람도 꼭
이러라는 법은 없다.

하지만 청교도 가운데 삶 전체를 개혁하려고 열심을 내다가 그
열심 때문에 현학에 깊이 빠질 뻔했던 이들이 많았다는 말은 할 수
있겠다. 이를테면 훗날 식민지 시대 아메리카의 청교도였던 코튼 매
더COTTON MATHER, 1663-1728는 자기 일기에 이런 글을 쓴 적이 있다.

한번은 내가 천연 물통을 비우며 벽을 보고 물(소변)을 만들고 있었다.
바로 그때 개가 한 마리 오더니, 내 앞에서 역시 그런 행동을 했다.……
(그의 행동이 그를 '짐승 상태'로 떨어뜨리는 것에 충격을 받은) 나는 내가 이런
저런 자연의 요구에 응답하려고 멈춰 설 때마다 그때를 내 마음속에서
거룩하고 고귀하며 하나님 뜻에 맞는 생각을 형성하는 좋은 기회로 삼
곤 해야겠다고 결심했다.

자못 진지한 말이라고 생각하는 이들이 있을지도 모르겠다! 그
러나 다시 말하지만, 모든 청교도가 이와 같았다고 추정할 수는 없다.

청교도를 이렇게 오해하게 만든 가장 중요한 특징은 실제로 그
들 전체를 하나로 묶어 주었던 한 가지 모습이다. 즉, 청교도는 성경
과 성경 공부와 설교 듣기를 열렬히 사랑했다. 듣고 또 듣는 말이지
만, 청교도는 좋으면서도 긴 설교는 몇 시간이나 들어도 행복해했고,

좋은 성경 공부가 춤을 추며 저녁 시간을 보내는 것보다 더 낫다고 생각했다. 무려 일곱 시간에 걸친 설교도 귀를 기울여 들었다. 청교도를 길러낸 모판이었던 케임브리지 임마누엘 칼리지 학장이요 남달리 장수했던 로렌스 채더턴^{LAWRENCE CHADERTON, 1536-1640}(잉글랜드의 청교도 신학자로, 킹 제임스 성경 번역자 중 한 사람.―옮긴이)은 일찍이 설교하다가 자신이 쉬지 않고 두 시간이나 설교했다며 회중에게 사과했다. 그랬더니 회중은 "천만에요, 계속 하세요. 계속 하세요!"라는 외침으로 대답했다. 성경이 스릴 넘치는 책이라는 사실을 경험하지 못한 사람들이 볼 때, 이렇게 긴 설교는 아무리 좋게 생각해도 지루한 일이요, 아주 나쁘게 생각하면 미친 짓거리였다. 그러나 유럽에는 거의 천 년 동안 사람들이 성경을 읽을 수 없던 시절이 있었다. 하나님 말씀을 읽을 수 있다는 것, 그리고 그 말씀 속에서 하나님이 죄인들을 구원하시되 이 죄인들이 얼마나 제대로 참회했느냐를 기준으로 구원하시지 않고 오로지 당신 자신의 은혜로 구원을 베푸신다는 좋은 소식을 본다는 것은, 마치 지중해의 찬란한 햇빛이 죄가 뒤덮은 음울한 천지에 뚫고 들어오는 것과 같았다. 그것은 마치 사람을 황홀경에 빠뜨리는 것처럼 매력 있고 근사한 일이었다.

실제로 그런 점을 이해하지 못하면 청교도를 이해하기가 불가능하다. 이를테면 청교도에게 으레 있을 법한 사건을 담아 놓은 기록을 하나 살펴보자. '포효하는' 존 로저스^{JOHN ROGERS, 1570-1636}가 서포크와 에섹스 경계에 자리한 아주 조그만 동네 데덤^{DEDHAM}에서 설교했을 때 존 하우는 토머스 굿윈^{THOMAS GOODWIN, 1600-1680}이 회상한 내용을 기록했

잉글랜드 청교도의 주요 인물 왼쪽 줄은 위에서부터 토머스 가우지, 존 플라벨, 윌리엄 베이츠, 가운데 줄은 윌리엄 브리지, 토머스 굿윈, 존 오웬, 리처드 백스터, 오른쪽 줄은 토머스 맨튼, 스티븐 차녹, 존 하우다.

는데, 그 기록을 여기에 옮겨 본다.

그(로저스)는 설교에서 그 사람들이 성경을 무시한다며 그들을 훈계하기 시작했다(나는 우리 시대가 그때보다 성경을 더 무시하지 않나 싶어 두렵다). 그는 마치 하나님이 말씀하시듯이 그들에게 이렇게 말했다. "보아라. 나는 아주 오랫동안 내 성경을 너희에게 믿고 맡겼다. 그런데 너희는 이 성경을 무시했다. 이 집을 가나 저 집을 가나 성경이 온통 먼지와 거미줄을 뒤집어쓰고 있더구나. 너희는 마음을 다하여 성경을 들여다보지 않는다. 너희가 내 성경을 이 따위로 사용한단 말이지? 좋다. 이제 더 이상 너희는 내 성경을 갖지 못하리라." 그는 성경을 자기 쿠션에서 집어 들었다. 그 모습은 마치 그 성경을 가지고 떠나면서 그것을 그들에게서 가져가려는 것 같았다. 그러다 갑자기 이번에는 자신이 그 사람들을 대변하는 자처럼 행세하면서, 무릎을 꿇고 아주 애처로이 울며 하나님께 이렇게 간청했다. "하나님, 저희에게 무슨 일을 하셔도 상관없지만, 성경만은 저희에게서 가져가지 마소서. 저희 자녀를 죽이셔도 좋고 저희 집을 불태우셔도 좋고 저희 재산을 파괴하셔도 좋으니, 다만 당신 성경만은 우리에게 남겨 두소서. 당신 성경만은 가져가지 마소서." 그러더니 이번에는 또 자신이 하나님이 되어 사람들에게 이렇게 이야기했다. "너희가 그렇게 말하니, 좀 더 두고 보겠다. 너희에게 주는 내 성경이 여기 있으니, 너희가 이 성경을 어떻게 사용하는지, 이 성경을 더 사랑하는지, 더 소중히 여기는지, 더 준수하는지, 더 실천하는지, 더욱 이 성경을 따라 살아가는지 내가 지켜보겠다." 그러나 그의 이런 행동으로……회중 전체가 아주 이상한 모습을 보이게 되었고, 그 바람에 결국 그는 살아 있는 동안 다시는 회중 앞에 서지 못했다. 그곳은 말 그대로 보김(사사기 2:1-5에 나오는 지명. 이곳 백성들은 자신들이 저지른 잘못 때문에 하나님께 꾸지람을 듣고 펑펑 울었다.—옮긴이)이었다. (말하자면) 사람들이 모두 눈물을 펑펑 쏟아 냈다. 그는 내게 자신이 밖으로 나가 다시 말을 타고 떠나려 하다가 말에 올라타기 전에 우는 말 목덜미를 붙잡고 15분이나 머뭇거려야 했다고 말했다. 나는 그 이야기를 들으면서 그도, 그곳의 일반 사람들도, 그런 그들이 성경을 무시했다는 이유로 그렇게 훈계를 들었다는 것도 아주 이상하다는 인상을 받았다.

청교도에게는 성경이 이 세상 전체를 줘도 바꿀 수 없을 만큼 가장 소중한 것이라는 사실을 인지하지 못하면, 이 이야기를 완전히 이해하기는 불가능하다. 청교도주의는 성경의 유일한 권위를 앞세워 삶 전체를 개혁하려 했다. 그것은 하나님을 두려워하는 마음을 모든 권위 속에 집어넣으려 한 것이었다.

'로마가톨릭'을 제거하다

청교도주의는 엘리자베스가 자신만의 독특한 잉글랜드 개신교를 앞세워 성공회를 세웠을 때 등장했다. 개신교 신자들은 모두 잉글랜드가 로마에서 벗어난 것을 보고 기뻐했다. 그러나 머지않아 청교도로 불리게 될 이들은 엘리자베스가 만들어 낸 것을 참고 받아들일 수가 없었다. 그렇다고 그들이 성공회를 떠나고 싶어 했던 것도 아니었다. 결국은 성공회가 유일한 교회였다(엘리자베스 치세 초기에 성공회를 떠났던 극소수 사람들은 보통 청교도로 알려져 있지 않다). 그러나 그들이 보기에 성공회는 죽인지 밥인지 모를 교회였고, 훨씬 더 많이 개혁해야 할 교회였다. 그들 가운데 많은 이들은 메리를 피해 스위스에서 피난 생활을 하는 동안 일들이 어떻게 펼쳐지는지 보았다. 오늘날 영국인들이 영국의 철도 시스템을 스위스의 시스템과 비교하면서 고개를 젓듯이, 청교도들도 엘리자베스 시대 성공회와 칼뱅의 제네바를 비교하면서 고개를 저었다. 예를 들어, 성공회 목사는 여전히 사제라 불렸고 사제복을 입었다. 청교도들은 이런 식으로 하다간 분명 사람들이 목사들의 주된 존재 이유를 가르침이 아니라 미사를 집전하며 희생 제사를 올리는 것으로 여길지도 모르겠다고 생각했다. 세례 때는 십자가 표지를 여전히 사용했다. 이렇게 하면 분명 사람들은 세례의 참된 의미를 알지 못하고 그저 의식쯤으로 여기지 않을까? 성공회 혼인 의식에서는 여전히 혼인 반지를 주고받았는데, 이렇게 하면 사람들이 혼인을 로마의 주장을 따라 우리 눈에 보이는 표지인 반지를 사용하는 성례의 일종으로 생각하게 부추기는 꼴이 되지 않을까? 사람들은 성찬 때 (그리스도의 몸을 바닥에 떨어뜨리는 일이 일어나지 않도록 진짜 빵이 아니라 성찬용 전병을 받으려고) 여전히 무릎을 꿇어야 했다. 이것은 곧 미사 때처럼 빵과 포도주를 예배해야 한다고 암시하는 행동이 아닐까? 견신례 같은 관습은 또 무엇이란 말인가? 성경에 그런 관습이 있었는가? 청교도들은 이런 의문들을 품었다.

문제는 엘리자베스가 프로테스탄트이면서도, 그녀가 "새로운 유행"이라 부르던 것을 싫어하면서, (가톨릭 방식을 따라 "하나님의 몸에 의지하여!"라고 맹세하는 경우처럼) 옛 방식을 본능처럼 좋아한다는 것이었다. 청교도들이 질색하며 꺼리는 것들을 엘리자베스는 전혀 문제될 게 없다고 생각했다. 엘리자베스는 잉글랜드에서 종교 문제는 1559년에 다 마무리되었다고 생각했다. 잉글랜드가 개신교 국가라는 사실은 두 말 하면 잔소리였다. 하지만 청교도들이 보기에는 종교 문제가 '해결되었다'는 생각 자체가 교회는 하나님 말씀에 더 가까운 교회가 되고자 끊임없이 개혁해야 한다고 믿었던 프로테스탄트의 근본 신념에 철저히 어긋나는 것이었다.

그것은 단지 주일에 펼쳐지는 일들을 놓고 하는 말이 아니었다. 오직 믿음으로 의롭다 하심을 얻는다는 것이 무슨 의미인지를 거의 이해하지 못하거나 전혀 이해하지 못하는 백성이 여전히 대다수인데도 개혁 작업이 끝났다고 생각하는 청교도는 아무도 없었다. 교회 운영 방식을 개혁하는 것만으로는 충분하지 않았다. 종교개혁은 개개인의 삶을 바꾸는 일이었고, 외면을 개신교로 바꿀 뿐 아니라 내면의 중심을 복음에 합당하게 바꾸는 것이었다.

이 모든 일의 모판이 된 곳은 대학교, 그중에서도 특히 케임브리지 대학교였다. 케임브리지에서 영향력을 갖고 있었던 로렌스 채더턴 같은 신사들은 케임브리지 대학교의 주된 목적을 잉글랜드 땅에 설교자들을 공급하는 것이라고 보았다. 그의 대학 동료들은 대학에 오래 머물 수 없었다. 스스로 설교할 강단을 찾아 떠나야 했기 때문이다. 그들이 떠날 때는 그들이 대학교에서 형성했던 친구 관계가 그들끼리 서로 돕는 촉매제가 되었다.

그들 사이의 이런 돈독한 관계 때문에 청교도 설교자들은 자기 이웃에 사는 다른 청교도가 누구인가도 아는 경향이 있었다. 머지않아 청교도 사이에서는 그들이 '예언'PROPHESYINGS이라 부르는 것을 할 목적으로 모임을 가지는 관습이 자라나기 시작했다. 이 모임에서는 몇몇 성직자들이 차례로 설교한 뒤, 이 설교들을 놓고 토론하곤 했다. 이 모임은 설교자들이 더 나은 설교를 하는 데 도움을 주었고, 이 설교를 듣는 사람들은 한 달 동안에 들을 만한 설교를 하루 동안에 다 듣는 혜택을 누렸다. 예언하기 모임은 대중들 사이에서 엄청난 인기를 얻었다. 사람들은 (여행이 느린 시대에) 먼 거리를 마다하고 모임이 열리는 곳을 찾아가 이런 엄청난 설교들을 들었으며, 살림이 넉넉한 이들은 종종 설교자들에게 저녁과 포도주를 대접함으로써 그들이 할 수 있는 모든 힘을 다해 이런 일을 후원했다. 이런 모임들은 대단히 큰 의미가 있었다. 이런 모임에서는 위에서 내려온 어떤 것보다 성경을 참고하여 자유롭게 교리를 토론했다.

이런 자유 토론은 여러 결과를 낳았는데, 1570년대에 이르러 개혁을 더 이상 느긋이 기다리지 못하는 세대가 생겨나게 된 것도 그런 결과 중 하나였다. 이 세대에 속한 사람들은 더 강경한 견해를 피력하려 했다. 많은 이들이 진정한 개혁은 교회가 일하는 방식이 철두철미하게 성경에 직접 근거할 것을 요구한다고 주장하기 시작했다. 그들이 하는 주장은 조금 어처구니없는 말일 수 있었다. 이들은 예배

리처드 백스터(Richard Baxter, 1615-1691)는 첫 세대 청교도보다 거의 한 세기 뒤에 목회를 했지만, 그가 이런 문제를 놓고 한 다음의 말을 들었으면 모든 청교도가 진심으로 공감했을 것이다.

뭣이라! 우리가 의식 몇 개 없애고 복장 몇 가지 바꾸고 제스처와 형식 좀 바꿨다고 개혁은 다 끝났다는 생각을 할 수 있겠는가! 얼토당토않은 소리다! 영혼을 돌아서게 하고 구원하는 것이 우리가 할 일이다. 그것이 종교개혁에서 가장 중요한 부분이다.

또 백스터는 그런 생각에 따른 행동 면에서도 청교도의 모델이 될 수 있는 사람이었다. 그는 그런 개혁을 완수하려면 정규 설교만으로는 부족하다고 믿었다. 그는 개개 사람들과 함께 하면서 그들이 스스로 복음을 이해하게 하고 그렇게 이해한 내용을 그들의 상황에 적용하게 하며 그들을 가정교사처럼 친밀하게 양육할 시간을 가져야 했다. 그리하여 그는 1650년대에 섬기던 키더민스터(Kidderminster) 교구에서 모든 교구민을 1년에 한 번 심방하고, 각 가정과 한 시간씩 시간을 보내며, 일주일에 열다섯 가정을 돌보는 일을 시작했다. 그 결과는 엄청났다.

한 마디로(청교도가 이런 말을 할 때는 절대 믿지 말라. 그들은 결코 이야기를 짧게 끝내는 사람들이 아니다), 내가 처음 거기에 갔을 때만 해도, 하나님을 예배하며 그분의 이름을 부르는 집은 한 거리에 한 집 정도였다. 그러다 내가 그곳을 떠날 때에는 하나님을 예배하고 그분의 이름을 부르지 않는 집, 하나님을 믿는 믿음을 진지하게 고백하지 않아 그들이 성실한 신자로 살아가리라는 소망을 우리에게 안겨 주지 않은 집이 한 거리에서 하나도 되지 않는 거리들이 여럿 있었다.

할 때 목사는 한 곳에 서 있어야 한다고 주장했는데, 그 이유로 베드로가 "제자들 가운데 서 있었다"^{행 1:15}는 것을 들었다. 또 민수기 28:9이 안식일에 번제를 두 번 올릴 것을 이야기한다는 것을 내세워, 주일에는 두 번 예배해야 한다고 주장했다. 다른 주장도 이런 식이었다. 아울러 일부 사람들은 이 예언하기 모델이 교회를 어떻게 다스려야 하는지 보여주는 것이요, (주교들 대신에) 성직자 그룹이 모여 모든 교회가 그들이 있는 지역에서 어떻게 일해야 할지 결정하는 방법을 일러 주는 것이 아닌가 하는 생각을 하기 시작했다. 다시 말해 그들은 성공회 대신 장로교를 지지하기 시작했다.

물론 엘리자베스와 기존 교회 조직의 귀에는 이런 말이 무정부주의처럼 들렸다. 1570년, 케임브리지 대학교 신학 교수로 갓 임명받은 토머스 카트라이트^{THOMAS CARTWRIGHT, 1535-1603}(잉글랜드 장로교의 아버지로 불리는 청교도 신학자.—옮긴이)는 장로교를 옹호하는 강연을 잇달아 이어갔다. 그는 곧바로 교수직에서 쫓겨났다. 6년 뒤, 엘리자베스는 예언하기 그룹들이 만들어 내는 모든 골칫거리를 끝장내야겠다고 결심하고 새 캔터베리 대주교인 에드먼드 그라인들^{EDMUND GRINDAL,} ¹⁵¹⁹⁻¹⁵⁸³에게 그 그룹들을 진압하라고 명령했다. 그러나 머리부터 발끝까지 개신교 신자였던 그라인들은 하나님 말씀에 재갈을 물리는 일을 도울 수 없었다. 특별히 아주 많은 사람들이 그 말씀에서 은덕을 입고 있는 상황에서 그런 일은 하는 것은 더더욱 천부당만부당했다. 결국 그는 명령을 거부했다. 당연한 일이지만, 그는 램버스 궁에 연금되었고, 청교도를 도울 수 있는 모든 힘을 박탈당한 채 1583년 세상을 떠날 때까지 그곳에 머물러야 했다.

그 뒤를 이은 존 위트기프트JOHN WHITGIFT, 1530-1604는 독재자 같은 지도자 유형이었다. 그는 모든 사람이 고분고분 시키는 대로 따르면서, 「성공회 기도서」를 지키겠다는 말에 서명해야 한다는 생각을 좋아했고 일부 사람들이 그런 생각을 좋아하지 않는 것을 마뜩잖아 했다. 위트기프트의 생각을 따를 수 없는 이들이 많았고, 결국 이들은 자신들이 섬기던 자리에서 쫓겨났다. 이 대주교가 보기에는 만사가 말끔하게 정리되었을지도 모르지만, 이런 조치 때문에 청교도들은 하나같이 더 깊은 불만을 갖게 되었다. 1588년, '마틴 마프렐러트'MARTIN MARPRELATE라는 필명을 쓰는 저자가 잇달아 소책자를 펴내면서 반발이 시작되었다(이 필명은 한편으로는 마르틴 루터 쪽에 윙크를 보내면서 다른 한편으로는 고위 성직자들, 곧 주교들을 향해 그리 마음에 들지 않는다는 몸짓을 해보였다). 이 소책자들은 위트기프트가 램버스 궁에서 방탕한 동성애 파티를 연다고 비판하는가 하면, 다른 주교들을 똥 더미요 사탄의 종이라고 부르는 등 도가 지나쳤다. '마틴'은 분명 이런 글을 쓰며 희희낙락했겠지만, 이런 식으로 사람을 욕보이는 일은 아주 바람직하지 못했다. 이제 사람들은 청교도와 난동 및 무정부주의를 이전보다 더욱 연계하여 보기 시작했다.

이런 소책자들을 출간한 비밀 인쇄소 색출 작업은 모든 청교도 설교자의 집에서 성공회에 순응하지 않는 위험 요소를 탐지하여 고발하는 일로 바뀌었다. 그 후 몇 년 동안, 법을 내세워 청교도를 엄중 단속하는 일이 이루어졌다. 1593년에는 의회가 청교도를 억누르는 법을 제정하여 분리주의 운동 지도자들을 교수형에 처했고, 청교도를 이끌던 많은 주요 인물들이 큰 위험에 빠졌다. 청교도들이 엎드린 동안 적들은 청교도를 차서 날려 버릴 기회를 잡게 되었다.

청교도와 가장 앙숙이었던 이들 중에는 극작가들이 있었다. 청교도들은 극장들과 수없이 충돌했다. 당시 극장들은 여러 가지 점에서 그 시대의 사창가 같은 역할을 했다. 뿐만 아니라 청교도들은 연극에서 여자 역할을 하는 남자 배우들(그때는 그랬다. 여배우가 없었기 때문이다)이 분명히 동성애를 부추기곤 한다고 보았다. 하지만 극작가들은 그들이 쓴 작품이 "마귀의 대단한 허풍"이라 불리는 것을 좋아하지 않았다. 때문에 극작가들은 그들이 쓴 작품에서 청교도를 으레 우스꽝스러운 인물의 대명사로 묘사하여 반격했다(셰익스피어가 쓴 『십이야』에 나오는 청교도 말볼리오를 생각해 보라). 물론 자신들이 선술집과 극장에서 하는 습관에 대해 청교도가 도전하는 것을 마땅치 않게 여겼던 사람들은 극작가들의 이런 조롱을 열렬히 응원했다.

엘리자베스 치세 마지막 10년은 청교도들에게 암흑의 시기였다. 어떤 이들은 정치와 담을 쌓고 실질적인 개혁의 문제들(영혼 개혁)만 다룸으로써 그 시절을 헤쳐 나갔다. 그런가 하면 또 다른 이들은 머지않아 스코틀랜드 왕 제임스 6세가 잉글랜드 왕이 될 수 있으리라는 것을 알고 그 시절을 견뎌 냈다.

기독교 세계에서 가장 똑똑한 바보

해기스HAGGIS(양 내장을 다져 오트밀과 함께 양 위에 넣고 삶은 요리.—옮긴이)
와 칼뱅주의만 엄격하게 먹고 자란 제임스는 모든 청교도의 희망이
었다. 청교도들은 마침내 자신들이 진짜 개혁파 군주를 갖게 되었다
고 생각했다. 더욱이 제임스는 아주 박식했다. 담배와 마법을 저주하
는 글부터 정치와 신학을 다룬 글까지 많은 논문을 쓴 저자였다. 그
런 만큼, 청교도들은 그가 당시에 무엇이 중대한 신학 문제인지 분명
히 인식하고 있으리라고 보았다. 그리하여 엘리자베스가 죽자, 청교
도들은 제임스가 미처 런던에 오지도 않았는데 그에게 청원서를 보
내어 그들이 보기에 여전히 '가톨릭' 냄새를 솔솔 풍기는 기도서를
많이 바꿔 줄 것을 요청했다.

　제임스는 이에 대한 응답으로 이듬해인 1604년에 햄튼 코트
HAMPTON COURT에서 기도서에 만족하는 사람들과 청교도가 참석하여 각
기 그들의 주장을 제출하게 하는 회의를 열자고 요구했다. 청교도들
에겐 불행한 일이었지만, 제임스는 스코틀랜드에서 성정이 불같고
무엇이든 시작하면 끝장을 보고야 마는 존 녹스 추종자들의 스타일
을 늘 상대하곤 했던 사람이었다. 때가 이르러 잉글랜드 청교도들이
보낸 사절을 만난 그는 이들이 자신에게 존경을 표시하며 고분고분
한 것을 보고, 이를 청교도들이 심각한 불만을 갖고 있지 않다는 의
미로 받아들였다. 더구나 제임스는 청교도들이 사실은 장로교 교회
질서를 원하고 있는 건 아닌가 하는 의심을 가졌다. 제임스는 장로교

를 두고 (그의 거센 스코틀랜드 사투리로) "하나님과 마귀는 물론, 군주(군주제)에도 동의한다.……그러다가 잭과 톰과 월과 딕이 모여 저희 좋을 대로 나를 검열할 것이다"라고 말했다. 제임스가 말하고자 하는 핵심은, 개혁은 아주 좋은 일이지만 개혁을 내세워 하나님이 제임스에게 주신 왕의 권위를 슬금슬금 깎아내리는 일을 할 때는 이야기가 달라진다는 것이었다. 청교도들은 사실상 빈손으로 돌아왔다. 청교도들이 내놓은 중요한 아이디어 가운데 제임스가 맘에 들어 하는 것은 딱 하나, 새로운 번역 성경을 준비해야 한다는 의견이었다. 제임스는 마음이 급했다. "나쁜 왕에게는 복종하지 말라"처럼 왕에게 근심을 안겨 주는 내용들을 옹호하는 제네바 성경의 저 골치 아픈 방주들을 드디어 말끔히 없애 버릴 수 있게 되었기 때문이다. 이리하여 제임스 왕 공인 성경 역본(킹 제임스 역본)을 만들어 낼 것을 의뢰하게 되었다.

물론 청교도에게 재앙 같고 음울한 일만 있지는 않았다. 다음 해(1605년), 가톨릭 세력이 꾸민 화약 음모 사건—가톨릭 세력이 의회 의사당을 폭파하여 왕과 정부 관원들을 죽이려 했던 사건—이 실패로 돌아가면서, 국민 여론은 가톨릭교에서 멀어지고 청교도에 호의를 보이는 쪽으로 돌아섰다. 제임스조차도 열렬한 청교도 주교들을 몇 사람 임명하고, 청교도가 영향력 있는 목소리를 낼 수 있게 해주었다.

하지만 일부 사람들은 제임스가 이전의 엘리자베스만큼이나 성공회에 순응할 것을 강력히 요구한 사실을 갈 데까지 간 것으로 받아

화약 음모 사건의 공모자들 이 사건으로 인해 잉글랜드 여론은 청교도에 호의를 보이는 쪽으로 돌아섰다. 하지만 잉글랜드 왕 제임스는 청교도들이 원하는 방향으로 개혁을 진행하지는 않았다.

들였다. 그들은 가톨릭과 개신교를 절충해 놓았던 엘리자베스 치세기를 더 나은 시대가 오리라는 소망을 품고 견뎌 냈었다. 하지만 제임스는 왕위에 오르더니 엘리자베스와 똑같은 기조를 밀고 나가면서 계속하여 가톨릭과 개신교를 절충할 뜻을 분명히 했다. 그래도 그 정도는 견딜 만했다. 제임스는 때로 자기 노선에서 벗어나 아예 청교도를 적으로 삼으려는 것처럼 보였다. 예를 들면, 그는 1618년에 「스포츠 및 오락에 관한 규정」BOOK OF SPORTS을 반포했는데, 여기서 그는 동물들에게 잔인한 행위를 하지 않는 대다수 스포츠는 주일 오후를 보낼 수 있는 방법으로 얼마든지 받아들일 수 있다고 선언했다. 더군다나 목사들에게 이 규정을 강단에서 낭독할 것을 요구했는데, 이는 청교도들에게 잔혹한 일이었다. 당시만 해도 대다수 청교도는 대체로 안식일을 엄격히 지켜야 한다는 입장을 가진 이들이었다. 이런 청교도들에게 왕이 반포한 규정은 대놓고 도전장을 내민 것이나 다름없었다. 청교도 목사들은 이 규정을 낭독하길 거부하거나 낭독한 뒤 끝에 이런 말을 덧붙이곤 했다. "안식일을 기억하여 거룩히 지키라."

일이 이렇게 흘러가자, 제임스 치세기 동안 떠나는 청교도들이 늘어갔다. 일부는 그냥 성공회를 떠났고, 일부는 아예 잉글랜드를 등졌다. 1607년에는 한 회중이 갑자기 짐을 꾸려 네덜란드로 출항했다(당시 네덜란드는 인기 있는 선택지였다). 그러나 그곳의 모진 상황 때문에 그들은 더 먼 곳을 내다보게 된다. 그리하여 1620년에 청교도들은 플리머스PLYMOUTH에서 잉글랜드를 간절히 떠나고 싶어 하는 몇몇 이주자들과 합류하여 메이플라워호THE MAYFLOWER를 타고 신세계로 떠났다. 그것은 청교도들이 품어 왔던 상상을 쫓아가려는 행동이었다. 억압을 피해 잉글랜드에서 탈출하는 경건한 이들은 이집트를 탈출하는 이스라엘 백성 같았다. 더욱이 그들은 이스라엘 백성처럼 자유를 누릴 약속된 땅을 찾아 떠났다. 그들은 거기서 새 잉글랜드A NEW ENGLAND를 세우고 새 예루살렘A NEW JERUSALEM을 건설하게 된다. 그들은 거기서 옛 세상의 굴레에 매이지 않은, 완전한 개혁을 이룬 사회를 만들려 했다. 그들은 그곳을 '언덕 위의 도시'요 세상을 밝혀줄 등불로 만들려 했다. 그 환상이 너무나도 황홀하여 따라간 사람이 수만이나 되었다.

한편 옛 잉글랜드에서 청교도는 더 이상 통일 세력이 되지 못하고 점점 더 여러 분파들이 모인 집단으로 변해 갔다. 이들은 성공회 안에 계속 머물러 있을 것인가와 같은 문제 및 점점 늘어나는 신학 문제들을 놓고 이쪽저쪽으로 갈라졌다. 청교도를 떠나 그들 나름대로의 그리스도인의 정결 개념을 더 크게 생각하고 주장하는 사람들이 많아질수록, 청교도의 영향력은 점점 더 약해졌다. 리처드 십스 RICHARD SIBBES, 1577-1635는 이 사안이 순식간에 청교도의 큰 문제로 등장한 것에 놀라서 이렇게 말했다. "세상과 구별된 이들이 그들끼리 사분오열하는 모습을 보이다니, 사탄과 그 졸개들에게는 그야말로 기막힌 구경거리로다! 우리의 불협화음이 우리 원수에겐 기막힌 멜로디구나."

한계점으로 내몰리다

제임스 1세의 말더듬이 아들인 찰스찰스 1세, 재위 1625-1649는 왕이 되기 전부터 사람들 사이에서 그 수위가 높아만 가는 갈등에 직면했다. 그의 아버지는 순진하게도 개신교와 가톨릭교를 화해시켜 보고자 아들을 가톨릭교를 믿는 에스파냐 왕의 딸과 혼인시키려 했다. 사람들은 이를 제임스가 에스파냐 무적함대에게 나라를 내주고 싶어 하는 것으로 받아들였다. 찰스는 그런 일을 하지 않을 만한 지각을 갖고 있었지만, 1625년에 왕이 되자마자 아버지가 내렸던 결정만큼이나 재앙이 될 결정을 내리고 말았다. 에스파냐 공주 대신 프랑스 공주 앙리에트 마리HENRIETTE MARIE, 1609-1669 (프랑스 왕 앙리 4세의 막내딸이며 프랑스 왕

브리튼 섬에서 일어난 종교개혁 이야기를 처음부터 끝까지 살펴보면, 개신교가 한낱 정치 놀음으로 전락하기가 얼마나 쉬운지 알 수 있다. 잉글랜드에서 사람들이 열렬한 가톨릭 반대자가 되는 것은 식은 죽 먹기보다 쉬운 일이었지만, 하나님이 베푸시는 구원의 은혜를 이해하거나 체험하지는 못했다. 거의 모든 이가 교회에 나가던 시절에 이름만 프로테스탄트인 신자가 되기는 결코 힘든 일이 아니었다. 하지만 바로 이것이 청교도가 사람들에게 인격을 개혁할 것을 촉구하며 싸움을 벌였던 문제였다.

하지만 이런 싸움에는 상당한 위험이 도사리고 있었다(이 위험은 비단 청교도뿐 아니라, 자매 운동이라 할 수 있는 독일의 루터파 경건주의에도 해당했다). 즉, 사람들이 복음에 반응하게 하려는 욕구가 자칫하면 복음이 아니라 반응에 초점을 맞추는 결과로 이어질 수도 있었다. 이 때문에 개혁파 신자들의 삶을 살펴보면(어떤 사람이 복음에 바로 응답했음을 보여주는 표지를 살펴보면), 개인의 거룩함을 자라게 하는 데 마음을 쏟다가 정작 본디 종교개혁이 초점을 맞추었던 칭의를 가려 버리기 십상이었다. 다시 말해 청교도들은 복음에 반응하여 거룩한 삶에 집중하려 하다가 오히려 하나님이 값없이 베풀어 주신 구원의 은혜를 선포하지 못할 위험을 안고 있었다.

이 때문에 교회만 왔다 갔다 하는 수많은 사람들은 십계명을 다룬 설교는 수도 없이 들으면서도 하나님이 그들을 과연 용서해 주실지, 그리고 용서해 주신다면 어떻게 용서해 주실지에 대한 문제는 여전히 감을 못 잡고 있었다. 결국 그들은 자신들의 구원이 거룩한 삶을 살아가느냐 마느냐에 달려 있는 것처럼 행동하게 되었다(루터가 애초에 고민했던 문제가 바로 이것이었다). 이런 상황이 영벌을 피하라는 강력한 경고와 맞물리자(이런 경고가 강력한 힘을 발휘할 만했다. 윌리엄 퍼킨스는 "'영벌'이라는 말을 아주 힘주어 발음하곤 했는데, 그럴 때면 그의 설교를 듣는 이들의 귀에는 이후에도 오랫동안 메아리가 남아 있었다"), 심히 불안에 떠는 이들이 많아졌다. 결국 토머스 굿윈의 말대로, 많은 이들이 자신들의 영혼 상태를 염려하느라 "오로지 그들 자신의 마음이 어떠한지만 생각하게 되었고,······그리스도는 '모든 이들의 생각 속에서 거의 찾아보기 힘든 분이 되었다.'" 그리스도가 값없이 베풀어 주신 은혜를 바라보고 믿을 수 없게 되자, 사람들은 자기 내면을 들여다보는 데만 병처럼 집착하면서, 자신들의 마음이 충분히 선하다는 느낌이 드는지, 혹은 거기에 그들이 신뢰할 수 있는 어떤 믿음이 존재하는지 알려고 애썼다(그러면서 이들은 그리스도가 아니라 자신들이 구원받으리라고 믿는 그들 자신의 믿음을 신뢰하려 했다).

바로 여기에서 여전히 아주 신선한 생명력을 불어넣어 주던 몇몇 청교도 목회자들이 치료책을 갖고 등장했다. 리처드 십스가 그 빛나는 사례다. 십스는 케임브리지에서 훈련을 받고 그곳에 있는 홀리 트리니티(Holy Trinity) 교회의 설교자가 되었다가, 1617년에 런던 법학원(London Inns of Court)을 구성하는 네 곳 가운데 하나이자 명성이 자자했던 그레이스 인 법학원(Gray's Inn)의 설교자가 되었다. 그는 세상을 떠날 때까지 이 자리에 있었으며, 이를 그 시대에 가장 중요한 몇몇 인물들에게 설교할 좋은 기회로 활용했다. 이 인물들 가운데 많은 이들이 장차 다가올 격변기에 잉글랜드를 다스리게 된다. 1626년, 십스는 케임브리지 대학교 캐서린 홀(Katherine Hall)도 주관하게 된다(곧이어 그는 다시 홀리 트리니티의 설교자가 되었다). 그리하여 십스는 당시 잉글랜드에서 가장 영향력 있는 세 자리를 한꺼번에 맡게 되었고, 이 자리들을 활용하여 은혜로운 하나님의 달콤한 복음 메시지를 전했다. 하지만 사람들은 십스를 무엇보다 설교자로 기억한다. 그 시대 사람들이 '꿀과 같은 입을 가진 사람', '하늘에서 온 십스 박사', '꿀 같은 말을 떨어뜨리는 사람'으로 알았던 그는 당대에 가장 훌륭한 개신교 설교자였다. 그의 설교가 얼마나 호소력이 있었던지, 마음이 강퍅한 죄인들은 그의 설교를 듣고 회심할까 봐 일부러 귀를 닫고 그의 말을 듣지 않는다는 이야기가 있을 정도였다.

십스는 내면을 성찰하고 자신의 도덕에 의지하는 문화를 통찰하면서, 마태복음 12:20(이 구절은 이사야 42:3을 인용한 것이다), 곧 "상한 갈대를 꺾지 아니하며 꺼져 가는 심지를 끄지 아니하기를 심판하여 이길 때까지 하리니"라는 말씀을 소재로 삼아 시리즈 설교를 했다. '상한 마음을 싸매 주는 것'을 목표로 삼았던 이 설교는 『상한 갈대와 꺼져 가는 심지』(*The Bruised Reed and the Smoking Flax*)라는 이름으로 출간되었으며, 적어도 청교도의 또 다른 주요 인물 가운데 한 사람인 리처드 백스터를 회심하게 하는 도구가 되었다.

십스가 강설한 이 구절은 물론 예수를 가리킨다. 철두철미하게 그리스도에 초점을 맞춘 것이 십스가 한 설교의 놀라운 특징이었다. 그것은 우연이 아니었다. 십스는 청중들의 눈을 그들 자신의 마음에서 구주께로 옮겨 놓으려 했다. "그분 안에는 깊고도 깊은 우리 죄와 비참함을 다 채우고도 남는 높이와 깊이와 폭을 지닌 은혜가 있기" 때문이다. 어떻게 그런 말을 할 수 있었을까? 그것은 "하나님이 그리스도를 기뻐하시듯이 그리스도를 사랑하시기" 때문에 "우리도 그리스도 안에 있으면 하나님이 우리를 기뻐하시리라는 것을 짐작할 수 있기" 때문이다. 따라서 그리스도인이 우리 영혼의 상태를 확신하는 것은 우리 믿음이나 행위의 힘 때문이 아니라, 성부가 성자를 사랑하신다는 데에 "삼위일체 하나님이 완전히 의견을 같이 하시기" 때문이다. 그리스도인들이 하나님께 사랑을 받는 것도 우리 자신의 공로 때문이 아니라 성자의 공로 때문이다. 하나님은 삼위가 사랑을 나누시는 한 몸이므로, 그리스도인들도 확신을 가질 수 있다.

그리하여 십스는 믿은 지 얼마 되지 않고 번민이 많은 그리스도인들에게 그저 도덕적 짐을 지우지 않고, 대신 그들이 그리스도를 마음으로 사랑하게끔 그리스도의 매력을 보여주었다. 그때부터 그리스도인의 으뜸가는 과업은 "우리를 위해 자신을 내어주신 그분의 사랑과 자비라는 불가에 앉아 따뜻하게 불을 쬐는 일"이 되었다. 그리스도인은 그리할 때에 비로소 마음으로 죄를 짓는 일을 진정 멈추게 된다(반면 그들이 그저 그들의 행동만 바꾸려 할 경우, 마음의 죄는 아무런 영향을 받지 않는다). 다시 말해 십스는 죄를 짓지 않고 살려고 몸부림치는 것이 아니라 하나님이 값없이 은혜를 베풀어 주셨다는 복음만이 죄를 해결할 수 있는 길이라고 믿었다.

『상한 갈대와 꺼져 가는 심지』는 목사들에게 그리스도처럼 섬기면서, 약한 자들을 무거운 짐으로 짓밟지 말고 꺼져 가는 심지처럼 불꽃을 내며, 기울어 가는 그리스도인의 삶에 복음이라는 산소를 불어넣을 것을 또렷한 음성으로 요구한다. 십스가 『상한 갈대와 꺼져 가는 심지』를 루터를 언급하며 마친다는 점은 의미심장하다(십스는 하나님이 루터를 사용하셔서 "세상의 어느 누구도 끌 수 없는 불을 붙이셨다"고 말한다). 십스는, 심지어 종교개혁을 개혁하는 경우에도 개혁의 진정한 정신을 잃어버릴 수 있으며, 중세 가톨릭교가 안겨 주었던 모든 의심과 불안이 하나님의 은혜를 못 보는 그리스도인의 열렬한 도덕주의라는 뒷문으로 슬그머니 다시 들어왔다고 말하는 것 같다. 십스 및 그와 같은 청교도들이 '그리스도의 은혜로운 본질과 직임'을 가르치며 선포하려 했던 것은 종교개혁의 이런 본질을 지키려는 목적 때문이었다. "그리스도의 본질과 직임에 관하여 바른 자부심을 갖는 것이 그리스도를 받드는 모든 섬김과 그분에게서 얻는 위로의 원천이다."

루이 13세의 누이.—옮긴이)와 혼인하기로 결정했던 것이다. 마리가 가톨릭 주교들을 떼로 거느리고 도버에 도착했을 때, 사람들은 찰스가 속으로는 가톨릭 신자였다고 결론지을 수밖에 없었다.

분명 찰스는 고교회파HIGH CHURCH 신자였으며, (성공회 내부의 고교회파는 교회 의식과 제도를 더 중시했기 때문에 아무래도 가톨릭교에 가까운 모습을 보여주었다.—옮긴이) 교회를 자기 입맛에 더 맞는 주교들로 채워 넣었다(성공회 내부 고교회파는 새로 짓는 교회를 일부러 종교개혁이 있기 전의 건축 양식으로 지음으로써 종교개혁을 멸시했다. 그들은 종교개혁REFORMATION을 종교개악DEFORMATION이라 불렀다). 심지어 찰스는 자신이 소중히 여기던 캔터베리 대주교에 단신短身인 윌리엄 로드WILLIAM LAUD, 1573-1645를 임명했다. 케임브리지 청교도들은 이 옥스퍼드 출신 학자를 믿으려 하지 않았다. 로드는 사람들을 설복할 수 있는 인물이 결코 아니었다. 그는 자신의 애완 고양이와 큰 거북이에게만 애정을 쏟는 인물 같았다. 심지어 그는 사람들에게 애정을 쏟으려는 노력조차도 안 하는 인간처럼 보였다. 찰스가 그의 아버지가 반포했던 「스포츠 및 오락에 관한 규정」을 다시 반포하자, 로드는 이를 따르지 않고 강단에서 낭독하길 거부한 모든 성직자의 직무 수행을 즐거이 중단시켰다. 그러나 사실 사람들을 화나게 한 것은 로드가 전례와 고분고분한 순종(자신이 생각하는 전례와 순종)을 사랑한 점이었다. 예를 들어 그는 교회에 영성체대COMMUNION RAILS를 설치했다. 사람들은 이를 보면서, 이 고양이를 사랑하는 자가 잉글랜드의 보통 사람들이 사랑하는 개의 자유를 구속하려는 것이거나(당시 사람들은 그들이 키우는 개를 교회에 데려오곤 했다) 가톨릭교를 따라가려는 것이라고 추측했다. 로드가 사람들이 성체를 받으려면 영성체대 앞에서 무릎을 꿇어야 한다고 강조한 것을 볼 때, 그의 의도는 후자처럼 보였다. 이어 로드를 따르는 성직자들의 차림새가 완전히 달라졌다. 노리치NORWICH의 한 노부인이 겪은 혼란을 들으면, 이런 것들이 얼마나 많이 바뀌었는지 알 수 있다. 이 노부인은 성찬 제단 앞에 서 있는 목사가 진홍색 미사복을 입고 있는 것을 보고 시장이 왜 미사를 집전하느냐며 의아해했다.

이 모든 일은 대중의 큰 저항을 불러일으키고 더욱더 많은 사람들이 청교도에 동조하도록 만들기에 충분했다. 그러나 분위기는 더 엄중해지기 시작했다. 1637년 열변을 토하던 세 연사가 체포당하여 법 위의 법원처럼 보이던 성실청STAR CHAMBER, 星室廳(주로 정적들을 제거하는 데 사용했던 형사 특별 법원으로 청교도 혁명이 일어난 뒤 폐지되었다.—옮긴이)으로 끌려갔다. 윌리엄 프린WILLIAM PRYNNE, 1600-1669은 왕비 마리아의 생활방식을 비판했다. 헨리 버튼HENRY BURTON, 1578-1648은 모든 주교를 '벼락출세한 쓰레기들'로 묘사했다. 존 배스트위크JOHN BASTWICK, 1593-1654 역시 로드의 주교들을 비판했다. 이들은 이런 죄를 지었다는 이유로 귀가 잘려 나갔고, 프린은 얼굴에 낙인이 찍혔으며, 셋 다 런던의 여러 거리를 거쳐 조선소 선대船臺까지 질질 끌려갔다. 여느 때 같으면 그들은 거기서 군중에게 쓰레기 세례를 받아야 했다. 그런데 군중은 도리어 이 사람들에게 지지를 보냈다. 불길한 징조였지만 놀랄 일은 아니었다. 이 사람들은 '피의' 메리 시대에 순교한 사람들 이야기를 들으며 자란 세대였다. 존 폭스JOHN FOXE, 1516-1587는 이 모든 일을 그가 쓴 『순교자전』 *BOOK OF MARTYRS*에 기록해 놓았는데, 이 작품은 오랫동안 모든 성당과 많은 교회에 비치되어 있었다. 아주 불행한 일이나, 프린과 버튼과 배스트위크도 그런 순교자들과 비슷한 운명을 맞을 것처럼 보였다.

　　사람들의 불만이 쏟아지는데도, 찰스와 로드는 하던 일을 그대로 밀고 나갔다. 같은 해인 1637년, 찰스는 밀어붙인 김에 그가 다스리던 스코틀랜드 왕국도 잉글랜드와 일치시키기로 한다. 이제부터 스코틀랜드에서도 모든 일을 「성공회 기도서」를 따라 행하게 만들기로 결정한 것이었다(스코틀랜드에 적용하려던 기도서는 잉글랜드에서 쓰는 것보다 고교회파 색채가 더 짙었는데, 이는 스코틀랜드를 잉글랜드와 일치시키는 일에 속도를 내려는 목적 때문이었다). 찰스에겐 불행한 일이지만, 비록 존 녹스가 세상을 떠난 지 이미 60년이 넘었어도 녹스의 정신은 스코틀랜드에 그대로 살아서 펄떡펄떡 뛰고 있었다. 에든버러에 있는 성 자일스 *ST. GILES* 성당에서는 새로 임명된 주교가 새 기도서를 낭독하려는 순간, 수많은 회중이 그에게 의자를 집어던지고 봉기에 가담했다. 이 주교는 운 좋게도 목숨을 부지한 채 도망쳤다. 북쪽 브리힌 *BRECHIN*에서는 주교가 그런 기회조차 갖지 못했다. 그가 새 기도서를 따라 예배를 인도할 때 회중석에서 두 자루 권총이 그를 겨누었다.

　　스코틀랜드 사람들은 함께 모여 언약을 맺고(많은 이들이 이 언약에 자신의 피로 서명했다) 찰스가 단행한 개혁을 거부했다. 찰스는 이런 건방진 백성들을 혼낸다며 가기 싫어 주저하는 두 부대를 북쪽으로 보냈지만, 스코틀랜드 사람들은 이 부대를 격파했다. 이제 브리튼

기도서 봉기 스코틀랜드에도 「성공회 기도서」를 강요했던 찰스 1세의 시도는 물거품으로 돌아갔다. 스코틀랜드에는 여전히 녹스의 정신이 살아 숨 쉬고 있었다.

섬에는 많은 이가 왕이 가톨릭교의 방식을 다시 도입하기 위해 자기 백성들을 상대로 전쟁을 벌이려 한다는 것을 간파했다. 심지어 왕은 이런 목적을 이루고자 아일랜드의 가톨릭 군대까지 사용하려 했다. 나라는 이내 내전에 빠져들고 만다. 찰스의 군대는 결국 타고난 장군이요 케임브리지를 대표하는 하원의원인 올리버 크롬웰OLIVER CROMWELL, 1599-1658이 이끄는 청교도 군대에게 격파당하고 만다.

"새롭고 위대한 어떤 시대"

잉글랜드 내전은 오직 종교 때문에 일어난 것만은 아니었다. 하지만 크롬웰이 말했듯이 "처음에는 종교가 다툼거리가 아니었으나, 하나님은 결국 종교를 다툼거리로 만드셨다." 청교도들은 이때야말로 자신들이 엘리자베스 시대 이후로 이루고자 싸워 왔던 대의를 이룰 기회라고 생각했다. 존 밀턴은 이때를 가리켜 이렇게 말했다. "하나님은 심지어 종교개혁 자체를 개혁하는 한이 있더라도 당신의 교회 안에서 새롭고 위대한 어떤 시대를 시작하라고 명령하신다." 100명이 넘는 청교도 신학자들이 1643년부터 1649년까지 웨스트민스터에 모여 그야말로 개혁된 교회인 새 국가교회를 만들어 내는 데 필요한 문서를 작성했다. 이 교회는 주교가 없는 교회여야 했다(로드 대주교 본인도 1645년에 처형당했다). 또 이 교회는 장로교회여야 했다(하지만 크롬웰 같은 회중교회파가 존립할 여지를 남겨두었다). 또 이 교회에는 새롭게 개혁한 신앙선언(이것이 웨스트민스터 신앙고백이다)과 그에 맞는 요리문답을 제공했다. 아울러 「성공회 기도서」는 「웨스트민스터 공예배 지침」WESTMINSTER DIRECTORY OF PUBLIC WORSHIP으로 바꾸었다.

1649년, 잉글랜드 국민에게 대역죄를 저질렀다는 이유로 국왕을 처형하면서, 잉글랜드는 완전히 다른 나라가 된 것 같았다. 왕도 주교도 없었다. 처음에는 왕이 사라진 이 나라를 의회가 다스렸으나, 이내 크롬웰 자신이 '호국경'이 되어 다스렸다. 이때가 청교도들에게는 일찍이 선례가 없던 좋은 기회였다.

이 새로운 잉글랜드 공화국THE REPUBLIC OF ENGLAND 또는 THE COMMONWEALTH OF ENGLAND 혹은 '청교도 공화국'이 이전과 아주 달랐던 점은 유달리 큰 종교적 관용을 보여주었다는 것이다. 이제는 옛 성공회와 확연히 다

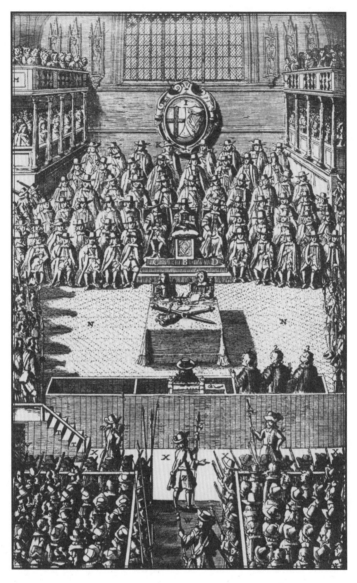

국왕 찰스 1세를 재판하는 장면 1649년에 찰스 1세가 처형되고 잉글랜드에는 왕도 주교도 없는 공화국 시대가 잠시 열린다.

른 신앙이 장려되었고, 성공회와 다른 수많은 분파들이 등장했다. 잉글랜드는 '순전한 개신교'의 본거지가 되었고, 이제는 수많은 신학 이슈들을 둘러싼 이견들을 받아들일 수 있었다. 나아가 거의 400년 만에 처음으로 유대인들이 잉글랜드로 돌아오는 것도 허용했다(이 유대인들이 회심하면 이스라엘의 회심이 그리스도의 재림을 앞당기리라는 생각에서 한 일이었다. 유대인들이 자유로이 예배하는 것은 허용하지 않았다).

그래도 이런 모습은 1650년대 잉글랜드가 수많은 급진적인 RADICAL 그룹들에게도 놀이마당을 제공했음을 의미했다. 우선 퀘이커 QUAKERS가 있었다(퀘이커는 겉으로 드러난 말씀과 '내면의 빛'을 서로 반대되는 것으로 보고 후자를 강조했다). 또 머글턴파MUGGLETONIANS가 있었다(이들의 선지자인 존 리브는 예수만이 하나님이시기에 그가 십자가에서 돌아가셨을 때는 모세와 엘리야가 사흘 동안 이 우주를 운행해야 했다고 가르쳤다). 소요파RANTERS도 있었다(이들은 "깨끗한 자에게는 모든 것이 깨끗"딛 1:15하므로 죄는 다만 허상일 뿐이라고 주장했다). 특히 소요파는 간통, 사람들 앞에서 나체를 드러내는 행위, 황홀경에 취하여 하나님을 모독하는 행위도 옹호했는데, 이는 청교도 공화국이 청교도 신앙을 앞세워 펼치는 사업을 비판하는 이들에게 유용한 공격 빌미가 되었다. 이것이 과연 '완전히 개혁된' 모습일까?

하지만 민심이 청교도 정부에게서 돌아서기 시작한 가장 중요한 이유는 이 정부가 기독교를 앞세워 온 국민에게 엄격한 생활을 강요했기 때문이다. 극장은 폐쇄되었고, 간통은 사형으로 다스리는 범죄가 되었다. (그저 '내 목숨을 걸고'라고 말하며) 맹세를 하는 것만으

1650년대는 청교도가 위대한 목회 활동을 펼친 시기이기도 하지만(리처드 백스터가 키더민스터에서 보낸 황금기를 생각해 보라), 청교도들의 가장 위대한 학문 업적 중 많은 내용이 탄생하는 데 도움을 준 시기이기도 했다. 아주 두드러지고 많은 책을 낸 청교도 학자 가운데, 리처드 십스의 오랜 친구이자 아일랜드 전체를 관장하는 대주교였던 제임스 어셔(James Ussher, 1581-1656)가 있다. 어셔는 1650년대에 『세계 연대기』(*Annals of the World*)를 펴냈다. 세계사를 다룬 역사서의 기념비라 할 이 책의 서두에는 악명 높은 주장이 들어 있었다. "우리가 계산한 연대에 따르면, 시간은 주전 4004년 10월 23일(율리우스력에 따른 날짜다) 바로 전날 저녁이 시작할 때에 발생되었다"(흠정역 성경은 이후 여러 세대 동안 방주에 이 날짜를 영원히 변함없는 날로 못 박아 두었다). 하지만 어셔를 뭘 모르는 미친 인간으로 치부하여 무시하는 것은 완전히 부당한 처사일 것이다. 17세기 학자들은 (케플러와 뉴턴 같은 과학자들도 마찬가지로) 창조 날짜가 주전 4000년에 가까운 어디쯤이 확실할 것이라는 생각을 상당히 흡족하게 여겼다. 하버드 대학교의 고생물학자 스티븐 제이 굴드(Stephen Jay Gould, 1941-2002) 교수가 말했듯이(물론 굴드는 어셔의 견해에 전혀 동의하지 않는다) "어셔는 그 시대 최고 학문을 대변하는 인물이었다." 그 시대 대다수 학자들은 어셔를 비웃는 사람들과 달리, 성경을 연대 정보와 관련하여 신뢰할 수 있는 문서 자료라고 추정했다.

이 장애물은 지나쳐야 한다. 어셔는 단순히 창조 날짜를 계산하려 했던 것이 아니기 때문이다. 『세계 연대기』는 주후 70년에 이르기까지 세계 역사를 포괄하여 서술해 보려는 첫 시도였으며, 당시 활용할 수 있는 모든 역사 자료를 통합한 책이었다. 오늘날 학자들이 보기에는 구닥다리 고문서일지 모르나, 당시에는 최고 반열에 있던 책이었다. 어셔와 그의 동료 학자들이 쓴 이런 묵직한 책들은 청교도의 '위대한 시대'가 만들어 낸 잘 익은 열매였다.

로도 무거운 벌금을 물 수 있었다. 안식일도 지켜야 했다(교회에 가는 것을 제외한 어떤 외출도 불법이었다). 성탄절처럼 '미신을 따라 만든' 휴일을 없애고 대신 월례 금식일이 생겼다. 성탄절에는 군인들이 런던 시내를 순찰하면서, 어떤 고기든 요리한 고기를 먹어 치운 집들을 현장에서 샅샅이 조사했다. 상황이 이랬으니, 사람들이 사는 즐거움을 잃어버린 것도 당연했다. 보통 시민들도 영적 상태와는 상관없이 마치 '경건한 사람'처럼 살아가게 되었지만, 사람들이 이런 상황을 견뎌 낼 수는 없었다. 이때의 경험 때문에 이후에 청교도는 잉글랜드인의 마음속에 영원히 오명을 남기게 되었으며, 사람들은 편한 생활 방식을 누릴 수 있는 '환락' 정부를 간절히 원하기 시작했다.

환락 군주

사람들은 얼마 지나지 않아 다시 왕을 원했다. 그들은 크롬웰에게 왕관을 바쳤었다(크롬웰은 이 왕관을 거부했다). 1658년에 크롬웰이 죽자, 사람들은 유능한 후계자가 없음을 빌미 삼아 처형당한 왕의 아들인 찰스(1649년에 처형당한 찰스 1세와 앙리에트 마리 부부가 낳은 아들인 찰스 2세.—옮긴이)에게 재빨리 왕관을 바쳤다.

1660년에 왕으로 공포된 찰스 2세^{재위 1660-1685}는 지난 10년 동안 잉글랜드가 보여주었던 모습과 완전히 정반대인 왕이었다. 나중에 '환락 군주'^{MERRY MONARCH}로 유명세를 얻은 이 왕은 그가 가진 스패니얼 숫자만큼이나 많은 정부^{情婦}를 거느리고 있는 것 같았다. 분명 그는 일곱 정부에게서 사생아 열넷을 낳았다. 청교도 공화국 시절만 해도 간통은 사형당할 범죄였다. 찰스 시대에는 간통이 (조롱을 동반한) 형벌을 받으면 끝나는 순정이 되었다. 또 찰스는 그의 생각과 다른 신학 견해들은 통 크게 무시해 버렸으며(하긴 왕에게 감히 다른 견해를 주장하는 이들이 있었을까 싶다), 실제로 마음속으로는 로마가톨릭교를 믿기도 했다(그는 죽을 때 침상에서 로마가톨릭교로 확실히 개종했다).

이런 분위기 속에서, 청교도를 배척하는 움직임이 널리 퍼졌고 더 혹독해졌다. 1662년에는 다시 「성공회 기도서」를 강요하기 시작했다. 그리고 여러 논쟁을 단번에 끝내고자, 모든 성직자에게 이 기도서에는 하나님 말씀에 어긋나는 것이 전혀 없다고 선언하도록 강요했다. 그 결과 성직자들은 그들이 몸담은 교회에서 이 기도서를 벗어나는 일을 하지 못하게 되었다. 전체 성직자 중 5분의 1인 약 2,000명이 이런 강요를 거부했고, 결국 목회지에서 쫓겨났다. 그리고 1664년에는 쫓겨난 성직자들이 더 이상 목회를 하지 못하게 「비밀집회금지령」CONVENTICLE ACT을 공포하여 성공회 집회 이외에 다섯 명이 넘는 사람이 모이는 모든 종교 집회를 불법으로 규정했다. 이듬해에는 「5마일령」FIVE MILE ACT을 공포하여 쫓겨난 성직자들이 이전에 목회했던 '도시나 읍면이나 자치도시'에서 5마일 이내 지역에는 일절 갈 수 없도록 만들었다. 이제는 법을 동원하여 청교도의 입에 재갈을 물리고 있었다.

하지만 청교도 성직자들의 사역은 계속 이어졌다. 쫓겨난 몇몇 성직자는 다른 지역에서 간신히 다시 사역을 시작하게 되었다. 뿐만 아니라, 쫓겨난 성직자들이 이전에 목회했던 '도시나 읍면이나 자치도시'에서 5마일이 넘는 곳들이 있었고(이를테면 오늘날의 버밍엄인 미들랜즈가 그런 곳이었다), 이런 곳들은 성공회를 따르길 거부하는 사람들의 견고한 요새가 되었다. 다른 청교도 목사들도 그들이 당할 결과를 그냥 용감하게 무시해 버렸다. 예를 들어, 1665년과 1666년에 런던이 역병과 도시 전체에 걸쳐 일어난 화재로 고통당할 때, 많은 청교도 목사들이 법을 무시하고 고통당하는 그들의 회중과 함께 하며 이들을 섬겼다(아울러 이 목사들은 회중들에게 '역병 중의 역병'인 죄를 짓지 말 것을, 죄에는 틀림없이 영원한 불이 뒤따를 것이라고 경고했다). 청교도 목사들이 이렇게 대놓고 법을 무시하자, 핍박은 점점 더 심해졌다. 그리하여 이후 20년이 넘는 세월 동안 약 2만 명이나 되는 청교도가 옥에 갇혔다. 스코틀랜드에서는 상황이 더 심각했다. 이런 불법 설교를 한 사람은 사형을 당했고, 이런 설교를 했을 법한 사람을 찾아내려고 제멋대로 고문까지 저질렀다.

이처럼 청교도라는 나무에 마지막 꽃이 활짝 피었지만, 찰스 2세 체제는 청교도를 그 뿌리부터 공격하여 마침내 질식시키고 말았다. 단순히 청교도 설교자들의 입에 재갈을 물리는 데 그치지 않았다. 이내 모든 공직은 성공회 신자들만이 맡을 수 있게 되었고, (1673년에 제정한 「심사령」TEST ACT이 이를 규정했다.—옮긴이) 오직 성공회 신자만이 대학에 갈 수 있었다. 이런 움직임은 성공회를 따르길 거부하는 자들을 이류시민으로 만들어, 사회에 진출하거나 사회에 영향력을 행사할 수 있는 길을 막아 버렸다. 청교도가 부닥친 진짜 문제는 그들이

갈 수 없게 된 케임브리지와 옥스퍼드가 과거에는 청교도의 신학대
학원이요 훈련장이었다는 사실이었다. 다음 세대가 이런 훈련을 거
의 받을 수 없게 되고 신학 거목이었던 사람들이 세상을 떠나면서,
청교도주의는 점점 더 깊이 없는 운동이 되어 사람들이 다시는 진지
하게 받아들이지 않게 되었다. 결국 따지고 보면, 청교도주의는 말
(그리고 하나님 말씀)과 관련된 운동이었는데, 청교도들이 더 이상 교
육을 받지 못하게 되자, 이 운동의 근육은 물러져 사라지고 말았다.
더군다나 성경에 견고히 닻을 내리고 정박하지 못하게 되자, 세월이
흐르는 사이에 삼위일체 같은 기독교의 기본 교리를 믿는 믿음조차
잃어버리고 표류하는 이들이 많아졌다.

   청교도는 서서히 숨을 거두었기 때문에 언제 청교도 시대가 막
을 내렸는지 단정하여 말하기는 어렵다. 마지막 격변도, 최후의 저항
도 없었다. 성공회 내부에는 여전히 복음에 충실한 개신교 신자들이
있었다. 하지만 많은 이들이 쫓겨나고, 입에 재갈이 물리고, 억압을
받으면서 이 오랜 운동은 더욱 뿔뿔이 흩어지고 지도자도 없는 신세
가 되어 버렸다. 1700년경에 이르자, 더 이상 '청교도'를 입에 올리
는 사람은 없었다. 그때가 되자, 사람들은 '반대자들'을 조롱했고, 쫓
겨나 힘을 잃어버린 이 이류 그룹을 가볍게 무시해 버렸다. 그러나
청교도가 '종교개혁을 개혁하려 한 운동'이라면, 청교도 시대가 언제
막을 내렸냐고 묻는 것은 곧 종교개혁이 막을 내렸는지, 내렸다면 언
제 막을 내렸는지 묻는다는 의미가 된다. 이것이 우리가 다음 장에서
다룰 문제다.

1660년대와 1670년대에 가장 유명한 청교도 죄수를 들자면 아마도 존 번연(John Bunyan, 1628-1688)을 말할 수 있을 것이다. 그는 불법 설교를 했다는 이유로 거의 12년이나 옥고를 치렀다.

그러나 그는 옥에서 보낸 시간을 누가 봐도 청교도 문학의 고전임이 분명한 작품을 구상하는 데 활용했다. 그 작품이 바로 『천로역정』(*Pilgrim's Progress*)이다. 『천로역정』은 (파멸이라는 성읍에서 천성으로 순례 여행을 하는) 모든 그리스도인을 염두에 둔 알레고리이지만, 특별히 번연 자신의 체험을 반영한 작품이기도 하다. 직업이 수선공(땜장이)이었던 번연은 등에 60파운드(약 28킬로그램)나 되는 모루와 무거운 도구 상자를 짊어지고 이 마을 저 마을로 돌아다니곤 했다. 이 짐은 그가 묘사한 순례자가 등에 짊어진 무거운 죄를 나타내는 모델이 되었다(이 순례자는 십자가 앞에 나아감으로써 비로소 이 무거운 짐을 "그의 어깨에서 벗어버리고" 큰 안식을 얻는다).

번연은 옥에 있을 때 자신이 회심한 사연을 그대로 털어놓은 『죄인의 괴수에게 넘치는 은혜』(*Grace Abounding to the Chief of Sinners*)를 쓰기도 했다. 이 작품은 리처드 십스가 맞서 싸웠던 내면성찰 중심의 도덕주의를 가장 탁월하게 보여주는 사례이자, 번연이 찾은 답을 보여주는 사례이기도 하다. 번연은 이 책에서 그가 젊은 시절에는 천국과 지옥을 생각할 때면 "그리스도가 나를 용서하지 않으실 테니, 내가 천국을 고대하기는 너무 늦었다"고 믿으면서 낙심에 빠지곤 했다고 써 놓았다. 그는 자신이 더 나은 행위를 하려고 할 때면 "내 평안이 들어왔다 나가곤 했으며, 때로는 이런 일이 하루에 스무 번이나 벌어졌다. 이제는 안심하다가도 금세 염려하곤 했다"고 말했다.

그러던 어느 날 내가 들판을 지나갈 때, 아직도 모든 게 의롭지 않다며 두려워하던 내 양심으로 무언가가 갑자기 날아오더니, 내 영혼 속에서 이런 말이 퍼뜩 떠올랐다. "네 의는 하늘에 있다." 게다가 나는 내 영혼의 눈으로 예수가 하나님 우편에 계시며, 바로 거기에 내 의가 있음을 보았다는 생각이 들었다. 그 때문에 하나님은, 내가 어떤 사람이었든 혹은 내가 무엇을 했든, 내 의를 원하신다는 말씀을 내게 하실 수 없었다. 내 의가 바로 그분 앞에 있었기 때문이다. 게다가 나는 내 마음이 선한 모양을 가진다 하여 내 의가 더 나아지는 것도 아니요, 내 마음이 악한 모양을 가진다 하여 내 의가 더 나빠지는 것도 아님을 알았다. 내 의는 어제나 오늘이나, 그리고 영원히(히 13:8) 예수 그리스도 바로 그분이시기 때문이다. 이제 정말 나를 옭아맸던 사슬이 내 발에서 벗겨졌다. 나는 고통과 무거운 짐에서 벗어났으며, 나를 시험하던 것들도 달아나 버렸다. 그 결과 내게 고통을 주던 하나님의 두려운 말씀도 더 이상 두렵지 않게 되었다. 나는 기뻐하며 집으로 돌아왔다. 다 하나님의 은혜와 사랑 때문이었다.

바로 이런 메시지가 번연이 전한 모든 설교에 스며들었다. 번연의 설교는 누가 들어도 인정할 만큼 아주 고상했다. 그 설교가 어찌나 고상했던지, 한 번은 찰스 2세가 옥스퍼드 대학교 부총장을 역임한 존 오웬이 있는 자리에서 번연을 "무식한 땜장이 수다꾼"이라 헐뜯자, 이 오웬이라는 학자마저도 이렇게 대답할 정도였다. "폐하, 감히 여쭙건대 제가 이 땜장이만큼만 설교할 능력이 있다면, 제가 가진 모든 학식을 기꺼이 내버리겠사옵나이다."

7

종교개혁은 끝났는가

"우리 사이의 가장 중요하고 예민한 논쟁 주제"

칼뱅은 사돌레토 추기경에게 보낸 답신에서 이신칭의 교리를 이렇게 묘사했다. 칼뱅도 이보다 더 정확히 표현하기는 어려웠을 것이다. 루터가 로마서 1장을 보면서 하나님의 의가 우리의 공로와 상관없는 오직 하나님의 선물이라고 이해한 그 순간부터, 이신칭의는 종교개혁의 주제가 되었다. 루터는 이렇게 썼다. "설령 하늘과 땅과 이 세상의 사라질 만물이 다 파괴당한다 할지라도, 이 논문 가운데 어느 것도 포기하거나 타협할 수 없다." 그는 이신칭의를 "교회가 그 위에서 서기도 하고 넘어지기도 하는" 믿음이라고 말했다. 물론 모든 이가 이를 이해하지는 않았으며, 모든 이가 이 믿음을 공유하지도 않았다. 에라스뮈스 같은 사람들은 개혁을 단지 도덕의 원천을 정결케 하는 운동이라고 생각했다. 급진파는 개혁을 말 그대로 옛 방식에 맞선 봉기로 이해했다. 츠빙글리도 성경을 펼쳤지만, 사실 루터가 말하는 이신칭의 개념을 성경에서 찾지는 못했다. 마르틴 부처와 리처드 백스터 같은 사람들은 칭의를 달리 이해했다. 하지만 루터가 로마서 1장을 보며 한 체험은 주류 종교개혁의 모델이 된다. 칭의라는 아주 중요한 문제를 성경에서 발견했기 때문이다. 칭의는 종교개혁을 종교개혁으로 만들어 준 것이었다.

칭의는 하나님이 죄인들을 값없이 의롭다고 선언하신다는 것을 받아들이는 사람들에게는 안도감과 기쁨을 주는 교리였다. 윌리엄 틴들이 말했듯이, "유앙겔리온EUANGELION, '복음'은 그리스어로, 좋고 즐겁고 기쁘고 유쾌한 소식을 뜻한다. 이 소식은 사람의 마음을 즐겁게 하고, 그가 노래하고 춤추며 기뻐 뛰게 한다." 루터 자신도 그가 이 복음으로 말미암아 "완전히 거듭나고 열린 문을 통해 이미 낙원으로 들어갔다"고 느꼈다. 이는 결코 이상한 일이 아니었다. 실패한 죄인이었던 그가 그리스도 자신의 의를 입은 덕분에 하나님께 완전한 사랑을 받는다는 사실이 그에게 눈부신 확신을 주었기 때문이다.

마귀가 우리 죄를 우리에게 던지며 우리는 죽어 지옥에나 가야 마땅하다고 선언할 때, 우리는 이렇게 말해야 한다. "나도 내가 죽어 지옥에 가야 마땅하다고 인정한다. 이게 무슨 뜻인가? 내가 영원한 벌을 선고받으리라는 뜻인가? 결코 그렇지 않다. 나는 내 대신 고난을 당하시고 첫값을 치르신 분을 안다. 그분의 이름은 하나님의 아들이신 예수 그리스도이시다. 그가 계신 곳에 나도 있을 것이다."

의롭다 하심을 듣고 마음 깊숙한 곳에서 우러나온 이 행복한 반응은 종교개혁 음악에서도 느낄 수 있다. 예를 들어, 전통 대대로 미사 때 불렀던 '호산나'를 생각해 보자. 1555년, 당시 로마의 공인 음악가나 마찬가지였던 팔레스트리나GIOVANNI PIERLUIGI DA PALESTRINA, 1525-1594는 교황 마르첼로MARCELLUS II를 위한 미사에서 부를 새 '호산나'를 작곡했

다. 이 곡을 듣는 것은 종교개혁에 반대하는 로마의 영성을 듣는 것이다. 이 곡은 절묘한 음악이었지만, 찬양대가 노래하는 호산나의 음조에는 인간의 지성에 호소하고 의무를 떠올려 주는 무언가가 있다. 이때부터 190년이 흐른 뒤, 머리부터 발끝까지 열렬한 루터파 신자였던 요한 제바스티안 바흐JOHANN SEBASTIAN BACH, 1685-1750는 그 나름의 개성을 살린 '호산나'를 썼는데, 팔레스트리나의 '호산나'와는 엄청난 차이를 보여주었다. 똑같은 곡을 음악으로 만들었지만, 루터파인 바흐의 손을 거치자 완전히 다른 공명을 불러일으켰다. 이제 사람들은 확실하고 자유로운 열정과 기쁨을 담아 호산나를 열창했다. 이는 루터가 제시한 이신칭의 교리를 믿으면서 나온 자연스러운 결과였다.

그럼 로마에 있는 사람들은 어땠는가? 그들은 믿음으로 의롭다 하심을 얻는다는 루터의 가르침에 어떤 반응을 보였는가? 로마가 사람들을 화형장으로 보내고 파문장을 보낸 것을 보면, 로마의 대답은 얼추 분명한 것 같았다. 하지만 실상을 들여다보면, 로마의 반응도 뒤죽박죽이었다. 종교개혁이 일어나고 처음 20여 년 동안에는 이탈리아에서도 영향력이 있는 학자와 성직자 가운데 종교개혁에 상당히 공감하는 이들이 있었다. 이런 지도자들 가운데 한 사람이 루터와 같은 해에 베네치아에서 귀족으로 태어난 추기경 가스파로 콘타리니GASPARO CONTARINI, 1483-1542였다. 콘타리니도 루터가 경험했던 것과 똑같이 '깨달음을 얻은'EUREKA 순간이 있었다. 그때가 루터보다 불과 몇 년 전이었다! 1511년 부활절 전날, 콘타리니는 "우리가 그리스도께 접붙여지고 그리스도를 입듯이 그리스도의 의가 우리에게 주어지고 전가될 수 있음"을 이해하게 되었다. 그 결과, 그는 우리가 "우리에게 주어지고 전가된 그리스도의 의에 의지해야지, 우리 안에 있는 거룩함과 은혜에 의지해서는 안 된다"고 주장했다.

하지만 콘타리니는 루터만큼 신학을 공부한 사람이 아니었다. 이 때문에 그는 자신이 발견한 사실이 미사와 연옥을 믿는 믿음 따위에 잇달아 암시하는 의미를 간파하지 못했다. 도리어 그는 상당히 순진하게도 자신이 단지 로마가톨릭교의 참된 가르침을 발견했을 뿐이라고 생각했다. 결국 그는 로마를 비판하지 못한 채, 자신의 삶을 로마가톨릭교 시스템과 자신이 이해한 칭의를 조화시키는 일에 소비하고 말았다.

이런 믿음을 갖게 되자, 콘타리니는 로마와 종교개혁자들을 아

주 쉽게 화해시킬 수 있겠다고 생각했다. 1541년, 가톨릭 신자들과 개신교 신자들이 교회 분열을 끝낼 수 있으리라는 소망을 품고 레겐스부르크에서 만나 회의를 열었을 때, 콘타리니는 교황이 이 회의에 보낼 만한 완벽한 적임자였다. 실제로 이 회의에 모인 가톨릭 신자들과 개신교 신자들은 칭의에 관하여 일치된 선언을 끌어냈다. 콘타리니에게는 대단히 기쁜 일이었고 아주 놀라운 성과였다! 이 선언은 죄인들이 믿음으로 말미암아 의롭다 하심을 얻는다고 천명했다. 이는 회의에 참석한 개신교 신자들을 만족시켰다. 하지만 이 선언은 믿음이 사랑을 담은 행동으로 나타나야 한다고 설명했다. 이는 가톨릭 신자들을 만족시켰다.

　그러나 이 선언 내용은 의미가 명확하지 않았다. 이 선언은 사

랑의 행위가 함께 따르는 믿음만이 그리스도의 의를 얻을 수 있다는 뜻인가? 루터와 칼뱅은 구원에 이르는 참된 믿음이라면 늘 그런 사랑의 행위를 낳기 마련이라고 강조하면서도, 동시에 이런 행위가 칭의의 **원인**이 아니라 **결과**라는 것도 똑같이 강조했다. 그 점을 분명히 구분하는 것이 그들이 지키려고 싸웠던 내용의 핵심이었다. 그러나 이 선언은 여전히 모호했으며, 결국 가톨릭 신자들과 개신교 신자들은 같은 선언을 완전히 다른 내용으로 읽어 내고 만다. 가톨릭 신자들은 이 선언을 사랑을 행하는 것이 의롭다 하심을 얻는 데 필요하다는 의미로 읽을 수 있었다. 반면 개신교 신자들은 사랑이란 구원

트리엔트 공의회 이 공의회에서 로마는 이신칭의 교리에 저주를 내리며 공식적으로 반종교개혁의 기치를 높이 들게 되었다.

의 유일한 조건인 믿음이 낳을 수밖에 없는 열매라는 것이 이 선언의 의미라고 해석할 수 있었다. 결국 이 회의는 진정한 의견 일치에 이르지 못하고 말았다. 이 회의에 참석하지 못했던 루터는 이 선언을 여러 신학을 주워 모은 더러운 잡동사니라며 거부했고(교황 역시 이 선언을 거부했다), 그 모호한 언어에 느낀 좌절을 이렇게 토로했다. "성경과 하나님의 계명은 본디 모호하지 않다."

양 진영 사이에 공감대가 없음이 점점 더 분명해지자, 레겐스부르크 회의는 곧 깨지고 말았다. 괴로워하던 콘타리니는 연금당했다가 이듬해에 죽었다. 로마의 분위기가 종교개혁에 더 이상 어떤 형태의 관용도 베풀지 않는 방향으로 급선회하면서, 양쪽이 다시 하나가 되길 바랐던 그의 소망도 깨지고 말았다. 4년 뒤인 1545년, 교황(바오로 3세)은 로마가톨릭교회의 입장을 단번에 확립하고자 가톨릭교회의 큰 회의인 트리엔트 공의회COUNCIL OF TRENT를 소집했다.

트리엔트에서 울려 퍼진 로마의 목소리는 더 이상 모호하지 않았고, 도리어 크고 분명했으며 확고했다. 첫째, 이 공의회는 **오직 성경**SOLA SCRIPTURA이라는 종교개혁 원리를 거부했다. 그러면서 성경(이 성경은 분명 외경도 포함했다)뿐 아니라 그리스도와 사도들이 믿음 및 도덕과 관련하여 가르친 내용을 전하는 구전도 똑같이 존중해야 한다고 강조했다. 이런 기초를 확립하자, 공의회는 나아가 칭의를 "죄 용서뿐 아니라 속사람의 성화와 갱신까지 포함하는 것"이라고 정의하기에 이르렀다.

이보다 더 명확한 선언은 있을 수가 없었다. 종교개혁자들은 칭의가 그리스도로 말미암아 죄인에게—그것도 여전히 죄인으로 있는 동안에—의로운 지위가 주어졌음을 하나님이 선언하시는 것이라고 주장했지만, 트리엔트 공의회는 칭의를 더 거룩해짐으로써 구원받기에 합당한 사람이 되어 가는 과정으로 보았다. 트리엔트 공의회는 사람들이 절대 혼란을 겪지 않게 칭의에 관한 이단의 견해들에 선언한 저주를 죽 나열하여 천명했다. 예를 들면 이렇다.

기준 9 죄인이 오직 믿음으로 의롭다 하심을 얻는다고 말하는 이가 있다면, 그에게 저주가 있을지어다(영벌이 내릴지어다).

기준 11 사람이 오로지 그리스도의 의를 넘겨받음(전가)으로 말미암아 혹은 오로지 죄를 용서받음으로 말미암아 의롭다 하심을 받는다 하면서 성령이 사람의 마음에 부어 주셔서 이 사람과 함께하는 은혜와 사랑을 배제하는 자, 또는 우리가 의롭다 하심을 얻는 것이 은혜로 말미암은 것이라 하면서 이 은혜를 오로지 하나님의 선한 뜻이라고 말하는 이가 있다면, 그에게 저주가 있을지어다.

기준 12 의롭다 하심을 얻게 하는 믿음이 바로 그리스도로 말미암아 죄를 용서해 주시는 하나님의 자비를 신뢰하는 것이라고 말하는 이가 있다면, 그에게 저주가 있을지어다.

기준 24 우리가 받은 의는 선한 행위로 말미암아 하나님 앞에서 보존되거나 늘어나지 않으며, 그런 행위는 다만 의롭다 하심을 받은 데 따른 열매요 표지라고 말하는 이가 있다면, 그에게 저주가 있을지어다.

새삼스러운 일도 아니지만, 트리엔트 공의회는 여기서부터 그들이 예전부터 공식적으로 인정해 온 신학인 성례(성사)와 연옥과 면죄부와 사제 제도 따위를 계속 강조하게 된다. 아울러 이 공의회는 로마가톨릭교회를 이전보다 더 순수하고 강력한 교회로 만들고자 실제로 시행할 수많은 개혁 조치를 법으로 규정했다(각 교구마다 신학교를 설치한 것도 그런 개혁 조치 중 하나다). 트리엔트 공의회에 용기를 얻은 로마가톨릭교는 16세기 후반기에 나름대로 새롭게 거듭남을 누

이그나티우스 로욜라 반종교개혁 돌격대였던 예수회의 설립자다. 예수회는 1540년에 교황 바오로 3세의 승인에 의해 설립되었다.

렸다. 부패를 뿌리 뽑았고, 새롭고 신선하게 헌신한 수도회와 수녀회를 세웠으며, 가톨릭 선교사들은 땅끝까지 나아갔다. 하지만 콘타리니와 화해가 존재하던 시절은 지나갔다. 로마는 깨끗이 청소되었지만, 구원에 관한 로마교회의 믿음은 이전보다 더 종교개혁 진영의 믿음에서 멀어졌다.

400년 후

16세기 말, 모든 프로테스탄트는 교황을 적그리스도로 알았다. 또 유럽의 가톨릭 지역에서는 '루터'가 돼지를 가리키는 별명이었다. 그때를 생각하면, 오늘날은 얼마나 많이 달라졌는가! 21세기를 맞이한 지금, 가톨릭과 개신교 신자들은 으레 협력하면서, 하나로 힘을 합쳐 세속주의와 상대주의와 무신론과 이슬람교 같은 공통 위협에 맞서고 있다. 사실 오늘날 복음주의자들EVANGELICALS은 같은 개신교 진영에 속한 자유주의 개신교 신자들보다 로마가톨릭 신자들에게서 더 많은 공통점을 발견한다. 더욱이 개신교가 교리 면에서 뒷걸음질 치면서, 변화의 시대에도 늘 같은 모습을 유지하는 로마가톨릭교에 깊은 매력을 느끼는 이들이 많아졌다. G. K. 체스터턴GILBERT KEITH CHESTERTON, 1874-1936은 자신이 로마가톨릭교로 개종한 이유를 설명하면서 이렇게 말했다. "그것(로마가톨릭교)은 사람을 그 나이에 맞지 않게 어린 아이 노릇하는 비천한 노예 처지에서 자유롭게 해주는 유일한 해방자다." 저주를 날리는 사이에서 손을 잡는 사이로 바뀌다니! 이쯤 되니 로마가톨릭교와 종교개혁 진영이 머지않아 다시 결합할 수 있으리라고 보는 이들이 많은 것도 이상한 일이 아니다.

그렇다면 오늘날 로마가톨릭교와 복음주의는 정말 아주 가까운가? 마크 놀MARK NOLL 교수와 캐롤린 나이스트롬CAROLYN NYSTROM은 그들이 쓴 책 『종교개혁은 끝났는가?』Is the Reformation Over?에서 분명 그렇다고 대답한다. 이들은 1996년에 실시했던 한 여론조사를 그 증거로 든다. 이 여론조사는 캐나다와 미국에 있는 복음주의자 수를 측정하려고 실시한 것이었는데, 응답자들이 다음 네 가지 선언에 동의할 경우에는 이들을 복음주의자로 분류했다. (1)성경은 "영감된 하나님의 말씀이다." (2)"나는 내 삶을 그리스도께 바쳤으며 나 자신을 회심한 그리스도인으로 여긴다." (3)"그리스도인이 아닌 이들이 그리스도인이 되게끔 독려하는 것은 중요한 일이다." (4)"하나님은 예수의 삶과 죽음과 부활을 통해 내 죄가 용서받을 길을 제공해 주셨다." 이 조사에 근거하여 '복음주의자'로 분류된 로마가톨릭 신자의 비율이 상당했다. 실제로 캐나다의 '복음주의자' 중 4분의 1은 로마가톨릭이었으며, 미국 가톨릭 신자 중 절반을 뽑아 인터뷰해 보니 4분의 3이 개신교 신자로 나타났다. 이런 결과는 가톨릭 신자들의 마음을 전혀 상하게 하지 않았다. 이미 많은 가톨릭 신자들이 자신을 '복음주의자'라 불렀다.[6]

하지만 이 여론조사에는 문제가 있다. 그것은 바로 종교개혁이 제기한 이슈들을 전혀 제기하지(설문에 포함하지) 않았다는 것이다. 16세기만 해도 종교개혁이 갈라놓은 두 진영은 위와 같은 선언에 기꺼이 동의했을 것이며, 자신들에게 '복음주의'라는 이름표가 붙어 있는 것을 발견했을 것이다(어쩌면 일부 급진파는 예외였을지도 모른다). 성경의 영감, 그리스도에 대한 헌신, 선교, 하나님이 예수를 통해 베풀어 주시는 구원은 결코 다툼거리가 아니었다. 마찬가지로 놀과 나이스트롬은 현대 가톨릭과 복음주의가 삼위일체와 그리스도의 인격 같은 문제들을 두고 의견 일치를 이룬 것을 제시하면서 양자가 더 가까워지길 응원하지만, 역시 응원 대상을 잘못 고른 것 같다. 물론 모든 그리스도인은 이런 문제들을 놓고 의견의 불일치가 없음을 기뻐해야 한다. 하지만 사실은 이전에도 이런 데에서는 의견의 불일치가 전혀 없었다. 이런 문제들을 놓고 의견 일치를 이뤘다 하여 그것이 곧 종교개혁 이후로 드디어 어떤 변화가 일어났음을 일러 주는 징표는 아니다.

종교개혁은 본디 칭의가 주관심사였다. 종교개혁자들이 성경에서 발견한 칭의론이 이들과 로마가 거의 모든 측면에서 보여준 견해 차이를 만들어 냈고 지배했다. 따라서 종교개혁이 정말로 끝났다면, 종교개혁이 일어나게 한 주된 이유도 끝나야 하며, 개신교와 가톨릭 두 진영은 칭의에 관하여 일치된 이해에 이르렀어야 한다.

놀과 나이스트롬은 사실상 이런 일이 일어났으며, "많은 가톨릭 신자들과 복음주의자들이 이제는 칭의에 관하여 거의 같은 것을 믿는다"고 주장한다.[7] 하지만 이 놀라운 주장에는 분명 짚고 넘어갈 점이 많다. 가톨릭 평신도들의 견해가 넓은 스펙트럼에 걸쳐 있다는 점은 관두고라도, 오늘날 가톨릭 쪽에서 영향력을 발휘하는 신학자 중에는 칭의와 관련하여 루터와 확연히 같은 목소리를 내려는 이들이 많다. 예를 들어 조지프 피츠마이어JOSEPH FITZMYER 신부는 그가 쓴 『로마서 주석』에서 칭의가 더 거룩하게 되어 가는 과정이라는 것을 부인한다(가톨릭의 전통 견해는 칭의를 더 거룩하게 되어 가는 과정으로 본다). 대신 그는 칭의가 은혜로 죄인에게 적용된 그리스도의 의와 관련이 있다고 주장한다. 루터가 이 말을 들었으면, 입이 찢어져 턱이 바닥에 닿았을 것이다.

말하자면 로마가톨릭교에서는 (잘못을 저지를 수 있는) 개인의 사견과 교회 자체의 공식 견해를 분명하게 구분한다. 로마가톨릭교는 본디 개인의 의견은 아무 권위가 없다고 주장한다. 지금까지 내려온 로마가톨릭교 역사를 봐도 그들이 내세운 견해 때문에 비판받은 신학자들이 수두룩하다.

그렇다면 문제는 이것이다. 폭탄 같은 저주를 퍼부었던 트리엔트 공의회 시대 이후로 가톨릭의 공식 가르침이 바뀌었는가? 놀과 나이스트롬은 바뀌었다고 보는 것 같다. "자신들이 마르틴 루터나 장 칼뱅에게 닻을 내리고 있음을 의식하는 개신교 신자들이 빈번히 되풀이하는 말처럼 칭의가 정말 교회를 서고 넘어지게 하는 기초 조항이라면,……종교개혁은 끝났다."[8] 이런 확신은 어디서 나온 것인가? 1999년 종교개혁 기념일(루터가 95개조 테제를 못 박았던 10월 31일)에 로마가톨릭교회와 세계루터교연맹은 칭의 교리에 관한 공동선언에 서명하고, "이에 서명한 루터교회와 로마가톨릭교회는 이제 칭의에 관한 우리의 공통된 이해를 명확히 선언할 수 있다"고 주장했다. 이 단계에 이르면, 루터는 심장마비를 일으켰을 것이다.

하지만 아직 그렇게 선언하기는 이르다. 이 공동선언을 자세히 뜯어보면 오히려 콘타리니가 만들어 내려 했던 레겐스부르크 합의와 상당히 비슷하다. 레겐스부르크 합의처럼, 의롭다 하심을 얻게 하는 믿음을 사랑을 담은 행동으로 나타나야 하는 믿음으로 묘사한다. 더구나 레겐스부르크와 마찬가지로 이 말이 정확히 무슨 의미인지도 면밀히 검토하지 않았다. 공동선언을 읽어보면, 이 선언이 말하는 게 무엇인지 정말로 알기가 힘들다. 이 때문에 이것을 읽는 사람들은 단어들의 의미를 분명히 하기보다는 틈새를 메우는 데 단어들을 사용했다는 인상을 받는다. 분명한 것은 종교개혁이 강조했던 점, 곧 우리가 하나님 앞에 서는 것은 우리 자신의 거룩함이 자라는 것과 무관하다는 점이 빠져 있다는 점이다. 이 공동선언은 칭의를 "죄를 용서받는 것" **그리고** "죄의 지배력에서 해방되는 것"이라고 말한다.

그러나 이는 종교개혁이 정의한 칭의와 완전히 다르다. 이것이 공동 선언일지는 몰라도, 종교개혁에 드리워진 커튼은 아니다.

오늘날 가톨릭교회가 칭의에 관하여 제시하는 공식 가르침이 정확히 무엇인지 더 쉽게 알 수 있는 길은 『가톨릭교회 교리문답』을 살펴보는 것이다. 이는 교황 요한 바오로 2세Joannes Paulus II, 재위 1978-2005가 내린 출판 허가를 담은 것으로 로마가톨릭교회의 신앙을 설명한 것이다. 이 교리문답은 트리엔트 공의회가 내린 정의에 동의한다. "죄 용서뿐 아니라 속사람의 성화와 갱신까지 포함한다." 이어 이 교리문답은 이렇게 설명을 이어 간다. "칭의는 하나님의 사랑과 모순되는 **죄에서 사람을 떼어 내고**, 그 마음에서 죄를 씻어 낸다." 이 정의에 따라 칭의가 우리의 거룩함이 자라 가는 것을 포함한다고 한다면, 우리가 우리 자신의 공로로 영생을 얻을 수 있다고 결론짓는 이 교리문답서가 완전히 옳은 셈이다.

또 이 교리문답서는 아주 일관되게 연옥과 면죄부를 믿는 믿음을 강조하는데, 이는 가톨릭의 전통적 칭의 교리가 여전히 유효함을 확실히 보여주는 징표다. 이런 교리와 종교개혁자들의 칭의 이해를 동일시하기는 도저히 불가능하다. 루터가 주장한 것처럼, 내게 주어진 지위가 내 마음이나 내 삶의 상태에 어떤 식으로든 의존하는 지위가 아니라 그리스도의 의로운 지위라면, 나를 천국에 더 합당한 자로 만들어 줄 연옥이나 나를 천국에 더 빨리 가게 해 줄 면죄부가 존재할 이유가 없기 때문이다.

로마에도 분명 어떤 변화가 있긴 있었다. 특히 1960년 이후에는 그랬다. 그러나 종교개혁을 일으켰던 신학적 문제들과 관련된 교리들은 전혀 취소하지 않았다. 로마의 칭의관은 트리엔트 공의회에서 천명한 것과 변함이 없으며, (가톨릭 교리문답이 보여주듯이) "성경과 전통을 똑같은 공경과 경외심을 품고 받아들이며 존중해야 한다"는 로마의 믿음도 역시 변함이 없다. 따라서 기독교의 통일을 더 촉진하려는 시도는 칭송할 만하지만, 현실을 볼 때 종교개혁은 끝나지 않았다는 것도 인정해야 한다.

> **"오, 창백한 에라스뮈스여!**
> **그대가 정복했노라, 그대의 숨이 세상을 백발로 만들었도다"**

종교개혁이 제기했던 이슈들이 여전히 살아 있다는 주장은 우리를 불편하게 한다. 오늘날 대다수 그리스도인들은 오히려 영국의 시인 새뮤얼 존슨 SAMUEL JOHNSON, 1709-1784 처럼 이렇게 말하고 싶을 것이다. "선생님, 나는 가톨릭 신자든 개신교 신자든 모든 그리스도인이 신앙의 본질에 관한 조항에 동의한다고 생각하며, 그들의 차이는 사소하고 종교적인 차이라기보다 정치적인 차이라고 생각합니다." 우리가 교회 내에 계속 존재하는 분열을 놓고 탄식하는 것은 옳지 않다. 우리의 반응은 우리 안에 있는 어떤 것, 어쩌면 개신교-가톨릭교의 관계보다 더 중요할 수 있는 것을 보여 준다.

현대인들의 귀에는 종교개혁 시대에 벌어진 논쟁들이 단어 몇 개를 놓고 벌이는 치졸한 말싸움처럼 들린다. 말하자면 우리는 칭의가 (로마가 주장하듯) 믿음으로 이루어지는가 아니면 (종교개혁자들이 강조하듯이) **오직** 믿음으로 이루어지는가를 놓고 말싸움을 벌이는 것이 진정 가치 있는 일인지 묻는다. 단어 하나를 놓고 싸움을 벌이다니, 이게 정말 할 일인가! 분명 이런 다툼은 신경과민이라 할 정도로 교리에 민감한 사람이나 관심을 가질 문제가 아닌가? 이런 논쟁들이 사용했던 강렬한 언어는, 우리 시대에 들으면 그저 날카롭고 사랑이 없는 말처럼 들릴 뿐이다. 그런데 이런 논쟁들이 지금도 의미가 있는 논쟁이라고 주장하는 게 과연 타당할까? 누군가가 이 시대에 화형을 다시 도입하자는 캠페인을 벌인다면, 그런 말은 시대에 역행하고 귀에 거슬리는 말로 들릴 뿐이다.

21세기를 사는 우리는 '단순한' 말을 믿지 않는다. 말은 사람을 조종하는 무기요 우리를 강제하는 데 사용하는 도구다. 우리는 이런저런 말을 주절거리기보다 뭔가를 행하는 게 더 낫다. 우리는 관대하다. 각 교회의 초점이 되는 제단을 강단으로 바꾸었던 종교개혁 정신은 오래 전에 사라졌다. 강단이라니, 강단이 대체 뭔가? 그런 생각은 우리가 듣기에 권위주의 같고 속임수 같다. 에라스뮈스가 어떤 방법으로 이겼는지 보라! 이 책 2장에서 보았듯이, "우리 종교의 핵심 대의는 평화와 일치이지만, 이런 대의는 우리가 가능한 한 이런 말들을 거의 정의하지 않아야 존속할 수 있다"고 말한 이가 바로 에라스뮈스였다. 요컨대 우리는 이것저것을 꼬치꼬치 따지는 엄밀한 신학을 좋아하지 않는다. 그런 신학은 우리가 본능적으로 가장 중요한 사안이 아니라고 느끼는 문제들을 놓고 다툼을 일으키기 때문이다.

물론 루터는 그런 에라스뮈스에게 이처럼 퉁명스럽게 대답했다. "그대는 평화를 사랑하는 신학을 갖고 계시는군요. 그러느라 진리에는 신경을 쓰시지 않는군요." 어쩌면 이 말은 신랄한 욕설이었을 수도 있다. 더불어 루터파와 칼뱅파와 재세례파와 가톨릭을 불문하고 모든 순교자들이 토해 내는 비명은, 16세기가 좀 더 관용을 아는 시대였더라면 그렇게 처참한 일은 없었을 것이라는 점을 우리에게 일러 준다. 하지만 루터가 한 말은 종교개혁이 우리에게 미친 놀라운 영향을 담아 낸 말이다. 우리는 종교개혁 역사를 살펴보면서 "죽기까지 지킬 만한 가치가 있는 믿음들^{BELIEFS}이란 것이 존재하는가?"라는 물음을 던질 수밖에 없기 때문이다. 그때의 모든 순교자가 진리가 아닌 것이나 중요하지 않은 것 때문에 죽었다고 한다면, 그들은 아무 가치 없는 고난을 당한 셈이다. 물론 그들이 잘못했을 수도 있다(종교개혁으로 인해 갈라진 두 진영은 하나같이 다른 편 순교자들은 잘못을 범하여 죽은 이들이라는 데 의견을 같이할 것이다). 그러나 그들이 맞은 운명은 그저 가볍게 무시해 버릴 수가 없는 것이다.

어쩌면 지금 우리는 종교개혁이 제기했던 그런 문제들이 실은 참이 아니라고 여기는, 우리 문화 속의 숨은 가정을 내세워 그런 문제들을 쫓아 버리는 일을 벌이고 있는지도 모른다. 종교개혁 당시에는 우리가 논의하는 문제들, 곧 "내가 죽으면 내게 무슨 일이 일어나는가?", "나는 어떻게 알 수 있는가(어떻게 앎을 얻는가)?", "칭의는 (오직 믿음으로) 의로운 지위를 선물로 받는 것인가, 아니면 (믿음으로) 더 거룩하게 되는 과정인가?" 같은 문제들이 결코 작은 관심사가 아니었기 때문이다. 나는 내 구원이 오로지 그리스도께 달려 있음을 확신할 수 있는가, 아니면 내 자신의 거룩함도 내 구원을 좌우하는가? 어느 쪽이 옳은가? 교리에서는 글자 하나 지우고 토씨 하나 덧붙이는 것이 그저 귀찮고 까다롭게 구는 일이 아니며 그보다 훨씬 더 큰 의미를 가진다.

에라스뮈스가 교리에 무관심했던 것이 아주 걱정스러운 이유는 그의 태도가 우리를 구속하고 좀먹는 효과를 발휘하기 때문이다. 에라스뮈스가 다만 할 수 있었던 일은—그리고 그가 다만 원했던 일은—그가 몸담고 있는 시스템에 묻어 있는 얼룩을 닦아 내는 것뿐이었다. 그도 나쁜 교황들을 마음껏 비판하고 사람들이 더 헌신하는 신앙을 갖는 사람이 되길 원할 수 있었다. 하지만 그보다 더 깊은 교리 문제에는 끼어들고 싶어 하지 않았고, 표면적 변화를 만들어 내는 데 그치고 말았다. 그는 그 당시 교회의 포로로 남아 있을 수밖에 없는 운명이었다. 그가 정복한 세상에서도 이런 일이 벌어질 수밖에 없다. 우리도 교리를 무시하는 한, 그것이 무엇이든 이 시대를 지배하는 시스템이나 영의 포로로 남아 있을 수밖에 없기 때문이다.

성경은 가졌지만 복음은 갖지 못했다

하지만 이것이 에라스뮈스를 공정하게 평가한 것일까? 그는 우리가 쓸 수 있는 그리스어 신약 성경을 만들어 종교개혁을 일으킬 연료를 제공한 인물이 아닌가? 맞다. 분명 그는 그런 일을 했다. 그러나 그는 성경을 가졌지만(그리고 성경을 깊이 연구했지만), 그 성경이 자신을 바꿔 놓지는 못했다. 그가 성경을 대하는 태도 때문이었다. 에라스뮈스는 속 편하게 성경의 모호함을 강조하는 주장들을 앞세우면서 성경을 그런 주장들 밑에 묻어 버렸다. 이러면서 그는 성경에 다스리는 권위는 물론 아무런 실제적인 권위도 부여하지 않았다. 결국 에라스뮈스는 성경을 많은 목소리 가운데 하나 정도로 여겼기 때문에, 성경의 메시지를 자신이 생각하는 기독교의 모습에 맞게 뜯어고치고, 쥐어짜며, 끼워 맞추었다.

사람을 질식시키는 이런 체제에서 벗어나 어떤 실질적 개혁을 이뤄 내려면, 루터의 태도 곧 성경만이 믿음의 확실하고 유일한 원천(오직 성경)이라고 믿는 태도가 필요했다. 성경을 최고의 권위로, 성경은 다른 모든 주장과 다르며 그 모든 주장을 지배한다는 것을 인정해야 했다. 그렇지 않으면 성경이 다른 것에 지배당하고 그 메시지를 다른 것에 빼앗기는 일이 벌어질 것이다. 다시 말해 그저 성경을 공경하거나 성경이 어떤 권위를 갖고 있다고 인정하는 정도로는 종교개혁이 일어나지 않았을 것이다. **오직 성경**은 변화에 없어서는 안 될 열쇠였다.

하지만 종교개혁은 단순히 성경의 권위만을 문제 삼은 것이 아니었다. 루터는 종교개혁을 시작했으나 에라스뮈스는 하지 못한 이유는 그들이 성경에서 간파한 내용에 차이가 있었기 때문이다. 에라스뮈스는 성경을 그저 도덕에 관한 권면을 모아 놓은 책이자 신자들에게 더욱 그들의 모범이신 그리스도를 닮은 사람이 되라고 독려하는 책으로 보았다. 루터는 에라스뮈스의 이런 견해를 복음을 뒤집어 엎는 것이라고 보았다. 그런 낙관론은 죄의 심각성을 철저히 알지 못한다는 것을 보여준다. 루터가 간파했듯이, 죄인에게 무엇보다 가장 필요한 것은 구원자다. 성경에는 무엇보다 구원을 전하는 메시지가 있다. 루터보다 한 세기 뒤에 등장한 리처드 십스가 탄식했듯이, 사람들은 오로지 그리스도와 그가 선물로 주신 의에 초점을 맞추는 태도를 아주 너무 쉽게 잃어버리고 말았다. 그러나 그리스도와 그가 선물로 주신 의가 바로 진정한 개혁의 핵심이었다. 성경을 펼쳤더라도 그리스도께서 값없이 의라는 선물을 베풀어 주셨다는 메시지를 찾아내지 못했다면, 종교개혁은 존재할 수 없었을 것이다.

백 투 더 퓨처

무엇이든 가까이 들여다볼수록 그 모습이 더 분명하게 보이는 법이다. 종교개혁은 무엇보다 부정하는 운동, 다시 말해 로마에게서 벗어나자는 운동이 아니었다. 종교개혁은 긍정하는 운동, 곧 복음으로 나아가자는 운동이었다. 순전히 부정으로 일관한 반응은 급진파의 전형적인 특징이었으며, 주류 종교개혁은 그런 반응을 보이지 않았다. 혁신이라는 것에 사로잡혀 있는 우리 현대인에겐 불행한 일이지만, 우리는 종교개혁을 단순히 '전진'이라는 대의에 포함시킬 수가 없다. 실제로 종교개혁자들은 앞으로 나아가지^{PROGRESS} 않고 뒤로 나아갔기 _{REGRESS} 때문이다. 종교개혁자들은 우리처럼 새것에 매혹당하지 않았다. 옛것을 단지 오래되었다는 이유로 내치지도 않았다. 도리어 그들의 의도는 기독교의 원형인 옛 기독교, 오랜 세월 인간의 전통 속에 묻혀 있던 기독교를 세상에 드러내는 것이었다.

오늘날에도 종교개혁이 타당성을 가지는 이유는 바로 그 때문이다. 종교개혁이 단순히 500년 전의 역사적 상황에 맞선 반동에 불과했다면, 그것이 단지 16세기에 나온 '전진'에 불과했다면, 종교개혁은 끝났다고 보아도 될 것이다. 그러나 종교개혁은 늘 복음에 더 가까이 다가가려는 프로그램이었기에 결코 끝날 수가 없다.

오늘날의 상황은 그때만큼이나 큰 개혁이 필요함을 증언한다. 이신칭의 교리를 하찮다거나 잘못된 생각이라거나 복잡하다 하여 부끄럽게 여기고 멀리 하는 일이 일상이 되었다. 사도 바울이 말하고자 했던 칭의의 의미를 새롭게 들여다보려는 일부 새 관점주의자들은, 특별히 그 강조점을 개인의 회심에서 다른 쪽으로 옮겨 놓으려 하면서 사람들을 혼란에 빠뜨리고, 루터가 결코 포기하거나 타협할 수 없는 조항이라고 말했던 것을 포기하거나 타협할 거리로 만들고 말았다. 그것은 단지 성경을 새롭게 읽는 데 그치는 일이 아니다. 긍정적 사고와 자아존중을 외치는 문화는 죄인이 의롭다 하심을 받을 필요가 있다는 인식을 지워 버렸다. 그러고는 대체로 재판관이신 하나님 앞에서 유죄 선고를 받을까 봐 고통을 겪었던 루터의 문제를 16세기 문제로 치부하며 무시해 버린다. 그리고 그가 제시한 칭의라는 해답도 오늘 우리에게는 필요 없다고 무시해 버린다.

그러나 바로 이런 상황에서 루터의 해답은 아주 행복하고도 중요한 소식으로 울려 퍼진다. 우리가 하나님 앞에서 유죄 선고를 받을 수 있다는 생각을 내버리고 그에 따라 의롭다 하심을 받을 필요도 없다고 생각하면서, 우리 문화는 묘하게도 죄라는 오랜 문제에 굴복하면서 이 문제에 대답할 수단조차 갖지 못하는 처지가 되고 말았다. 오늘날에는 더 매력 있는 사람이 되어야 더 많은 사랑을 받는다는 메시지가 연일 우리에게 쏟아지고 있다. 이런 메시지는 하나님과 아무 상관이 없으며, 분명 행위를 앞세운, 행위에 깊이 뿌리내린 종교다. 반면 종교개혁은 가장 돋보이는 좋은 소식을 갖고 있다. 루터는 이렇게 말했다. "죄인이 매력 있는 이유는 사랑을 받기 때문이다. 죄인이 사랑을 받지 못하는 이유는 매력이 있기 때문이다." 우리 본능에 어긋나는, 그리스도의 사랑을 담은 이 메시지만이 진지한 해답을 제시한다.

복음은 심히 중대하고 아름답고 달콤한 메시지요 기쁨을 주는 메시지이며, 죽음조차도 물리치는 메시지다. 리처드 십스가 종교개혁을 가리켜 "온 세상이 결코 *끄지* 못할 불"이라고 말한 것은 전혀 이상한 일이 아니다.

주

1. Oswald Bayer, "Justification: Basis and Boundary of Theology", in Joseph A. Burgess and Marc Kolden(eds.), *By Faith Alone: Essays in Honor of Gerhard O. Forde*(Eerdmans, 2004), p. 78.

2. J. I. Packer, and O. R. Johnston, "Historical and Theological Introduction" to *Martin Luther on the Bondage of the Will*(James Clarke & Co., 1957), pp. 43-44.

3. R. Bainton, *Erasmus of Christendom*(William Collins Sons & Co., 1969), p. 33.

4. 같은 책, p. 153.

5. Edmund Morgan, *The Puritan Family: Religion & Domestic Relations in 17th Century New England*(Harper Perennial, 1966), p. 16.

6. M. A. Noll and Carolyn Nystrom, *Is the Reformation Over? An Evangelical Assessment of Contemporary Roman Catholicism*(Baker and Paternoster, 2005), pp. 12-13, 23.

7. 같은 책, p. 232.

8. 같은 책, p. 232.

1 중세의 종교상황: 종교개혁의 배경

- 로마가톨릭이 지배하는 중세 유럽에서 살아간다는 게 어떤 것인지 제대로 느껴
보고 싶다면 S. Doran and C. Durston, *Princes, Pastors and People: The Church
and Religion in England, 1500-1700*(Routledge, 1991)을 읽어 보라. 좀 더 깊
은 책을 읽고 싶다면 R. N. Swanson, *Religion and Devotion in Europe c.1215-
c.1515*(Cambridge University Press, 1995)를 보라.
- 중세 사람들의 마음속을 들여다보고 싶다면 C. S. Lewis, *The Discarded Image:
An Introduction to Medieval and Renaissance Literature*(Cambridge: Cambridge
University Press, 1994)가 매력이 넘치는 책이다.

2 하나님의 화산: 마르틴 루터

- 그리스도인이라면 모두 루터 전기의 고전 Roland Bainton, *Here I Stand: A Life
of Martin Luther*(Abingdon, 1950)를 읽어야 한다. 침대에서 읽어도 졸리지 않고
기막히게 술술 넘어간다. (『마르틴 루터의 생애』 생명의 말씀사)
- 루터 자신이 쓴 작품도 읽어보기 바란다. 그가 쓴 위대한 작품 『그리스도인의 자
유』는 http://www.theologynetwork.org/historical-theology/starting-out/the-
freedom-of-the-christian.htm에서 찾을 수 있다. 좀 더 많은 것을 알고 싶다면, 루
터의 더 중요한 작품들을 모아 놓은 자그맣고 탁월한 책 Timothy Lull, *Martin
Luther's Basic Theological Writings*(Fortress, 1989)를 읽어 보기 바란다.

3 군인, 소시지 그리고 혁명: 울리히 츠빙글리와 급진 개혁자들

- 츠빙글리의 작품 중 가장 훌륭한 것을 샘플로 맛보고 싶다면, "On the Clarity
and Certainty of the Word of God", G. W. Bromiley(ed.), *Zwingli and Bullinger*,
Library of Christian Classics(SCM, 1953)를 읽어 보라.

- 아마도 가장 탁월한 츠빙글리 전기는 G. R. Potter, *Zwingli*(Cambridge University Press, 1976)가 아닌가 싶다.
- 급진 종교개혁의 역사를 더 자세히 알고 싶다면, G. H. Williams, *The Radical Reformation*(Weidenfeld & Nicolson, 1962)이 여러분에게 필요한 모든 것을 담고 있으리라 생각한다. 급진파가 쓴 작품을 읽어 보고 싶다면, G. H. Williams and A. M. Mergal, *Spiritual and Anabaptist Writers*, Library of Christian Classics(SCM, 1957)를 읽어 보라.

4 어둠 뒤에 빛이 오다: 장 칼뱅

- 칼뱅이 쓴 *Institutes of the Christian Religion*은 꼭 읽어야 한다. 이 책 제목은 무섭게 들린다. 그러나 안을 들여다보면 읽기 쉽고 문체도 따뜻하다. 구할 수 있다면 F. L. 배틀스(Battles)가 1559년 판을 영어로 번역한 두 권짜리 *Institutes of the Christian Religion*(Westminster Press, 1960)을 읽어 보기 바란다. (『기독교 강요』 크리스찬다이제스트)
- 칼뱅에 관한 글을 읽을 때는 조심해서 읽어야 한다. 서점에는 칼뱅을 한쪽에 치우친 시각으로 다루면서 제 주장만 앞세운 책들이 넘쳐난다. 칼뱅이라는 인물과 그의 사상을 모두 잘 다룬 T. H. L. 파커(Parker)의 작품을 읽어 보라. (『존 칼빈』 생명의 말씀사)

5 타오르는 열정: 브리튼 섬의 종교개혁

- 많은 사람들이 잉글랜드에서 종교개혁이 일어나게 만든 원인을 알게 해준 책은 주교 J. C. 라일(Ryle)이 쓴 고전 *Five English Reformers*(Banner of Truth, 1960)다. 강력 추천한다!
- 잉글랜드 개혁자 한 사람의 심장 소리를 들어 보고 싶다면, 존 브래드포드(John Bradford)가 매일 쓴 기도문을 보라. http://www.theologynetwork.org/historical-theology/starting-out/daily-meditations-and-prayers.htm
- 아주 큰 도움을 주는 조그만 입문서가 S. Doran and C. Durston, *Princes, Pastors and People: The Church and Religion in England, 1500-1700*(Routledge, 1991)다.
- 잉글랜드 종교개혁 이야기를 잘 서술한 고전은 A. G. Dickens, *The English*

Reformation(2nd ed., Pennsylvania State University Press, 1989)이다. 지금은 좀 오래된 책이지만 그래도 여전히 잉글랜드 종교개혁의 전체 내력에 관하여 좋은 통찰을 얻을 수 있는 작품이다.

- 유럽까지 아울러 종교개혁을 더 크게 살펴보고 싶다면, Diarmaid MacCulloch, *Reformation: Europe's House Divided 1490-1700*(Penguin, 2003)을 읽어 보라(『종교개혁의 역사』 기독교문서선교회). 이 책을 읽으면 서사시와 희극을 한꺼번에 보는 것 같은 느낌이 든다. 자기 의견을 덜 내세우는 책을 보고 싶다면 Euan Cameron, *The European Reformation*(Clarendon, 1991)을 보라.

6 종교개혁을 개혁하라: 청교도

- 맨 처음 읽어야 할 책은 Richard Sibbes, *The Bruised Reed*다. 손수건을 꺼내 놓고 읽기 바란다(『꺼져가는 심지와 상한 갈대의 회복』 지평서원). Banner of Truth 출판사는 이를 퓨리턴 페이퍼백 시리즈로 출간하여 쉽게 볼 수 있게 해주었다. 온라인에서도 찾아볼 수 있다. http://theologynetwork.org/christian-beliefs/the-holy-spirit-and-christian-living/starting-out/the-bruised-rees.htm
- 청교도를 다룬 달콤한 메뉴를 하나 고르고 싶다면 K. M. Kapic and R. C. Gleason, *The Devoted Life: An Invitation to the Puritan Calssics*(IVP, 2004)를 보라.
- 청교도의 지혜가 안겨 주는 유익을 맛볼 수 있는 또 한 가지 탁월한 방법은 J. I. Packer, *Among God's Giants: The Puritan Vision of the Christian Life*(Kingsway, 1991)를 읽는 것이다. (『청교도 사상』 기독교문서선교회)

7 종교개혁은 끝났는가

- 종교개혁의 칭의 이해를 탁월하면서도 깊게 다룬 책을 보려면, 위대한 청교도 존 오웬이 쓴 *The Doctrine of Justification by Faith*를 보라. 오웬은 읽기가 좀 까다롭지만, 그것은 그가 쓴 내용이 충실하기 때문이다.
- Mark Noll and Carolyn Nystrom, *Is the Reformation Over? An Evangelical Assessment of Contemporary Roman Catholicism*(Baker and Paternoster, 2005)도 현재 개신교와 로마가톨릭의 관계를 살펴보는 데 도움을 준다. 하지만 나는 이 책 저자들이 내린 결론에 동의하지 않는다. (『종교개혁은 끝났는가?』 기독교문서선교회)

- 개신교와 로마가톨릭교 사이에 여전히 존재하는 차이점들을 분석한 논문을 모아 놓은 귀중한 책을 읽어 보려면, John Armstrong(ed.), *Roman Catholicism: Evangelical Protestants Analyze what Divides and Unites Us*(Moody, 1994)를 보라. 칭의 교리와 관련하여 현재 쟁점이 된 문제들을 살펴본 논문인 Mark Husbands, Daniel J. Treier, *Justification: What's at Stake in the Current Debates*(IVP and Apollos, 2004)도 유익하다.

- 오디오 자료, 링크해 놓은 다른 웹사이트, 더 읽을 자료를 찾아보려면, www.theunquenchableflame.org를 찾아 주기 바란다.

ㄱ.

가톨릭(중세)
　교황 16
　일곱 성사 17
　성찬 40
　고해 17, 21, 22, 39
　미사 17, 18-20, 23-24
　성인 숭배 24-26, 39-40
　유물 24-26
　연옥 22-24, 39-40
『가톨릭교회 교리문답』 285
개혁파(종교개혁주의자) 155, 172, 178, 200, 246, 251
고촐리(GOZZOLI, BENOZZO) 33
구텐베르크, 요하네스(GUTENBERG, JOHANNES) 47, 48
굿윈, 토머스(GOODWIN, THOMAS) 235, 236, 251
그로스테스트, 로버트(GROSSETESTE, ROBERT) 24
급진 종교개혁자 100-139
　카를쉬타트, 안드레아스 120, 123
　츠비카우 선지자 121, 122
　뮌처, 토마스 '뮌처, 토마스'를 보라.
　마테이스, 얀 125-126
　판 레이덴, 얀 126-128, 163

판 바텐부르크, 얀 127
취리히 급진파 129-132
　그레벨, 콘라트 131
　스위스 형제단 131
　재세례파 131-137
　만츠, 펠릭스 131, 132, 136
　후터, 야콥 133, 134
　쉴라이트하임 신앙고백 133, 134
　시몬스, 메노 '시몬스, 메노'를 보라.
　프랑크, 제바스티안 137
　쉬벵크펠트, 카스파르 138
　소키누스, 파우스투스 '소키누스주의'를 보라.
　퀘이커 261

ㄴ.

나이스트롬, 캐롤린(NYSTROM, CAROLYN) 281-284
　『종교개혁은 끝났는가?』 281
네덜란드 125, 173, 178, 249
녹스, 존(KNOX, JOHN) 223-227
　노예가 되다 223-224
　제네바에 가다 224
　스코틀랜드로 돌아가다 225
놀, 마크(NOLL, MARK) 281-284
　『종교개혁은 끝났는가?』 281

ㄷ.

단테(DANTE) 28, 29
『신곡』 28, 29
도르트 178
독일 농민 전쟁 124-125
둔스 스코투스(DUNS SCOTUS) 46

ㄹ.

라테란 공의회 20, 21
라티머, 휴(LATIMER, HUGH) 203, 205,
210
라파엘로(RAFFAELLO) 33
런던 184, 198, 207, 210, 246, 256, 263
레겐스부르크 회의 275-277, 284
로렌조 발라(VALLA, LORENZO) 43-44
『신약 성경 주석』 44
로저스, 존(ROGERS, JOHN) 235, 237-238
롤러드파 38, 39, 184
루터, 마르틴(LUTHER, MARTIN)
  출생 51
  에르푸르트 대학에 입학하다 51
  수도사가 되다 52-53
  구원 문제로 고뇌하다 54-55
  성지 순례를 하다 55-57
  비텐베르크로 가다 57-58
  95개조 테제를 붙이다 61, 65
  이신칭의를 깨닫다 68-69
  『독일 민족의 그리스도인 귀족에게
  고함』을 쓰다 70-71

  『교회의 바벨론 유수』를 쓰다 71
  『그리스도인의 자유』를 쓰다 71-73
  교황의 파문 교서를 받았지만 불태워
  버리다 73-75
  보름스 회의에서 자신의 소신을 밝히
  다 9-13, 75, 78
  납치되어 바르트부르크 성으로 가다
  78-79
  그리스어 신약 성경을 독일어로 번역
  하다 80
  『예수 그리스도는 유대인으로 태어나
  셨다』를 쓰다 97
  루터의 영적 고투 81-82
  교회 개혁 82-84
  카타리나 폰 보라와 혼인하다 85-87
  에라스뮈스와 대립하다 87-92
  『노예의지론』을 쓰다 90-91
  구약 성경을 독일어로 완역하다 93
  고통스럽게 노쇠해 가다 93-94
  『유대인과 그들의 거짓말』을 쓰다 97-
  98
  확신 가운데 죽다 95-96
루터파 92, 93, 112, 123, 127, 146, 149,
184, 199, 206, 214, 221, 251, 273, 288
리들리, 니콜라스(RIDLEY, NICHOLAS)
210

ㅁ.

매더, 코튼(MATHER, COTTON) 234
메리 1세(MARY I) 190, 200, 206, 207-

212, 213
메이플라워호 249
멜란히톤, 필리프(MELANCHTHON, PHIL-
IPP) 92
면죄부 39-40, 58, 60, 61, 62, 63, 65, 122,
138, 279, 285
뮌스터 123, 125-129
뮌처, 토마스(MÜNTZER, THOMAS) 123-
125, 127, 128, 132, 136, 137
미켈란젤로(MICHELANGELO DI LODOVICO
BUONARROTI SIMONI) 33
밀턴, 존(MILTON, JOHN) 232, 259

ㅂ.

바르트부르크 79, 81, 120
바벨론 유수 31
바젤 147, 149
바흐, 요한 제바스티안(BACH, JOHANN
SEBASTIAN) 273
배스트위크, 존(BASTWICK, JOHN) 256,
257
백스터, 리처드(BAXTER, RICHARD) 236,
253, 262, 270
버미글리, 피터 마터(VERMIGLI, PETER
MARTYR) 204, 206
버튼, 헨리(BURTON, HENRY) 256, 257
번연, 존(BUNYAN, JOHN) 267-268
  『천로역정』 267
  『죄인의 괴수에게 넘치는 은혜』 267
보름스 9, 11, 75, 78, 92, 95, 120, 185

복음주의 281-282, 283
부처, 마르틴(BUCER, MARTIN) 154, 155,
156, 162, 204, 271
불링어, 하인리히(BULLINGER, HEIN-
RICH) 116, 119, 131
브라만테(BRAMANTE, DONATO) 33
비텐베르크 57, 58, 59, 61, 63, 67, 75, 78,
80, 82, 83, 84, 85, 94, 113, 120, 121, 122,
123, 146, 164, 183, 185, 227
빌니, 토머스(BILNEY, THOMAS) 183, 184

ㅅ.

「성공회 기도서」 203, 244, 257, 258, 259,
264
성 베드로 대성당 33, 34, 61
성공회 203, 238, 239, 243, 244, 249,
255, 259, 260, 264, 265, 266
세르베투스, 미카엘(MICHAEL, SERVE-
TUS) 169-170
세인트앤드루스 221, 222, 223
소키누스주의 138-139, 169
스코틀랜드 종교개혁 221-227
스트라스부르 150, 151, 154, 155, 156,
157, 158, 204
「스포츠 및 오락에 관한 규정」 248, 255
시몬스, 메노(SIMONS, MENNO) 136
시스티나 대성당 33
신성로마제국 10, 58-60, 75, 117, 150,
185, 189, 191, 204, 209
「심사령」 265

십스, 리처드(SIBBES, RICHARD) 250, 251-
254, 262, 267, 291, 293
　『상한 갈대와 꺼져 가는 심지』 253,
　254

ㅇ.

아드 폰테스 42, 43
아르미니우스, 야코부스(ARMINIUS,
JACOBUS) 178
　항의서 178
　도르트 총회 178-179
아비뇽 31, 32, 37, 42
아우구스티누스(AUGUSTINE) 20, 21, 67,
183
프라 안젤리코(FRA ANGELICO) 33
어셔, 제임스(USSHER, JAMES) 262
　『세계 연대기』 262
에드워드 6세(EDWARD VI) 164, 200, 202-
203, 205
에든버러 227, 257
에라스뮈스(DESIDERIUS ERASMUS ROTERO-
DAMUS) 44-46, 79, 88-91, 102, 113, 143,
144, 147, 183, 185, 271, 286-291
　그리스어 신약 성경을 출간하다 44
　『하늘에서 쫓겨난 율리오』 46
　『자유의지론』 88
엑크, 요한(ECK, JOHANN) 64-65, 73
엘리자베스 1세(ELIZABETH I) 200, 213-
221
예언(설교) 모임 241, 243

「5마일령」 264
오웬, 존(OWEN, JOHN) 233, 236, 267
옥스퍼드 37, 184, 210, 233
옥스퍼드 대학교 37, 39, 204, 255, 266
요한 바오로 2세(POPE JOHN PAUL II) 285
「웨스트민스터 공예배 지침」 259
「웨스트민스터 신앙고백」 259
위클리프, 존(WICKLIFFE, JOHN) 37-38,
39, 64, 184, 186
이그나티우스의 로욜라(IGNACIO DE
LOYOLA) 143, 280
이신칭의 41, 62, 73, 76, 112, 155, 159,
161, 186, 204, 240, 251, 271, 272, 273,
292
　칭의 논쟁 273-280, 282-293
인문주의자 42-48
잉글랜드 공화국 259-260

ㅈ.

재세례파 131-137, 148, 288
제네바 119, 150, 151, 152, 154, 157-177
제임스 1세(JAMES I, 스코틀랜드 왕 제임
스 6세) 219, 245-249
　킹 제임스 성경 247

ㅊ.

찰스 2세(CHALRES II) 263-265
채더턴, 로렌스(CHADERTON, LAWRENCE)
235, 240

체스터턴, G. K.(CHESTERTON, GILBERT
KEITH) 281
취리히 104-108, 114-119, 120, 129-132,
227
츠빙글리, 울리히(ZWINGLI, ULRICH)
　군목이 되다 101
　전쟁을 겪고 충격에 빠지다 101-102
　성경을 읽으며 즐거움을 만끽하다
　102-103
　취리히 대성당 설교자로 임명받다
　104-105
　역병에서 회복되며 하나님의 자비를
　깨닫다 105-106
　『하나님 말씀의 명료성과 확실성』을
　쓰다 110-111
　67개조 테제를 내놓다 109
　츠빙글리와 반대자들이 토론하다 114
　츠빙글리가 교회 개혁을 단행하다
　115-116
　스위스 가톨릭군과 싸우다 전사하다
　117-119

ㅋ.

카테리나(CATERINA FIESCHI ADORNO) 23
카트라이트, 토머스(CARTWRIGHT, THOM-
AS) 243
칼뱅, 장(CALVIN, JEAN)
　누아용에서 태어나다 142
　법학 공부를 하며 인문주의를 만나다
　143-144

회심 145-146
프랑스를 떠나다 147-149
『기독교강요』 초판을 쓰다 149-150
제네바에 반강제로 정착하다 151-152
제네바에서 쫓겨나다 153
스트라스부르에서 프랑스 난민 교회
목사가 되다 154-155
첫 주석, 『로마서 주석』을 쓰다 155
이들레트 드 뷔르와 혼인하다 156-
157
사돌레토 추기경을 논박하다 158-161
제네바로 돌아오다 162
힙겹게 제네바를 개혁해 나가다 163-
166
제네바로 프랑스 난민들이 몰려들다
166-167
제네바의 분위기가 악화되다 167
극적으로 개혁의 분위기가 형성되다
168
『기독교강요』 최종판을 완성하다 180
계속해서 건강 문제로 고통받다 175-
176
세상을 떠나다 176-177
칼뱅파 180, 206, 214, 220, 227, 288
케임브리지 184, 185, 221, 240, 252, 255,
258
케임브리지 대학교 204, 235, 240, 243
켐프, 마저리(KEMPE, MARGERY) 22
코페르니쿠스(NICOLAUS COPERNICUS)
15
콘스탄츠 공의회 32-33, 38, 40

「콘스탄티누스의 기진」43

콘타리니, 가스파로(CONTARINI, GAS-
PARO) 274-280

크랜머, 토머스(CRANMER, THOMAS) 192,
194, 201, 202, 203, 204, 205, 206, 208,
210-211, 212, 214, 221, 224

크롬웰, 올리버(CROMWELL, OLIVER) 258,
259, 263

크롬웰, 토머스(CROMWELL, THOMAS)
194, 197, 199, 200

ㅌ.

테첼, 요한(TETZEL, JOHANN) 60, 61, 63,
64

트리엔트 공의회 95, 277, 278-279, 283,
285, 286

틴들, 윌리엄(TYNDALE, WILLIAM) 184,
185-188
  신약 성경을 영어로 완역하다 185-
  187

ㅍ.

파렐, 기욤(FAREL, GUILLAUME) 151-152,
153, 154, 158, 162

페트라르카(PETRARCA, FRANCESCO) 42,
43, 46

펠리페 2세(FELIPE II) 209, 219

폭스, 존(FOXE, JOHN) 256-257
  『순교자전』 257

프리드리히(FRIEDRICH DER WEISE) 57,
63, 79, 188

프린, 윌리엄(PRYNNE, WILLIAM) 234,
256

플리머스 249

피츠마이어, 조지프(FITZMYER, JOSEPH)
283

핀투리키오(PINTURICCHIO) 33

ㅎ.

하우, 존(HOWE, JOHN) 235, 236

헨리 8세(HENRY VIII)
  루터와 대립하다 188-189
  아라곤의 캐서린과 혼인하다 189
  앤 불린을 왕비로 앉히려 하다 191-
  192
  「수장령」을 발표하다 192
  앤 불린의 영향으로 개신교의 영향력
  이 커지다 194-195
  제인 시모어와 혼인하다 196
  수도원 해체를 단행하다 197
  성경 읽기를 장려하다 198
  캐서린 하워드와 혼인하다 200
  캐서린 파와 혼인하다 200
  헨리 8세의 종교관 201
  기타 187, 207, 213, 222, 228

화체설 18, 37, 201, 205

후스, 얀(HUS, JAN) 39-41, 64